编委会

主　　任：赵文红
副 主 任：张军云　张文璞　于重榕　郑涵匀　王莉萍
成　　员：李　林　韩　洁　汤　彦　肖　超　梁　媛　何　花
　　　　　王飞虎　张湘柱　刁正勇　吴　夏　王　飞　杨春云
主　　编：高国强
副 主 编：余晓青
编 著 者：高国强　余晓青　姚佳琳　杨　婷　何　颖　王　燕

国史中的云南人

高国强 余晓青 姚佳琳 等 编著

云南美术出版社

图书在版编目（CIP）数据

国史中的云南人 / 高国强等编著. -- 昆明：云南美术出版社, 2025.4. -- ISBN 978-7-5489-5948-9

Ⅰ. K820.874

中国国家版本馆 CIP 数据核字第 2025P7D334 号

出 版 人：赵文红

统　　筹：赵文红　张军云
责任编辑：王飞虎　王利平　洪　娜
责任校对：刁正勇　赵关荣
装帧设计：刁正勇　侯丽梅

国史中的云南人

高国强　余晓青　姚佳琳等　编著

出版发行：云南美术出版社（昆明市环城西路 609 号）
印　　刷：云南出版印刷集团有限责任公司华印分公司
开　　本：787mm×1092mm　1/16
印　　张：16.25
字　　数：218 千
版　　次：2025 年 4 月第 1 版
印　　次：2025 年 4 月第 1 次印刷
书　　号：ISBN 978-7-5489-5948-9
定　　价：68.00 元

出版说明

"二十五史"是中国古代各朝撰写的正史，在中华文明史上具有极其重要的地位。

中国是世界上唯一一个拥有五千年连贯、完整历史记载的国家，其载体之一正是这熠熠生辉的宝贵历史文化遗产——"二十五史"。"二十五史"，上起于上古黄帝，下止于清朝宣统，也因此被誉为我国五千年的"国史"。

"二十五史"除了《史记》是通史外，其余皆为断代史。"二十五史"以本纪、列传、表、志等为体裁进行编写，纵横交错，相互贯通，记载了我国各个时期、各个朝代的历史。其以中国历代王朝的兴亡更替为纲，反映了我国的整体历史发展进程。

在我国的历史长河中，云南虽地处祖国西南边疆，但早与内地融为一体。因此，在"二十五史"中也不乏云南人的身影。为整体观照云南人的历史事迹，我们邀请专家学者从"二十五史"中辑出相关云南人的史料，并为其作传，进而一窥云南人民在中华民族发展史上的贡献。这也是我们策划出版《国史中的云南人》一书的初衷。

出版者
2025年3月

凡 例

一、本书所谓"国史"是指"二十五史","云南"则以现在的行政区划为准,"云南人"包括祖籍、本籍、寄籍在云南者。

二、本书史料从《史记》《汉书》《后汉书》《三国志》《晋书》《宋书》《隋书》《南史》《北史》《旧唐书》《新唐书》《新五代史》《宋史》《元史》《明史》《清史稿》等正史中辑录出。一般情况下,仅有题名而无具体事迹者,不予收录;然如南朝爨松子,明张志淳、李元阳等人,在历史上有较大影响,虽资料零星亦予采入。

三、本书所收人物上起汉代,下迄清朝,按历史发展阶段分为汉、三国两晋、南北朝、隋、唐、五代、宋、元、明、清。各时期人物依生年先后为序;生年不详者,依科第先后或以卒年先后为序;生卒年、科第皆不知或无科第者(如部分女性、孝子等),则酌情序列。

四、本书每篇先为人物作传;次列史料,史料末尾注明书名、卷次、篇名。

五、人物小传详略不一,一般根据其影响的大小、资料的多寡而定;其内容主要涉及人物基本履历和平生贡献等;有疑问处,或存异说,或作考证。

六、人物史料录自各正史的纪、志、传;表,不便阅读,故不录。史料编排,一般依卷次顺序排列,然有专传者,则以专传为先。

七、本书史料,专传全录,其他则在不损害资料完整性、不影响文意的前提下作节录,省略部分以省略号表示。

八、本书在年号或干支纪年后均以括号注明公元纪年;若涉及旧历十一月、十二月跨年的问题,则一律标明公元年月日。

九、本书将原文中的繁体字、异体字改为规范的简体字,部分专有人名、地名则不改。对于人名、地名等音译异写问题,小传中使用通行写法,而史料中则保留原文。

十、本书所据底本为中华书局点校本或点校修订本,原校勘记在脚注中以"中华书局点校本校勘记"或"中华书局点校修订本校勘记"标识,编著者的意见则以"按"字标识。

目　录

汉

尝羌	001
亡波	003
禹	003
邯	004
栋蚕	004
贤栗	005
柳貌	006
类牢	006
封离	007

三国、两晋、南北朝、隋

吕凯	008
李恢	009
孟获	010
毛炅	011
爨亮	013
爨琛（附姚岳）	014
爨頠	015
爨松子	015
爨震	015
爨翫	017

唐

舍龙　龙迦独　细奴罗　罗盛　盛罗皮　皮罗阁　阁罗凤
凤迦异　异牟寻　寻阁劝　劝龙晟　劝利晟　劝丰祐　世隆
隆舜　舜化贞 …………………………………………………… 020

五代、宋

郑旻 ……………………………………………………………… 045
段和誉 …………………………………………………………… 045
李观音得 ………………………………………………………… 047

元

高祥 ……………………………………………………………… 049
信苴日（附段兴智、信苴福）………………………………… 050
农士贵 …………………………………………………………… 053
死可伐 …………………………………………………………… 054

明

董赐 ……………………………………………………………… 056
阿资 ……………………………………………………………… 056
思伦发（附思任发、思机发）………………………………… 058
刀暹答 …………………………………………………………… 074
郑和 ……………………………………………………………… 075
高伦 ……………………………………………………………… 082
邵以正 …………………………………………………………… 083
杨黼 ……………………………………………………………… 083
招囊猛 …………………………………………………………… 084
杨一清 …………………………………………………………… 085
张志淳 …………………………………………………………… 100

杨南金	101
多士宁	101
李元阳	103
孙继鲁	104
那鉴	106
安铨（附凤朝文、凤继祖、阿克）	107
严清	111
赵重华	113
者继荣	114
猛廷瑞	115
包见捷	116
王元翰	118
杨以成	122
徐朝纲	123
傅宗龙（附袁善）	124
段伯炌	133
胡平表	133
朱家民	134
段高选	135
普名声（附吾必奎）	136
尹梦鳌	138
何天衢	138
赵兴基	139
周二南	140
木增	140
杨绳武	142
耿廷篆	143
王锡衮	144

席上珍 …… 145
马乾 …… 145
高其勋 …… 146
孔师程 …… 146
张朝纲 …… 147
沙定洲 …… 147
龙在田 …… 149
胡一青（附赵印选） …… 151
薛大观 …… 153
那嵩 …… 153

清

王弘祚 …… 155
李澄 …… 158
赵士麟 …… 158
杨永斌 …… 160
陈时夏 …… 162
张汉 …… 163
杉松邮卒妇 …… 164
方礼秘聘妻范 …… 164
杨天阶妻关 …… 165
邹近泗妻邢 …… 165
吴尚贤 …… 165
卯观成 …… 166
乌蒙女 …… 167
李因培 …… 167
李应麒 …… 169
姜吉生妻木 …… 170

陇联嵩妻禄	170
哑孝子	170
李敬跻	171
李应宗聘妻李	171
姜瑢	171
董盛祖	172
李任妻矣	172
尹壮图	173
钱沣	175
谷际岐	178
刘大绅	181
王崧	182
程含章	183
李文耕	187
恒乍绷	188
何其仁聘妻李	189
丁氏女	190
何秉仪聘妻刘	190
王氏婢	190
丁香	191
刘体舒	191
朱嶟	192
赵光	194
黄琮	197
刘崐	198
王国才	199
何桂清	202
何桂珍	210

张鸣凤 ………………………………………………… 212
杜文秀 ………………………………………………… 213
毕金科 ………………………………………………… 215
马如龙 ………………………………………………… 216
和耀曾 ………………………………………………… 220
夏毓秀 ………………………………………………… 222
唐友耕 ………………………………………………… 224
杨玉科（附李惟述）…………………………………… 226
段瑞梅 ………………………………………………… 230
何秀林 ………………………………………………… 230
杨国发 ………………………………………………… 232
吴永安 ………………………………………………… 233
蒋宗汉 ………………………………………………… 234
张保和 ………………………………………………… 235
陈瑞妻缪 ……………………………………………… 237
马维骐 ………………………………………………… 237
张舜琴 ………………………………………………… 239
李鸣銮妻黄 …………………………………………… 239
李素 …………………………………………………… 240

参考文献 …………………………………………… 241
后　记 …………………………………………… 245

汉

尝羌

尝羌，一作"当羌"，生卒年不详。西汉武帝时期滇王。战国时，楚将军庄蹻王滇，建立滇国。秦统一中国后，遣常頞通五尺道（今四川宜宾至云南曲靖），置官吏。汉承秦制，也在云南设置郡县。元狩元年（前122），汉武帝以张骞之言，欲取道云南至身毒（今印度），以通大夏（今阿富汗），为共击匈奴事，命王然于、柏始昌、吕越人等至滇，尝羌派使西求道，为昆明部落所阻，年余未通。元封二年（前109），发巴、蜀兵击劳浸（在今陆良、宜良等一带）、靡莫（在今寻甸回族彝族自治县境），以兵临滇，滇王举国降，请置吏入朝，汉武帝以滇国置益州郡，领县二十四，郡治在滇池县（今晋宁）；赐滇王王印，使其继续统领滇民。1956年，晋宁石寨山6号墓出土"滇王之印"，学界一般认为这就是元封二年汉武帝所赐，亦由此证明了《史记》关于古滇国记载的可靠性，唯不能确定此滇王是否就是尝羌。

西南夷君长以什数，夜郎最大；其西靡莫之属以什数，滇最大；自滇以北君长以什数，邛都最大：此皆魋结，耕田，有邑聚。其外西自同师以东，北至叶榆，名为巂、昆明，皆编发，随畜迁徙，毋常处，毋君长，地方可数千里。……

始楚威王时，使将军庄蹻将兵循江上，略巴、黔中以西。庄蹻者，故楚庄王苗裔也。蹻至滇池，方三百里，旁平地，肥饶数千里，以兵威定属楚。欲归报，会秦击夺楚巴、黔中郡，道塞不通，因还，以其众王滇，变服，从其俗以长之。……

及元狩元年（前122），博望侯张骞使大夏来，言居大夏时见蜀布、邛竹杖，使问所从来，曰"从东南身毒国，可数千里，得蜀贾人市"。或闻邛西可二千里有身毒国。骞因盛言大夏在汉西南，慕中国，患匈奴隔其道，诚通蜀，身毒国道便近，有利无害。于是天子乃令王然于、柏始昌、吕越人等，使间出西夷西，指求身毒国。至滇，滇王尝羌乃留，为求道西十余辈。岁余，皆闭昆明，莫能通身毒国。

滇王与汉使者言曰："汉孰与我大？"及夜郎侯亦然。以道不通故，各自以为一州主，不知汉广大。使者还，因盛言滇大国，足事亲附。天子注意焉。

……

南越破后，……上使王然于以越破及诛南夷兵威风喻滇王入朝。滇王者，其众数万人，其旁东北有劳浸、靡莫，皆同姓相扶，未肯听。劳浸、靡莫数侵犯使者吏卒。元封二年（前109），天子发巴蜀兵击灭劳浸、靡莫，以兵临滇。滇王始首善，以故弗诛。滇王离难西南夷，举国降，请置吏入朝。于是以为益州郡，赐滇王王印，复长其民。

西南夷君长以百数，独夜郎、滇受王印。滇小邑，最宠焉。

太史公曰：……秦灭诸侯，唯楚苗裔尚有滇王。汉诛西南夷，国多灭矣，唯滇复为宠王。

——《史记》卷一百一十六《西南夷列传》

南夷君长以十数，夜郎最大。其西，靡莫之属以十数，滇最大。自滇以北，君长以十数，邛都最大。此皆椎结，耕田，有邑聚。其外，西自桐师以东，北至叶榆，名为巂、昆明，编发，随畜移徙，亡常处，亡君长，地方可数千里。……

始楚威王时，使将军庄蹻将兵循江上，略巴、黔中以西。庄蹻者，楚庄王苗裔也。蹻至滇池，方三百里，旁平地肥饶数千里，以兵威定属楚。欲归报，会秦击夺楚巴、黔中郡，道塞不通，因乃以其众王滇，变服，从其俗，以长之。秦时尝破，略通五尺道，诸此国颇置吏焉。十余岁，秦灭。及汉兴，皆弃此国而关蜀故徼。……

……

及元狩元年（前122），博望侯张骞言使大夏时，见蜀布、邛竹杖，问所从来，曰"从东南身毒国，可数千里，得蜀贾人市"。或闻邛西可二千里有身毒国。骞因盛言大夏在汉西南，慕中国，患匈奴隔其道，诚通蜀，身毒国道便近，又亡害。于是天子乃令王然于、柏始昌、吕越人等十余辈间出西南夷，指求身毒国。至滇，滇王当羌乃留为求道。四岁余，皆闭昆明，莫能通。滇王与汉使言："汉孰与我大？"及夜郎侯亦然。各自以一州王，不知汉广大。使者还，因盛言滇大国，足事亲附。天子注意焉。

及至南粤反，……南粤破后，……使王然于以粤破及诛南夷兵威风谕滇王入朝。滇王者，其众数万人，其旁东北劳深、靡莫皆同姓相杖，未肯听。劳、莫数侵犯使者吏卒。元封二年（前109），天子发巴、蜀兵击灭劳深、靡莫，以兵临滇。滇王始首善，以故弗诛。滇王离西夷，滇举国降，请置吏入朝。于是以为益州郡，赐滇王王印，复长其民。西南夷君长以百数，独夜郎、滇受王印。滇，小邑也，最宠焉。

——《汉书》卷九十五《西南夷传》

亡波

亡波，亦称毋波，西汉钩町王。钩町，一作"句町"（今云南广南一带）。汉昭帝始元年间（前86—前81），今云南洱海地区、贵州西部广大地区爆发了起义，时为钩町侯的亡波率其邑君长人民击反者，斩首捕虏有功，升为钩町王。

后二十三岁，孝昭始元元年（前86），益州廉头、姑缯民反，杀长吏。牂柯谈指、同并等二十四邑，凡三万余人皆反。遣水衡都尉发蜀郡、犍为犇命万余人击牂柯，大破之。后三岁，姑缯、叶榆复反，遣水衡都尉吕辟胡将郡兵击之。辟胡不进，蛮夷遂杀益州太守，乘胜与辟胡战，士战及溺死者四千余人。明年，复遣军正王平与大鸿胪田广明等并进，大破益州，斩首捕虏五万余级，获畜产十余万。上曰："钩町侯亡波率其邑君长人民击反者，斩首捕虏有功，其立亡波为钩町王。……"

——《汉书》卷九十五《西南夷传》

（始元）六年（前81）秋七月，诏曰："钩町侯毋波率其君长人民击反者，斩首捕虏有功。其立毋波为钩町王。"

——《汉书》卷七《昭帝本纪》

禹

禹，西汉末钩町王。汉成帝河平年间（前28—前25），禹与夜郎王兴、漏卧（今罗平）侯俞举兵相攻，不听汉使调解，甚至"刻木象汉吏，立道旁射之"。将军王凤荐原连然（今安宁）县长、不韦（今保山）县令陈立为牂柯太守。河平二年（前27），陈立到郡，带从吏数十人，到达且同亭（今贵州贞丰一带），与夜郎王兴相见。陈立一一指出兴的不是，斩其首，邑君"皆释兵降"。禹、俞震恐，"入粟千斛，牛羊劳吏士"。

至成帝河平中（前28—前25），夜郎王兴与钩町王禹、漏卧侯俞更举兵相攻。牂柯太守请发兵诛兴等，议者以为道远不可击，乃遣太中大夫蜀郡张匡持节和解。兴等不从命,刻木象汉吏,立道旁射之。……大将军(王)凤于是荐金城司马陈立为牂柯太守。立者,临邛人,前为连然长,不韦令,蛮夷畏之。及至牂柯,谕告夜郎王兴,兴不从命,立请诛之。未报,乃从吏数十人出行县,至兴国且同亭,召兴。兴将数千人往至亭,从邑君数十人入见立。立数责,因断头。邑君曰:"将军诛亡状,为民除害,愿出晓士众。"以兴头示之,皆释兵降。钩町王禹、漏卧侯俞震恐,入粟千斛,牛羊劳吏士。

——《汉书》卷九十五《西南夷传》

邯

邯,西汉末、新朝钩町王。王莽篡汉之后,贬钩町王为侯。钩町王邯不服,牂柯郡大尹周钦诈杀邯,邯弟承因而起兵杀周钦,州郡击之,不能服。益州、牂柯、越嶲三郡尽反,又杀益州大尹程隆。王莽先后遣平蛮将军冯茂、宁始将军廉丹率军镇压,皆无功。

王莽篡位,改汉制,贬钩町王以为侯。王邯怨恨,牂柯大尹周钦诈杀邯。邯弟承攻杀钦,州郡击之,不能服。三边蛮夷愁扰尽反,复杀益州大尹程隆。莽遣平蛮将军冯茂发巴、蜀、犍为吏士,赋敛取足于民,以击益州。出入三年,疾疫死者什七,巴、蜀骚动。莽征茂还,诛之。更遣宁始将军廉丹与庸部牧史熊大发天水、陇西骑士,广汉、巴、蜀、犍为吏民十万人,转输者合二十万人,击之。始至,颇斩首数千,其后军粮前后不相及,士卒饥疫,三岁余死者数万。而粤嶲蛮夷任贵亦杀太守枚根,自立为邛谷王。会莽败汉兴,诛贵,复旧号云。

——《汉书》卷九十五《西南夷传》

栋蚕

栋蚕(?—45),王莽新朝、东汉初西南夷首领。天凤元年(14),与益州郡僰人若豆等起兵反抗王莽暴政,杀益州大尹程隆,牂柯、越嶲、益州三个边郡纷纷起义,并不断击退王莽的官兵,坚持抵抗数年。六年(19),王莽派大司马护军郭兴、庸部牧(王莽复古改革,改益州刺史为庸部牧)李晔击益州郡若豆等,亦无功。地皇四年(23),王莽下诏大赦天下,但若豆等不在大赦之列。东汉建武十八年(42),栋蚕与姑复(今华坪)、叶榆(今大理)、楪榆(今姚安)、连然(今安宁)、滇池(今晋宁)、建伶(今晋宁昆阳)一带的昆明诸种再次起兵，击败益州太守繁胜，杀长吏。十九年（43），光武帝遣武威将军刘尚等率军一万三千人往讨。二十年（44），栋蚕等与汉军连战数月，次年退至不韦（今保山），栋蚕被斩。

滇王者，庄蹻之后也。元封二年（前109），武帝平之，以其地为益州郡，割牂柯、越嶲各数县配之。后数年，复并昆明地，皆以属之此郡。……及王莽政乱，益州郡夷栋蚕、若豆等起兵杀郡守，越嶲姑复夷人大牟亦皆叛，杀略吏人。莽遣宁始将军廉丹，发巴蜀吏人及转兵谷卒徒十余万击之。吏士饥疫，连年不能克而还。……建武十八年（42），夷渠帅栋蚕与姑复、叶榆、梇栋、连然、滇池、建伶昆明诸种反叛，杀长吏。益州太守繁胜与战而败，退保朱提。十九年（43），遣武威将军刘尚等发广汉、犍为、蜀郡人及朱提夷，合万三千人击之。尚军遂度泸水，入益州界。群夷闻大兵至，皆弃垒奔走，尚获其羸弱、谷畜。二十年（44），进兵与栋蚕等连战数月，皆破之。明年正月，追至不韦，斩栋蚕帅，凡首虏七千余人，得生口五千七百人，马三千匹，牛羊三万余头，诸夷悉平。

——《后汉书》卷八十六《南蛮西南夷列传》

贤栗

贤栗，生卒年不详。东汉哀牢（今保山）王。建武二十七年（51），率本部落两千七百七十户、一万多人谒越嶲太守降，"求内属"。光武帝封其为君长。自后每年都向东汉朝廷朝拜进贡。

（按：贤栗，《华阳国志·南中志》作"扈栗"。据《后汉书》李贤注引《哀牢传》，扈栗实柳貌子。）

建武二十三年（47），其（哀牢）王贤栗遣兵乘箄船，南下江、汉，击附塞夷鹿茤。鹿茤人弱，为所禽获。于是震雷疾雨，南风飘起，水为逆流，翻涌二百余里，箄船沉没，哀牢之众，溺死数千人。贤栗复遣其六王将万人以攻鹿茤，鹿茤王与战，杀其六王。哀牢耆老共埋六王，夜虎复出其尸而食之，余众惊怖引去。贤栗惶恐，谓其耆老曰："我曹入边塞，自古有之，今攻鹿茤，辄被天诛，中国其有圣帝乎？天祐助之，何其明也！"二十七年（51），贤栗等遂率种人户二千七百七十，口万七千六百五十九，诣越嶲太守郑鸿降，求内属。光武封贤栗等为君长。自是岁来朝贡。

——《后汉书》卷八十六《南蛮西南夷列传》

（建武）二十七年（51），……益州郡徼外蛮夷率种人内属。

——《后汉书》卷一下《光武帝纪下》

柳貌

柳貌（58—75年在位），《华阳国志》作"抑狼"。东汉时哀牢王。永平十年（67），置益州西部都尉（治在今大理州云龙县漕涧镇）。十二年（69），柳貌遣子扈栗率五十五万多人内附，以其地置哀牢（今盈江东）、博南（今永平西南）二县，割益州西部所领不韦（今保山）、嶲唐（今云龙西南）、比苏（今云龙）、叶榆（今大理）、邪龙（今巍山）、云南（今祥云）六县，合为永昌郡。以西部都尉郑纯为太守，柳貌仍存王号，管辖澜沧江以西的哀牢等族类。孙太初《云南古代官印集释》有"哀牢王章"，"当即建武、永平时所赐印"。

永平十二年（69），哀牢王柳貌遣子率种人内属，其称邑王者七十七人，户五万一千八百九十，口五十五万三千七百一十一。西南去洛阳七千里，显宗以其地置哀牢、博南二县，割益州郡西部都尉所领六县，合为永昌郡。始通博南山，度兰仓水，行者苦之。歌曰："汉德广，开不宾。度博南，越兰津。度兰仓，为它人。"

——《后汉书》卷八十六《南蛮西南夷列传》

（永平）十二年（69）春正月，益州徼外夷哀牢王相率内属，于是置永昌郡，罢益州西部都尉。

——《后汉书》卷二《明帝纪》

类牢

类牢（？—77），东汉哀牢王。先是，郑纯任都尉、太守达十年，清廉高洁，颇有政声，约在建初元年（76）卒。时哀牢王类牢与县令发生忿争，遂杀县令反叛，攻嶲唐城，太守王寻逃到叶榆。继而率兵三千攻博南，燔烧民舍。汉章帝（即肃宗）募发越嶲、益州、永昌郡九千人前往平叛。翌年，邪龙县的昆明夷卤承等应募，率领同部族的人同守郡部队在博南大破哀牢人，斩类牢，将类牢首级传送洛阳。章帝赏卤承布帛万匹，封其为破虏傍邑侯。

建初元年（76），哀牢王类牢与守令忿争，遂杀守令而反叛，攻嶲唐城。太守王寻奔叶榆。哀牢三千余人攻博南，燔烧民舍。肃宗募发越嶲、益州、永昌夷汉九千人讨之。明年春，邪龙县昆明夷卤承等应募，率种人与诸郡兵击类牢于博南，大破斩之。传首洛阳，赐卤承帛万匹，封为破虏傍邑侯。

——《后汉书》卷八十六《南蛮西南夷列传》

孝章建初元年（76）正月丁巳，太白在昴西一尺。八月庚寅，彗星出天市，……太白在昴为边兵，彗星出天市为外军，……是时蛮夷陈纵等及哀牢王类牢反，攻巂唐城。永昌太守王寻走奔叶榆，……

——《后汉书》志第十一《天文志中》

封离

封离，生卒年不详。东汉时西南部卷夷大牛种首领。安帝元初五年（118），因郡县赋敛烦数反叛，杀遂久（今丽江）县令。次年，永昌、益州及蜀郡夷人共十余万人响应，杀二十余县的长吏。益州刺史派从事杨竦率兵到叶榆镇压，不敢前进，遂用诏书调发三郡豪强武装，进军与封离作战，封离大败，向杨竦投降。

安帝元初三年（116），郡徼外夷大羊等八种，户三万一千，口十六万七千六百二十，慕义内属。时郡县赋敛烦数，五年（118），卷夷大牛种封离等反畔，杀遂久令。明年，永昌、益州及蜀郡夷皆叛应之，众遂十余万，破坏二十余县，杀长吏，燔烧邑郭，剽略百姓，骸骨委积，千里无人。诏益州刺史张乔选堪能从事讨之。乔乃遣从事杨竦将兵至叶榆击之，贼盛未敢进，先以诏书告示三郡，密征求武士，重其购赏。乃进军与封离等战，大破之，斩首三万余级，获生口千五百人，资财四千余万，悉以赏军士。封离等惶怖，斩其同谋渠帅，诣竦乞降，竦厚加慰纳。其余三十六种皆来降附。竦因奏长吏奸猾侵犯蛮夷者九十人，皆减死。

——《后汉书》卷八十六《南蛮西南夷列传》

三国、两晋、南北朝、隋

吕凯

吕凯（？—约225），字季平，永昌郡不韦县（今云南省保山市隆阳区）人。蜀汉初，任永昌郡功曹。建兴元年（223），刘备病逝，南中大姓雍闿趁此叛蜀投吴，孙权遥授雍闿为永昌太守。雍闿多次劝说吕凯降吴，吕凯时为永昌郡吏，与府丞蜀郡王伉一同率领吏民闭境拒闿。后雍闿又以强硬手段逼迫吕凯降吴，吕凯始终不为所动，长期坚守。建兴三年（225），诸葛亮率军南征讨伐雍闿，雍闿为高定部曲所杀。平定南中后，分建宁、越巂置云南郡，诸葛亮上表刘禅，高度赞扬吕凯，以其为云南郡（治在今祥云县云南驿）太守，封阳迁亭侯。后在叛乱中被害，其子吕祥嗣位，子孙世为永昌太守。今保山市金鸡乡有吕公祠、吕凯练兵插旗台。

吕凯字季平，永昌不韦人也。仕郡五官掾功曹。时雍闿等闻先主薨于永安，骄黠滋甚。都护李严与闿书六纸，解喻利害，闿但答一纸曰："盖闻天无二日，土无二王，今天下鼎立，正朔有三，是以远人惶惑，不知所归也。"其桀慢如此。闿又降于吴，吴遥署闿为永昌太守。永昌既在益州郡之西，道路壅塞，与蜀隔绝，而郡太守改易，凯与府丞蜀郡王伉帅厉吏民，闭境拒闿。闿数移檄永昌，称说云云。凯答檄曰："天降丧乱，奸雄乘衅，天下切齿，万国悲悼，臣妾大小，莫不思竭筋力，肝脑涂地，以除国难。伏惟将军世受汉恩，以为当躬聚党众，率先启行，上以报国家，下不负先人，书功竹帛，遗名千载。何期臣仆吴越，背本就末乎？昔舜勤民事，陨于苍梧，书籍嘉之，流声无穷。崩于江浦，何足可悲！文、武受命，成王乃平。先帝龙兴，海内望风，宰臣聪睿，自天降康。而将军不睹盛衰之纪，成败之符，譬如野火在原，蹈履河冰，火灭冰泮，将何所依附？曩者将军先君雍侯，造怨而封，窦融知兴，归志世祖，皆流名后叶，世歌其美。今诸葛丞相英才挺出，深睹未萌，受遗托孤，翊赞季兴，与众无忌，录功忘瑕。将军若能翻然改图，易迹更步，古人不难追，鄙土何足宰哉！盖闻楚国不恭，齐桓是责，夫差僭号，晋人不长，况臣于非主，谁肯归之邪？窃惟古义，臣无越境之交，是以前后有来无往。重承告示，发愤忘食，故略陈所怀，惟将军察焉。"凯威恩内著，为郡中所信，故能全其节。

及丞相亮南征讨闿，既发在道，而闿已为高定部曲所杀。亮至南，上表曰："永昌郡吏吕凯、府丞王伉等，执忠绝域，十有余年，雍闿、高定逼其东北，而凯等守义不与交通。臣不意永昌风俗敦直乃尔！"以凯为云南太守，封阳迁亭侯。会为叛夷所害，子祥嗣。而王伉亦封亭侯，为永昌太守。《蜀世谱》曰：吕祥后为晋南夷校尉，祥子及孙世为永昌太守。李雄破宁州，诸吕不肯附，举郡固守。王伉等亦守正节。

——《三国志》卷四十三《蜀书十三·黄李吕马王张传第十三·吕凯传》

评曰：……李恢公亮志业，吕凯守节不回，……咸以所长，显名发迹，遇其时也。

——《三国志》卷四十三《蜀书十三·黄李吕马王张传第十三》卷末

李恢

李恢（？—231），字德昂，建宁俞元（今云南澄江）人。三国时期蜀汉官员。东汉末年任建宁郡督邮。姑夫爨习为建伶令，李恢入仕不久，即因爨习犯法而被免官。后托名益州郡使，转投刘备，刘备遣李恢至汉中交好马超。建安十九年（214），平定成都后，刘备领益州牧，令李恢为功曹书佐主簿，迁别驾从事。蜀汉章武元年（221），自荐为庲降都督，使持节领交州刺史，驻平夷县（今贵州省毕节市），总摄南中。刘备去世后，南中高定、雍闿、朱褒等反叛。蜀汉建兴三年（225）三月，诸葛亮率军南征，李恢领南中驻军进攻建宁，中途被昆明夷（居今大理地区）包围，以计胜之，追奔逐北，南至槃江，东接牂牁，与诸葛亮声势相连。平定南中后，因功被封为汉兴亭侯，加安汉将军。不久南夷复叛，李恢又领兵平叛，将南中豪帅徙于成都，以其耕牛、战马、金银、犀革充继军资。建兴七年（229），因孙权称帝，交州属东吴，李恢改任建宁（治所在今曲靖市麒麟区）太守。建兴九年（231），卒于汉中，其子李遗嗣其爵。侄李球（？—263），羽林右部督。蜀汉景耀六年（263），曹魏将领邓艾领兵攻打蜀汉，李球随都护诸葛瞻前往抵抗，双方战于绵竹，蜀军大败，李球临阵受命，最终死于绵竹。云南人见于纪传体立传者，以李恢、吕凯为最先，且二人"坚持全国统一，反对分裂"，为有识之士。（方国瑜：《云南史料目录概说》卷一《〈三国志〉李恢传、吕凯传概说》）

李恢字德昂，建宁俞元人也。仕郡督邮，姑夫爨习为建伶令，有违犯之事，恢坐习免官。太守董和以习方土大姓，寝而不许。后贡恢于州，涉道未至，闻先主自葭萌还攻刘璋。恢知璋之必败，先主必成，乃托名郡使，北诣先主，遇于绵竹。先主嘉之，从至雒城，遣恢至汉中交好马超，超遂从命。成都既定，先主领益州牧，以恢为功曹书佐主簿。后为亡虏所诬，引恢谋反，有司执送，先主明其不然，更迁恢为别驾从事。章武元年（221），庲降都督邓方卒，先主问恢："谁可代者？"恢对曰："人之才能，各有长短，故孔子曰'其使人也器之。'且夫明主在上，则臣下尽情，是以先零之役，赵充国曰'莫若老臣。'臣窃不自揆，惟陛下察之。"先主笑曰："孤之本意，亦已在卿矣。"遂以恢为庲降都督，使持节领交州刺史，住平夷县。

先主薨，高定恣睢于越巂，雍闿跋扈于建宁，朱褒反叛于牂牁。丞相亮南征，先由越巂，而恢案道向建宁。诸县大相纠合，围恢军于昆明。时恢众少敌倍，又未得亮声息，绐谓南人曰："官军粮尽，欲规退还，吾中间久斥乡里，乃今得旋，不能复北，欲还与汝等同计谋，故以诚相告。"南人信之，故围守怠缓。于是恢出击，大破之，追奔逐北，南至槃江，东接牂牁，与亮声势相连。南土平定，恢军功居多，封汉兴亭侯，加安汉将军。后军还，南夷复叛，杀害守将。恢身往扑讨，锄尽恶类，徙其豪帅于成都，赋出叟、濮耕牛战马金银犀革，充继军资，于时费用不乏。

建兴七年（229），以交州属吴，解恢刺史。更领建宁太守，以还居本郡。徙居汉中，九年（231）卒。子遗嗣。恢弟子球，羽林右部督，随诸葛瞻拒邓艾，临陈授命，死于绵竹。

——《三国志》卷四十三《蜀书十三·黄李吕马王张传第十三·李恢传》

孟获

孟获，生卒年不详，蜀汉建宁（今云南曲靖）人，三国时期南中地区首领。蜀汉建兴三年（225），诸葛亮南征，平南中。关于孟获其人以及诸葛亮七擒七纵事，习凿齿《汉晋春秋》有载，《三国志·蜀书·诸葛亮传》有引，《华阳国志·南中志》亦载，其后史书多载之，然众说纷纭，有大事铺张者，也有否定者。方国瑜《诸葛亮南征的路线考说》（《思想战线》1980年第2期）认为，孟获事"《三国志》所载未备，《华阳国志》多记孟获事，且《益宁梁三州先汉以来士女目录》有建宁人御史中丞孟获，传文已缺耳，不能谓无其人。惟七擒七纵不近人情，习凿齿所说未必事实。《南中志》：'诸葛亮军卑水，高定元部曲杀雍闿及士庶等，孟获代闿为主，亮斩高定元。'按：雍闿为南中豪帅，势力最强。盖蜀出兵南征，雍闿率部援高定，既至卑水，尚未战，而内部起争端，高定部曲杀雍闿后，孟获代闿统率其众退归。诸葛亮平定越巂，渡泸水追击，孟获屡败退，凡七战，至滇池，孟获乃降。事盖如此，战地不详。"

（蜀汉建兴）三年（225）春，亮率众南征，其秋悉平。军资所出，国以富饶，乃治戎讲武，以俟大举。《汉晋春秋》曰：亮至南中，所在战捷。闻孟获者，为夷、汉所服，募生致之。既得，使观于营陈之间，问曰："此军何如？"获对曰："向者不知虚实，故败。今蒙赐观看营陈，若只如此，即定易胜耳。"亮笑，纵使更战，七纵七禽，而亮犹遣获。获止不去，曰："公，天威也，南人不复反矣。"遂至滇池。南中平，皆即其渠率而用之。或以谏亮，亮曰："若留外人，则当留兵，兵留则无所食，一不易也；加夷新伤破，父兄死丧，留外人而无兵者，必成祸患，二不易也；又夷累有废杀之罪，自嫌衅重，若留外人，终不相信，三不易也；今吾欲使不留兵，不运粮，而纲纪粗定，夷、汉粗安故耳。"

——《三国志》卷三十五《蜀书五·诸葛亮传》

（马）良弟谡，……才器过人，好论军计，丞相诸葛亮深加器异。……《襄阳记》曰：建兴三年（225），亮征南中，谡送之数十里。亮曰："虽共谋之历年，今可更惠良规。"谡对曰："南中恃其险远，不服久矣，虽今日破之，明日复反耳。今公方倾国北伐以事强贼。彼知官势内虚，其叛亦速。若殄尽遗类以除后患，既非仁者之情，且又不可仓卒也。夫用兵之道，攻心为上，攻城为下，心战为上，兵战为下，愿公服其心而已。"亮纳其策，赦孟获以服南方。故终亮之世，南方不敢复反。

——《三国志》卷三十九《蜀书九·董刘马陈董吕传第九·马良传附马谡传》

毛炅

毛炅（？—271），建宁（今云南曲靖）人。魏景元四年（蜀汉炎兴元年，263），魏灭蜀，执掌朝政的司马昭以建宁太守霍弋为南中都督，进而与孙吴争夺交州。魏咸熙元年（264），吴交阯郡吏吕兴杀交阯太守孙谞，派人通过霍弋向魏上表请附。司马炎乃以霍弋遥领交州刺史，弋即表遣爨谷为交阯太守，牙门将军毛炅与董元、爨能（一作"熊"）等率部曲随爨谷讨伐交阯。晋泰始元年（265），爨谷等直入交阯，安抚降附军民。未久，爨谷卒，马融、杨稷相继为交阯太守，杨稷加绥远将军，毛炅等俱加杂号将军。四年（268），吴交州刺史刘俊、前部督修则率军入击交趾，为毛炅等击破，皆死，杨稷表毛炅为郁林太守。七年（271，吴建衡三年），吴主孙皓遣大都督薛珝、交州刺史陶璜率十万军讨伐交趾。毛炅等奉杨稷命抵御，战于封溪（今越南河内市东英县古螺），然寡不敌众，仅以身还。杨稷集败军固守交趾城，城破，毛炅及将军孟通等二千余人被斩；爨能被俘，泰始九年（273）为孙皓所杀。后晋武帝诏毛炅子袭爵，封诸子三人关内侯。此即云南历史上的南中大姓出征交趾。

是岁（东吴宝鼎三年，西晋武帝泰始四年，268），遣交州刺史刘俊、前部督修则等入击交趾，为晋将毛炅等所破，皆死，兵散还合浦。……是岁（建衡三年，西晋武帝泰始七年，271），（虞）汜、（陶）璜破交趾，禽杀晋所置守将，九真、日南皆还属。《汉晋春秋》曰：初霍弋遣杨稷、毛炅等戍，与之誓曰："若贼围城，未百日而降者，家属诛；若过百日而城没者，刺史受其罪。"稷等日未满而粮尽，乞降于璜。璜不许，而给粮使守。吴人并谏，璜曰："霍弋已死，无能来者，可须其粮尽，然后乃受，使彼来无罪，而我取有义，内训吾民，外怀邻国，不亦可乎！"稷、炅粮尽，救不至，乃纳之。《华阳国志》曰：稷，犍为人。炅，建宁人。稷等城中食尽，死亡者半，将军王约反降，吴人得入城，获稷、炅，皆囚之。孙皓使送稷下都，稷至合浦，欧血死。晋追赠交州刺史。初，毛炅与吴军战，杀前部督修则。陶璜等以炅壮勇，欲赦之。而则子允固求杀炅，炅亦不为璜等屈，璜等怒，面缚炅诘之，曰："晋贼！"炅厉声曰："吴狗，何等为贼？"吴人生剖其腹，允割其心肝，骂曰："庸复作贼？"炅犹骂不止，曰："尚欲斩汝孙皓，汝父何死狗也！"乃斩之。晋武帝闻而哀矜，即诏使炅长子袭爵，余三子皆关内侯。此与《汉晋春秋》所说不同。

——《三国志》卷四十八《吴书三·三嗣主传第三·孙皓传》

陶璜字世英，丹杨秣陵人也。……孙皓时，交阯太守孙谞贪暴，为百姓所患。会察战邓荀至，擅调孔雀三千头，遣送秣陵，既苦远役，咸思为乱。郡吏吕兴杀谞及荀，以郡内附。武帝拜兴安南将军、交阯太守。寻为其功曹李统所杀，帝更以建宁爨谷为交阯太守。谷又死，更遣巴西马融代之。融病卒，南中监军霍弋又遣犍为杨稷代融，与将军毛炅，九真太守董元，牙门孟幹、孟通、李松、王业、爨能等，自蜀出交阯，破吴军于古城，斩大都督修则、交州刺史刘俊。吴遣虞汜为监军，薛珝为威南将军、大都督，璜为苍梧太守，距稷，战于分水。璜败，退保合浦，亡其二将。珝怒，谓璜曰："若自表讨贼，而丧二帅，其责安在？"璜曰："下官不得行意，诸军不相顺，故致败耳。"珝怒，欲引军还。璜夜以数百兵袭董元，获其宝物，船载而归，珝乃谢之，以璜领交州，为前部督。璜从海道出于不意，径至交阯，元距之。诸将将战，璜疑断墙内有伏兵，列长戟于其后。兵才接，元伪退，璜追之，伏兵果出，长戟逆之，大破元等。以前所得宝船上锦物数千匹遗扶严贼帅梁奇，奇将万余人助璜。元有勇将解系同在城内，璜诱其弟象，使为书与系，又使象乘璜䡝车，鼓吹导从而行。元等曰："象尚若此，系必有去志。"乃就杀之。珝、璜遂陷交阯。吴因用璜为交州刺史。

……

初，霍弋之遣稷、旻等，与之誓曰："若贼围城未百日而降者，家属诛；若过百日救兵不至，吾受其罪。"稷等守未百日，粮尽，乞降，璜不许，给其粮使守。诸将并谏，璜曰："霍弋已死，不能救稷等必矣，可须其日满，然后受降，使彼得无罪，我受有义，内训百姓，外怀邻国，不亦可乎！"稷等期讫粮尽，救兵不至，乃纳之。修则既为毛炅所杀，则子允随璜南征，城既降，允求复仇，璜不许。炅密谋袭璜，事觉，收炅，呵曰："晋贼！"炅厉声曰："吴狗！何等为贼？"允剖其腹，曰："复能作贼不？"炅犹骂曰："吾志杀汝孙晧，汝父何死狗也！"璜既擒稷等，并送之。稷至合浦，发病死。孟幹、爨能、李松等至建邺，晧将杀之。或劝晧，幹等忠于所事，宜宥之以劝边将，晧从其言，将徙之临海。幹等志欲北归，虑东徙转远，以吴人爱蜀侧竹弩，言能作之，晧留付作部。后幹逃至京都，松、能为晧所杀。幹陈伐吴之计，帝乃厚加赏赐，以为日南太守。先是，以杨稷为交州刺史，毛炅为交阯太守，印绶未至而败，即赠稷交州，炅及松能子并关内侯。

——《晋书》卷五十七《陶璜传》

爨亮

爨亮，一作"爨量"。西晋永兴元年（304），李雄建大成国，都成都，史称成汉。其势力不断发展，与南中大姓多有联系，一起反抗晋朝的统治。此时，经过交阯战争重创的爨氏复又强大起来，其中爨亮便是这一时期的重要人物。亮为梁水郡（今开远市）太守，统率兴古郡及盘南（西平郡地），因恶宁州刺史王逊的严猛，而不愿受其统治，王逊出兵不能克。东晋明帝太宁二年十二月（325年1月），爨亮与益州太守李逷（李恢之孙）、梁水前太守董懂起兵，降于李雄，滇池以南的晋宁、梁水、兴古、西平四郡，都成为爨亮统治区域。王逊卒后，爨亮一度寇掠宁州刺史所在的建宁郡。后来，尹奉为刺史，利用边界夷人杀爨亮，诱降李遏，乱平，爨氏势力再一次遭受重创。

（太宁）二年十二月壬子（325年1月15日），……梁水太守爨亮、益州太守李遏以兴古叛，降于李雄。

——《晋书》卷六《明帝纪》

爨琛（附姚岳）

爨琛，一作"爨深"。琛依附于晋，得刺史王逊重用。东晋明帝太宁元年（323），李雄将李骧自越巂渡过金沙江攻宁州，王逊派将军姚岳与爨琛抵御，在堂狼（今巧家）大破李骧军队。王逊死后，尹奉任宁州刺史，又任命爨琛为兴古郡太守，于是兴古、梁水、盘南等原爨亮的统治区域都成了爨琛的势力范围。咸和八年（333），李寿攻宁州，爨琛出兵至朱提助战失败，宁州归李雄，爨琛与其他大姓相继投降李雄。咸和九年（334），李雄分宁州置交州，以霍彪为宁州刺史，爨琛为交州刺史。宁州以晋宁郡为主，交州以兴古郡为主，二姓各占一隅。咸康五年（339），霍彪被建宁孟彦执送广州，孟彦亦死于丹州，至此，爨氏成为南中最有影响的大姓。（方国瑜《滇东地区爨氏始末》）姚岳是晋宁人，除与爨琛抵御李骧的进攻外，还曾支援宁州秀才庞遗反抗成汉的起义，当地人尝立庙祀之。又，《晋书》卷八十一《王逊传》所记"姚崇"，即姚岳。

（太宁）元年（323）五月，……李骧等寇宁州，刺史王逊遣将姚岳距战于堂狼，大破之。

——《晋书》卷六《明帝纪》

（咸和）二年（327）春正月，宁州秀才庞遗起义兵，攻李雄将任回、李谦等，雄遣其将罗恒、费黑救之。宁州刺史尹奉遣裨将姚岳、朱提太守杨术援遗，战于台登，岳等败绩，术死之。

——《晋书》卷七《成帝纪》

王逊字邵伯，魏兴人也。……先是，越巂太守李钊为李雄所执，自蜀逃归，逊复以钊为越巂太守。李雄遣李骧、任回攻钊，钊自南秦与汉嘉太守王载共距之，战于温水，钊败绩，载遂以二郡附雄。后骧等又渡泸水寇宁州，逊使将军姚崇、爨琛距之，战于堂狼，大破骧等，崇追至泸水，透水死者千余人。崇以道远不敢渡水，逊以崇不穷追也，怒因群帅，执崇，鞭之，怒甚，发上冲冠，冠为之裂，夜中卒。

——《晋书》卷八十一《王逊传》

（李雄）遣李骧征越巂，太守李钊降。骧进军由小会攻宁州刺史王逊，逊使其将姚岳悉众距战。骧军不利，又遇霖雨，骧引军还，争济泸水，士众多死。钊到成都，雄待遇甚厚，朝廷仪式，丧纪之礼，皆决于钊。

——《晋书》卷一百二十一《李雄载记》

爨頠

爨頠，亦是依附成汉者。东晋永和元年十二月（346年初），爨頠见成汉大势已去，遂降晋。三年（347），成汉为东晋桓温所灭，大约在此后，爨頠还南中，任宁州刺史。

（永和）元年冬十二月（346年初），李势将爨頠来奔。

——《晋书》卷八《穆帝纪》

爨松子

爨松子，南朝宋晋宁太守。元嘉十八年十二月（442年初）反叛，为宁州刺史徐循讨平。方国瑜《滇东地区爨氏始末》（收入《滇史论丛》）认为，时爨龙颜为宁州刺史，徐循只是遥领，未必到任，讨平爨松子之说，可能是南中内讧，徐循通报讨功而已。

（元嘉）十八年十二月（442年初）①，晋宁太守爨松子反叛，宁州刺史徐循讨平之。

——《宋书》卷五《文帝本纪》

（元嘉）十八年十二月（442年初），晋宁太守爨松子举兵反，宁州刺史徐循讨平之。

——《南史》卷二《宋文帝本纪》

爨震

爨震，生卒年不详。北周、隋初南宁州酋帅。父爨瓒，梁太清二年（548）据宁州。北周武成元年（559），遥授为南宁州刺史。瓒死后，爨氏统治地区

---

① 中华书局点校修订本校勘记："十二月　按上已有十二月，不当重出。据本书文例，疑当作'是月'。"

分为东爨乌蛮、西爨白蛮，其子震、翫分统其众。北周大象二年（580）五月，杨坚自为大丞相。益州总管王谦叛，杨坚以梁睿为行军元帅往讨，尽得剑南之地，被委任为益州总管。时梁睿威震西川，群蛮先后归附，惟爨震恃远不服，目无朝廷，不入贡赋。梁睿两次上书，请求征服爨氏，但杨坚皆未采纳。隋朝建立后，爨震曾遣使朝贡，但没有真正归附。此时，爨氏的残酷统治引起族人不满，内部纷争激烈，隋文帝趁机实施梁睿的建议，开皇四年（584）任韦冲为南宁州总管，深入爨地，持节抚慰，爨震及西爨诸首领皆前往府上拜谒，表示归附隋朝。

  梁睿字恃德，安定乌氏人也。……高祖总百揆，代王谦为益州总管。行至汉川而谦反，遣兵攻始州，睿不得进。高祖命睿为行军元帅，率行军总管于义、张威、达奚长儒、梁升、石孝义步骑二十万讨之。……睿斩谦于市，剑南悉平。进位上柱国，总管如故。……睿时威振西川，夷、獠归附，唯南宁酋帅爨震恃远不宾。睿上疏曰："窃以远抚长驾，王者令图，易俗移风，有国恒典。南宁州，汉世牂柯之地，近代已来，分置兴古、云南、建宁、朱提四郡。户口殷众，金宝富饶，二河有骏马、明珠，益、宁出盐井、犀角。晋太始七年（271），以益州旷远，分置宁州。至伪梁南宁州刺史徐文盛，被湘东征赴荆州，属东夏尚阻，未遑远略。土民爨瓒遂窃据一方，国家遥授刺史。其子震，相承至今。而震臣礼多亏，贡赋不入，每年奉献，不过数十匹马。其处去益，路止一千，朱提北境，即与戎州接界。如闻彼人苦其苛政，思被皇风。伏惟大丞相匡赞圣朝，宁济区宇，绝后光前，方垂万代，辟土服远，今正其时。幸因平蜀士众，不烦重兴师旅，押獠既讫，即请略定南宁。自卢、戎已来，军粮须给，过此即于蛮夷征税，以供兵马。其宁州、朱提、云南、西爨，并置总管州镇。计彼熟蛮租调，足供城防仓储。一则以肃蛮夷，二则裨益军国。今谨件南宁州郡县及事意如别。有大都督杜神敬，昔曾使彼，具所谙练，今并送往。"书未答，又请曰："窃以柔远能迩，著自前经，拓土开疆，王者所务。南宁州，汉代牂柯之郡，其地沃壤，多是汉人，既饶宝物，又出名马。今若往取，仍置州郡，一则远振威名，二则有益军国。其处与交、广相接，路乃非遥。汉代开此，本为讨越之计。伐陈之日，复是一机，以此商量，决谓须取。"高祖深纳之，然以天下初定，恐民心不安，故未之许。后竟遣史万岁讨平之，并因睿之策也。

——《隋书》卷三十七《梁睿传》

（韦）冲字世冲，少以名家子，在周释褐卫公府礼曹参军。……高祖践阼，……拜石州刺史，……以母忧去职。俄而起为南宁州总管，持节抚慰。复遣柱国王长述以兵继进。……冲既至南宁，渠帅爨震及西爨首领皆诣府参谒。

——《隋书》卷四十七《韦世康传附韦冲传》

梁御字善通，其先安定人也。……子睿。睿字恃德，少沉敏有行检。……睿时威振西州，夷獠归附，唯南宁首帅爨震恃远不宾。睿上疏曰："南宁州，汉牂柯之地。近代已来，分置兴古、云南、建宁、朱提四郡，户口殷众，金宝富饶，二河有骏马明珠，益、宁出盐井犀角。晋泰始七年（271）以益州旷远，分置宁州。至伪梁，南宁州刺史徐文盛被湘东征赴荆州。属东夏尚阻，未遑远略，土人爨瓒遂窃据一方。国家遥授刺史，其子震相承至今。而震臣礼多亏，贡赋不入。如闻彼人苦其苛政，思被皇风，幸因平蜀士众，不烦重兴师旅，押獠既讫，即请略定南宁。"文帝深纳之，然以天下初定，恐人心不安，故未之许。后竟遣史万岁讨平之，并因睿之策也。

——《北史》卷五十九《梁御传附梁睿传》

爨翫

爨翫（？—602），爨震弟。开皇四年（584），隋置南宁州总管府（治所在今曲靖），并置恭州、协州、昆州，以爨翫为昆州刺史。十七年（597），爨翫反隋，隋以史万岁为行军总管讨之。史万岁率部从西川出清溪关道，进入云南，经蜻蛉川（今大姚）、弄栋（今姚安），至大勃弄、小勃弄（今弥渡），过西二河（今洱海），入渠滥川（今大理凤仪），攻占昆州，破翫三十余部，翫降。史万岁奏请将爨翫押解入朝，然翫以金宝贿赂史万岁，因而被释。明年，爨翫再度反叛，史万岁受贿事发，被削职为民。仁寿二年（602），隋派刘㙦之、杨武通讨爨氏，爨翫惧而请降，被押解入朝斩杀，诸子没为奴。

史万岁，京兆杜陵人也。……先是，南宁夷爨翫来降，拜昆州刺史，既而复叛。遂以万岁为行军总管，率众击之。入自蜻蛉川，经弄冻，次小勃弄、大勃弄，至于南中。贼前后屯据要害，万岁皆击破之。行数百里，见诸葛亮纪功碑铭，其背曰："万岁之后，胜我者过此。"万岁令左右倒其碑而进。度西二河，入渠滥川，行千余里，破其三十余部，虏获男女二万余口。诸夷大惧，遣使请降，献明珠径寸。于是勒石颂美隋德。万岁遣使驰奏，请将翫入朝，诏许之。爨翫阴有二心，不欲诣阙，因赂万岁以金宝，万岁于是舍翫而还。蜀王时在益州，知其受赂，遣使将索之。万岁闻而悉以所得金宝沉之于江，索无所获。以功进位柱国。……明年，爨翫复反，蜀王秀奏万岁受赂纵贼，致生边患，无大臣节。上令穷治其事，事皆验，罪当死。上数之曰："受金放贼，重劳士马。朕念将士暴露，寝不安席，食不甘味，卿岂社稷臣也？"万岁曰："臣留爨翫者，恐其州有变，留以镇抚。臣还至泸水，诏书方到，由是不将入朝，实不受赂。"……开皇末，……（万岁）忤于上。上大怒，令左右撵杀之。既而悔，追之不及，因下诏罪万岁曰："……而昆州刺史爨翫包藏逆心，为民兴患。朕备有成敕，令将入朝。万岁乃多受金银，违敕令住，致爨翫寻为反逆，更劳师旅，方始平定。……"

——《隋书》卷五十三《史万岁传》

庶人秀，高祖第四子也。……大将军刘哙之讨西爨也，高祖令上开府杨武通将兵继进。秀使嬖人万智光为武通行军司马，上以秀任非其人，谴责之。因谓群臣曰："坏我法者，必在子孙乎？譬如猛兽，物不能害，反为毛间虫所损食耳。"于是遂分秀所统。

——《隋书》卷四十五《庶人秀传》

（苏）孝慈兄子沙罗，字子粹。……从史万岁击西爨，累战有功，进位大将军，赐物千段。

——《隋书》卷四十六《苏孝慈传附兄子沙罗传》

史万岁，京兆杜陵人也。……先是，南宁夷爨翫降，拜昆州刺史，既而复叛。遂以万岁为行军总管击之。入蜻蛉川，经弄栋，次小勃弄、大勃弄，至于南中。贼前后屯据要害，万岁皆击破之。行数百里，见诸葛亮纪功碑铭，其背曰："万岁后，胜我者过此。"万岁令左右倒其碑而进。度西二河，入渠滥川，行千余里，破其三十余部。诸夷大惧，遣使请降，献明珠径寸。于是勒石颂美隋德。万岁请将爨翫入朝，诏许之。爨翫阴有二心，不欲诣阙，因赂万岁金宝，万岁乃舍翫而还。蜀王在益州，知其受赂，遣使将索之。万岁闻而悉以所得金宝沉之于江，索无所获。以功进柱国。晋王广甚钦敬之，待以交友之礼。上知为晋王所善，令万岁督晋王府军事。

明年，爨翫复反。蜀王秀奏万岁受赂纵贼，致生边患。上令穷之，事皆验，罪当死。上数之，万岁曰："臣留翫者，恐其州有变，留以镇抚。臣还至泸水，诏书方到，由是不将入朝，实不受赂。"上以万岁心有欺隐，大怒，顾有司曰："将斩之。"万岁惧而服罪，顿首请命。左仆射高颎、左卫大将军元旻等进曰:"史万岁雄略过人,每行兵用师之处,未尝不身先士卒,虽古名将未能过也。"上意稍解,于是除名。岁余,复官爵。寻拜河州刺史,复领行军总管以备胡。

——《北史》卷七十三《史万岁传》

唐

舍龙　龙迦独　细奴罗　罗盛　盛罗皮　皮罗阁
阁罗凤　凤迦异　异牟寻　寻阁劝　劝龙晟
劝利晟　劝丰祐　世隆　隆舜　舜化贞

南诏国是唐代云南地方政权。从唐太宗贞观二十三年（649）细奴罗建立大蒙国始，到唐昭宗天复二年（902）郑买嗣发动政变、建立大长和国止，南诏国历十四王，二百五十四年。王姓蒙氏，事迹集中见于《旧唐书·南诏蛮传》和《新唐书·南诏传》，并散见于本纪、志，以及赵国珍、韦皋、高骈、袁滋等人的传记中。不过，《旧唐书》记事仅至唐武宗会昌年间（841—846），而详于唐德宗贞元（785—805）以前事，最详者为异牟寻时。而《新唐书》杂采诸书，记事更详，且记南诏官制、风土诸项；又如异牟寻致韦皋书等，则为《新唐书》独有史料。为了便于表述，也为了给读者以整体的认识，我们参考史籍记载，以及方国瑜、林超民等教授的研究，完整叙述南诏国始末，并以此来展现蒙氏事迹，庶几简明而清晰。此外，南诏与爨氏等密切相关，故一并介绍，且酌情节录相关史料。

　　唐朝建立后，即着手治理云南。唐高祖武德元年（618），开南中，置南宁、昆、恭等州，以爨翫之子爨弘达为昆州刺史，让他运送父亲骸骨回归故土安葬。弘达回昆州后，积极联络两爨诸部归顺。四年（621），爨地诸部皆归顺唐朝，遣使入贡方物。是年，唐朝设南宁州总管府，命韦仁寿至南宁州抚慰。七年（624），改南宁州都督府，以爨弘达为都督，听令于嶲州都督府。次年，移南宁州都督府于本郡味县（今曲靖）。爨弘达子孙承袭都督之职不改。

　　也是在唐初，洱海地区分布着众多部落，称为"诏"，较大的有"六诏"，分别是蒙舍诏（今巍山县）、蒙嶲诏（今巍山县北部及漾濞县）、邆赕诏（今洱源县邓川镇）、浪穹诏（今洱源县）、施浪诏（今邓川东北青索乡）、越析诏（今宾川）。其中，蒙舍诏居蒙舍川（今巍山县），因在诸诏之南，故称南诏。贞观末，舍龙（《新唐书》作"龙"）为酋长，创立蒙舍诏。舍龙之子龙迦独（《旧唐书》作"迦独庞"，《新唐书》作"龙独罗"）无有作为，其子细奴罗于贞观二十三年（649）即位，号大蒙国，自称"奇嘉王"，又称"南诏"，后兼并张乐进求为首的白子国。永徽四年（653），细奴罗遣子罗盛（一作"罗盛炎"）入朝，唐任命细奴罗为巍州（今巍山）刺史，赐以锦袍。其后又多次遣使入贡，皆得召见，且获厚赏。

罗盛子名盛罗皮，生于武后时，玄宗开元初继位。盛罗皮卒，子皮罗阁立，诏授特进，封越国公，赐名归义。开元十八年（730）左右，皮罗阁灭蒙嶲诏，攻石桥城（今大理下关），其子阁罗凤与唐将严正诲合攻石和城（今大理凤仪）。二十四年（736），蒙舍诏在剑南节度使的支持下，兼并了越析诏。二十五年（737），皮罗阁夺取河蛮的太和城（今大理太和）和大厘城（今大理喜洲），北上筑龙口城（今大理上关）以为保障，大败"三浪诏"（邆赕、施浪、浪穹）。二十六年（738），蒙舍诏统一了洱海地区，尽有六诏之地。九月，唐册封皮罗阁为"云南王"，其长男阁罗凤授特进兼阳瓜州刺史，次男成节为蒙舍州刺史，三子崇道为河东州刺史，四子成进为双祝州刺史。次年，皮罗阁迁居太和城。

在南诏不断发展壮大之时，爨氏则逐渐走向衰落。开元、天宝年间，爨归王任南宁州都督，杀孟聘、孟启父子，占领其地升麻川（今嵩明、寻甸一带），引起两爨大鬼主爨崇道的不满。同时，爨氏内部发生内讧，杀戮至亲，骨肉相屠，势力大减。约在天宝五载（746），阁罗凤击杀爨崇道父子，灭诸爨，爨氏灭亡。

天宝四载（745），皮罗阁遣孙凤迦异入朝，授鸿胪少卿，赐赉甚厚。剑南节度使章仇兼琼遣使至云南，与皮罗阁言语不合，皮罗阁时常怀恨在心。七载（748），皮罗阁卒，子阁罗凤立，袭云南王。不久，鲜于仲通任剑南节度使，张虔陀任云南太守。鲜于仲通气量狭小，缺少智谋。张虔陀狡诈，对阁罗凤并不以礼相待。张虔陀有所索取，阁罗凤多不答应，于是张虔陀派人辱骂阁罗凤，并暗中上奏其罪。九载（750），阁罗凤起兵反叛，围攻张虔陀，并杀之（《南诏德化碑》说张虔陀是自尽）。翌年，鲜于仲通率军从戎、嶲州出兵，阁罗凤遣使谢罪，鲜于仲通不许，并囚禁南诏使者，进逼太和城，为南诏所败。十一载（752）正月初一日，吐蕃在邓川册封阁罗凤为赞普钟南国大诏，号称东帝，颁给金印，授其子凤迦异大瑟瑟告身都知兵马大将，改年为赞普钟元年。

天宝十二载（753），唐廷命汉中郡太守司空袭礼、内使贾奇俊率军至云南郡，再置姚州都督府，以贾瓘为都督。南诏与吐蕃合兵攻姚州府城，贾奇俊战败，贾瓘被俘。十三载（754）六月，侍御史剑南留后李宓率大军攻南诏，南诏与吐蕃援兵神川都知兵马使论绮里徐共拒唐军，败李宓于太和城，李宓沉江而死，二十万大军覆没。南诏"收亡将等尸，祭而葬之"，此即万人冢，在今大理下关。十四载（755），安史之乱爆发，唐朝无力顾及云南，遂再未对云南用兵。南诏趁机开疆拓土，统一了云南各地，"建立了包括今云南全境、四川南部、贵州西部、缅甸北部、越南北部、老挝等地的强大王国。境内在洱海区域建立十睑，设置弄栋、拓东、开南（银生）、剑川、铁桥、永昌、丽水七节度，通海、会川两都督"。（《云南大百科全书·历史卷》"南诏国"条）

大历元年（766），阁罗凤于太和城立《南诏德化碑》，详记天宝战争之始末，"明不得已而叛"，并希望后继者与唐再度和好。十四年（779），因阁罗凤之子凤迦异先于阁罗凤死去，遂以凤迦异之子异牟寻继位。异牟寻通晓典籍，有才智，善抚部众。时吐蕃不断向南诏索要赋税，征集兵民，南诏不堪其苦。贞元四年（788），异牟寻接受清平官郑回的建议，图谋内附。当时，剑南西川节度使韦皋招抚各蛮，示意南诏投附。七年（791），韦皋遣间使持信招谕异牟寻，不料为吐蕃所知，吐蕃即派人责问异牟寻，并多召南诏大臣之子为人质，异牟寻愈加怨恨。九年（793）四月，异牟寻与酋长派出三批使者抵京，唐廷遂赐异牟寻诏书，命韦皋遣使以察其情，韦皋乃命巡官崔佐时至阳苴咩城。十年（794）正月，异牟寻及清平官等与崔佐时在点苍山神祠会盟。南诏去吐蕃所赐"日东王"封号，唐廷复南诏旧名。十月，唐持节册南诏使袁滋等在南诏都城阳苴咩城代表唐德宗册封异牟寻，赐南诏银窠金质"贞元册南诏印"。异牟寻表示："开元、天宝中，曾祖及祖皆蒙册袭王，自此五十年。贞元皇帝洗痕录功，复赐爵命，子子孙孙永为唐臣。"十一年（795），唐朝在南诏地设云南安抚使司，九月加封剑南西川节度使韦皋为统押近界诸蛮及西山八国、云南安抚使。自后，凡任剑南西川节度使者皆兼任云南安抚使，管辖云南安抚司成为一个制度，延至唐亡未废。云南安抚使司是享有充分自治权的羁縻府州，南诏由云南安抚使节制。（林超民《唐宋民族史》第七章《南诏》）

元和三年十二月十七日（809年1月6日），异牟寻卒。四年（809）正月，朝廷派太常少卿武少仪充任吊祭使，册封异牟寻之子寻阁劝为南诏王，命铸造"元和册南诏印"。同年，寻阁劝卒，子劝龙晟（《旧唐书》作"龙蒙盛")立。十一年（816），弄栋节度使王嵯巅以劝龙晟淫虐不道，将其杀死，立劝龙晟弟劝利晟。劝利晟深惧王嵯巅，任命其为清平官。十三年（818），赐王嵯巅国姓"蒙"，封为"大容"，即"长兄"。次年，劝利晟废黜王嵯巅，赦免其罪状，命其敬信三宝。长庆三年（823），劝利晟卒，弟劝丰祐立。劝丰祐勇敢善用其众，始慕中原，不与父连名，自称丰祐。同年，杜元颖出任剑南西川节度使，以文士自高，不晓军事。大和三年（829）冬，南诏侵扰西川，攻陷巂、戎、邛等州，十二月初三日（830年1月1日），唐朝以东川节度使郭钊取代杜元颖。初四日（830年1月2日），南诏陷成都。十三日（830年1月11日），南诏大掠技艺工匠、玉帛财物而去。四年（830）正月，王嵯巅上表请罪，条列杜元颖之失。此后，南诏又贡赋不绝。

大中十三年（859），丰祐卒，子世隆嗣立。唐以其名犯太宗世民、玄宗隆基讳，称之"酋龙"，不行册封，南诏乃与唐绝交。世隆自称皇帝，国号"大礼"，建元建极。咸通元年（860）以后，南诏与唐之间战争不息，唐为之虚耗，南诏亦疲弊，于是双方都希望和好，重新建立友好关系。

乾符三年（876），西川节度使高骈遣僧人景仙入南诏，世隆帅大臣迎拜。景仙劝世隆归顺唐朝，并允诺下嫁公主。四年（877），世隆卒，子隆舜（《新唐书》作"法"）继承王位，改元贞明、承智、大同，改国号为"鹤拓"，自号"大封人"（一作"大封民"）。林超民教授认为，"'封'古音读'邦'，意义也相同。'封''邦'与'僰'读音相同，……'僰'字又作'白'字"，"大封民国"即"大白民国"，"大封人"这个专用名称的出现，是白族形成的重要标志。（《白族形成问题新探》，《民族学评论》2005年第二辑）

乾符四年（877）闰二月，隆舜遣陀西（判官）段瑳宝为使到邕州向岭南西道节度使辛谠请和，辛谠上书力主议和，唐廷诏可后，辛谠即遣大将杜弘等出使南诏。五年（878）春，南诏因高骈答应和亲，妻以公主，遣其酋望赵宗政入唐，正式提出和亲，并"请为弟而不称臣"，但唐廷内部对此意见不一。翌年，辛谠派徐云虔出使云南，隆舜仍坚持与唐以"兄弟之国"相称，但徐云虔坚持双方只能是君臣关系。和亲一事终未能如愿。

乾宁四年（897），隆舜被奸臣杨登杀害。隆舜之子舜化贞继立，建元中兴，欲与唐修好，未能得到唐朝廷的答复。时南诏政局动荡不安，民不聊生。天复二年（902），郑回的七世孙郑买嗣发动政变，将蒙氏家族全部斩杀，建立大长和国，取代南诏政权。

南诏蛮，本乌蛮之别种也，姓蒙氏。蛮谓王为"诏"，自言哀牢之后，代居蒙舍州为渠帅，在汉永昌故郡东，姚州之西。其先渠帅有六，自号"六诏"，兵力相埒，各有君长，无统帅。蜀时为诸葛亮所征，皆臣服之。国初有蒙舍龙，生迦独庞。迦独生细奴逻，高宗时来朝。细奴逻生逻盛，武后时来朝。其妻方娠，逻盛次姚州，闻妻生子，曰："吾且有子，死于唐地足矣。"子名曰盛逻皮。逻盛至京师，赐锦袍金带归国。

开元初，逻盛死，子盛逻皮立。盛逻皮死，子皮逻阁立。二十六年（738），诏授特进，封越国公，赐名曰归义。其后破洱河蛮，以功策授云南王。归义渐强盛，余五诏浸弱。先是，剑南节度使王昱受归义略，奏六诏合为一诏。归义既并五诏，服群蛮，破吐蕃之众兵，日以骄大。每入觐，朝廷亦加礼异。二十七年（739），徙居大和城。天宝四载（745），归义遣孙凤迦异来朝，授鸿胪卿，归国，恩赐甚厚，归义意望亦高。时剑南节度使章仇兼琼遣使至云南，与归义言语不相得，归义常衔之。

七年（748），归义卒，诏立子阁罗凤袭云南王。无何，鲜于仲通为剑南节度使，张虔陀为云南太守。仲通褊急寡谋，虔陀矫诈，待之不以礼。旧事，南诏常与其妻子谒见都督，虔陀皆私之。有所征求，阁罗凤多不应，虔陀遣人骂辱之，仍密奏其罪恶。阁罗凤忿怨，因发兵反，攻围虔陀，杀之，时天宝九年（750）也。明年（751），仲通率兵出戎、巂州。阁罗凤遣使谢罪，仍与云南录事参军姜如芝俱来，请还其所虏掠，且言："吐蕃大兵压境，若不许，当归命吐蕃，云南之地，非唐所有也。"仲通不许，囚其使，进兵逼大和城，为南诏所败。自是阁罗凤北臣吐蕃。吐蕃令阁罗凤为赞普钟，号曰东帝，给以金印。蛮谓弟为"钟"。时天宝十一年（752）也。十二年（753），剑南节度使杨国忠执国政，仍奏征天下兵，俾留后、侍御史李宓将十余万，輂饷者在外。涉海瘴死者相属于路，天下始骚然苦之。宓复败于大和城北，死者十八九。会安禄山反，阁罗凤乘衅攻陷巂州及会同军，西复降寻传蛮。

大历十四年（779），阁罗凤子凤迦异先阁罗凤死，立迦异子，是为异牟寻，颇知书，有才智，善抚其众。吐蕃役赋南蛮重数，又夺诸蛮险地立城堡，岁征兵以助镇防，牟寻益厌苦之。有郑回者，本相州人，天宝中举明经，授巂州西泸县令，巂州陷，为所虏。阁罗凤以回有儒学，更名曰蛮利，甚爱重之，命教凤迦异。及异牟寻立，又命教其子寻梦凑。回久为蛮师，凡授学，虽牟寻、梦凑，回得箠挞，故牟寻以下皆严惮之。蛮谓相为清平官，凡置六人。

牟寻以回为清平官，事皆咨之，秉政用事。余清平官五人，事回卑谨，或有过，回辄挞之。回尝言于牟寻曰："自昔南诏尝款附中国，中国尚礼义，以惠养为务，无所求取。今弃蕃归唐，无远戍之劳、重税之困，利莫大焉。"牟寻善其言，谋内附者十余年矣。会剑南西川节度使韦皋招抚诸蛮，苴乌星、虏望等归化，微闻牟寻之意，因令蛮寓书于牟寻，且招怀之，时贞元四年（788）也。七年（791），又遣间使持书喻之。道出磨些蛮，其魁主潜告吐蕃。使至云南，吐蕃已知之，令诘牟寻。牟寻惧，因绐吐蕃曰："唐使，本蛮也，韦皋许其求归，无他谋。"遂执送吐蕃。吐蕃益疑之，多召南诏大臣之子为质，牟寻愈怨。

九年（793）四月，牟寻乃与酋长定计遣使：赵莫罗眉由两川，杨大和坚由黔中，或由安南。使凡三辈，致书与韦皋，各赍生金丹砂为贽。三分前皋所与牟寻书，各持其一为信。岁中，三使皆至京师，且曰："牟寻请归大国，永为藩国。所献生金，以喻向北之意如金也；丹砂，示其赤心耳。"上嘉之，乃赐牟寻诏书，因命韦皋遣使以观其情。皋遂命巡官崔佐时至牟寻所都阳苴咩城，南去太和城十余里，东北至成都二千四百里，东至安南如至成都，通水陆行。是时也，吐蕃使数百人，先佐时在南诏，牟寻悉召诸种落与议归化，或未毕至，未敢公言，密令佐时称牂牁使，衣以牂牁服而入。佐时不肯，曰："我大唐使，安得服小夷之服。"牟寻不得已，乃夜迎佐时，设位陈灯烛。佐时乃大宣诏书，牟寻恐吐蕃知，顾左右无色，而业已归唐，久之，歔欷流涕，皆俯伏受命。

其明年正月，异牟寻使其子阁劝及清平官等与佐时盟于点苍山神祠。盟书一藏于神室，一沉于西洱河，一置祖庙，一以进天子。阁劝即寻梦凑也。郑回见佐时，多所指导，故佐时探得其情。乃请牟寻斩吐蕃使数人，以示归唐。又得其吐蕃所与金印。牟寻寻遣佐时归，仍刻金契以献。阁劝赋诗以饯之。牟寻乃去吐蕃所立帝号，私于佐时请复南诏旧名。佐时与盟讫，留二旬有六日而归。

初，吐蕃因争北庭，与回鹘大战，死伤颇众，乃征兵于牟寻，须万人。牟寻既定计归我，欲因征兵以袭之，乃示寡弱，谓吐蕃曰："蛮军素少，仅可发三千人。"吐蕃少之，请益至五千，乃许。牟寻遽遣兵五千人戍吐蕃，乃自将数万躅其后，昼夜兼行，乘其无备，大破吐蕃于神川。遂断铁桥，遣使告捷。且请韦皋使阅其所虏获及城堡，以取信焉。时韦皋上言："牟寻收铁桥已来城垒一十六，擒其王五人，降其众十余万。"以祠部郎中兼御史中丞袁滋持节册南诏，仍赐牟寻印，铸用黄金，以银为窠，文曰："贞元册南诏印。"先是，韦皋奏南诏前遣清平官尹仇宽献所受吐蕃印五，二用黄金，今赐请以黄金，从蛮夷所重，传示无穷。从皋之请也。

十年（794）八月，遣使蒙凑罗栋及尹仇宽来献铎槊、浪人剑及吐蕃印八纽。凑罗栋，牟寻之弟也，锡赉甚厚。以尹仇宽为检校左散骑常侍，余各授官有差。俄又封尹仇宽为高溪郡王。十一年（795）三月，遣清平官尹辅酋随袁滋来朝。又得先没蕃将卫景升、韩演等，并南诏所获吐蕃将帅俘馘百人至京师。凑罗栋归国，在道而卒，赠右散骑常侍。授尹辅酋检校太子詹事兼御史中丞，余亦差次授官。又降敕书赐异牟寻及子阁劝，清平官郑回、尹仇宽等各一书，书左列中书三官宣奉行，复旧制也。九月，异牟寻遣使献马六十匹。

十二年（796），韦皋于雅州会野路招收得投降蛮首领高万唐等六十九人，户约七千，兼万唐等先受吐蕃金字告身五十片。十四年（798），异牟寻遣酋望大将军①王丘各等贺正，兼献方物。十九年（803）正月旦，上御含元殿受南诏朝贺。以其使杨镆龙武为试太仆少卿，授黎州廓清道蛮首领袭恭化郡王刘志宁试太常卿。二十年（804），南诏遣使朝贡。

元和二年（807）八月，遣使邓傍传来朝，授试殿中监。三年十二月，以异牟寻卒②，废朝三日。四年（809）正月，以太常少卿武少仪充吊祭使，仍册牟寻之子骠信苴蒙阁劝为南诏王，仍命铸"元和册南诏印"。七年（812）十月，皆遣使朝贡。十一年（816）五月，以龙蒙盛卒，废朝三日。遣使来请册立其君长。以少府少监李铣充册立吊祭使，左赞善大夫许尧佐副之。十二年（817）至十五年（820），比年遣使来朝，或年内二三至者。

宝历三年（827），大和元年（827），亦遣使来。三年（829），杜元颖镇西川，以文儒自高，不练戎事。南蛮乘我无备，大举诸部入寇。牧守屡陈，亦不之信。十一月，蜀川出军与战，不利。陷我邛州，逼成都府，入梓州西郭，驱劫玉帛子女而去。上闻之，大怒，再贬元颖为循州司马。明年正月，其王蒙嵯颠以表自陈请罪，兼疏元颖过失。国家方事柔远，寻释其罪，复遣使来朝。五年（831）、八年（834），亦遣使来贡方物。开成四年（839）、五

---

① 按：大将军，应是"大军将"。大军将是南诏高级将领，共设十二人。在朝内随清平官议政，出外镇守重要城镇，任节度使，积有功绩，得升清平官。又《南诏德化碑》无"大"字。
② 按：据《旧唐书·宪宗本纪》，异牟寻卒于元和三年十二月甲子，即公元809年1月6日。

年(840),会昌二年(842),皆遣使来朝。

——《旧唐书》卷一百九十七《南诏蛮传》

南诏,或曰鹤拓,曰龙尾,曰苴咩,曰阳剑。本哀牢夷后,乌蛮别种也。夷语王为"诏"。其先渠帅有六,自号"六诏",曰蒙巂诏、越析诏、浪穹诏、邆睒诏、施浪诏、蒙舍诏。兵埒,不能相君,蜀诸葛亮讨定之。蒙舍诏在诸部南,故称南诏。居永昌、姚州之间,铁桥之南,东距爨,东南属交趾,西摩伽陀,西北与吐蕃接,南女王,西南骠,北抵益州,东北际黔、巫。王都羊苴咩城,别都曰善阐府。

王坐东向,其臣有所陈,以状言而不称臣。王自称曰元,犹朕也;谓其下曰昶,犹卿、尔也。官曰坦绰、曰布燮、曰久赞,谓之清平官,所以决国事轻重,犹唐宰相也;曰酋望、曰正酋望、曰员外酋望、曰大军将、曰员外,犹试官也。幕爽主兵,琮爽主户籍,慈爽主礼,罚爽主刑,劝爽主官人,厥爽主工作,万爽主财用,引爽主客,禾爽主商贾,皆清平官、酋望、大军将兼之。爽,犹言省也。督爽,总三省也。乞托主马,禄托主牛,巨托主仓廪,亦清平官、酋望、大军将兼之。曰爽酋、曰弥勤、曰勤齐,掌赋税。曰兵獳司,掌机密。大府主将曰演习,副曰演览;中府主将曰缮裔,副曰缮览;下府主将曰澹酋,副曰澹览;小府主将曰幕撝,副曰幕览。府有陀酋,若管记;有陀西,若判官。大抵如此。

……

王蒙氏,父子以名相属。自舍龙以来,有谱次可考。舍龙生独逻,亦曰细奴逻,高宗时遣使者入朝,赐锦袍。细奴逻生逻盛炎,逻盛炎生炎阁。武后时,盛炎身入朝,妻方娠,生盛逻皮,喜曰:"我又有子,虽死唐地足矣。"炎阁立,死开元时,弟盛逻皮立,生皮逻阁,授特进,封台登郡王。炎阁未有子时,以阁罗凤为嗣,及生子,还其宗,而名承阁,遂不改。

开元末,皮逻阁逐河蛮,取大和城,又袭大厘城守之,因城龙口,夷语山陂陀为"和",故谓"大和",以处阁罗凤。天子诏赐皮逻阁名归义。当是时,五诏微,归义独强,乃厚以利啗剑南节度使王昱,求合六诏为一,制可。归义已并群蛮,遂破吐蕃,浸骄大。入朝,天子亦为加礼。又以破渳蛮功,驰遣中人册为云南王,赐锦袍、金钿带七事。于是徙治大和城。天宝初,遣阁罗凤子凤迦异入宿卫,拜鸿胪卿,恩赐良异。

七载(748),归义死,阁罗凤立,袭王,以其子凤迦异为阳瓜州刺史。

初，安宁城有五盐井，人得煮鬻自给。玄宗诏特进何履光以兵定南诏境，取安宁城及井，复立马援铜柱，乃还。

鲜于仲通领剑南节度使，卞忿少方略。故事，南诏尝与妻子谒都督，过云南，太守张虔陀私之，多所求丐，阁罗凤不应。虔陀数诋靳之，阴表其罪，由是忿怨，反，发兵攻虔陀，杀之，取姚州及小夷州凡三十二。明年，仲通自将出戎、嶲州，分二道进次曲州、靖州。阁罗凤遣使者谢罪，愿还所虏，得自新，且城姚州；如不听，则归命吐蕃，恐云南非唐有。仲通怒，囚使者，进薄白厓城，大败引还。阁罗凤敛战胔，筑京观，遂北臣吐蕃，吐蕃以为弟，夷谓弟"钟"，故称"赞普钟"，给金印，号"东帝"。揭碑国门，明不得已而叛，尝曰："我上世世奉中国，累封赏，后嗣容归之。若唐使者至，可指碑澡祓吾罪也。"会杨国忠以剑南节度当国，乃调天下兵凡十万，使侍御史李宓讨之，辇饷者尚不在。涉海而疫死相踵于道，宓败于大和城，死者十八。亦会安禄山反，阁罗凤因之取嶲州会同军，据清溪关，以破越析，枭于赠，西而降寻传、骠诸国。

……广德初，凤迦异筑柘东城①，诸葛亮石刻故在，文曰："碑即仆，蛮为汉奴。"夷畏誓，常以石揩捂。

大历十四年（779），阁罗凤卒，以凤迦异前死，立其孙异牟寻以嗣。异牟寻有智数，善抚众，略知书。母李，独锦蛮女也。独锦蛮亦乌蛮种，在秦藏川南。天宝中，命其长为蹄州刺史。世与南诏婚聘。

异牟寻立，悉众二十万入寇，与吐蕃并力。一趋茂州，逾文川，扰灌口；一趋扶、文，掠方维、白坝；一侵黎、雅，叩邛郲关。令其下曰："为我取蜀为东府，工伎悉送逻娑城，岁赋一缣。"于是进陷城聚，人率走山。德宗发禁卫及幽州军以援东川，与山南兵合，大败异牟寻众，斩首六千级，禽生捕伤甚众，颠踣厓峭且十万。异牟寻惧，更徙苴咩城，筑袤十五里，吐蕃封为日东王。

然吐蕃责赋重数，悉夺其险立营候，岁索兵助防，异牟寻稍苦之。故西泸令郑回者，唐官也，往嶲州破，为所虏。阁罗凤重其惇儒，号"蛮利"，俾教子弟，得棰搒，故国中无不惮。后以为清平官。说异牟寻曰："中国有礼义，少求责，非若吐蕃惏刻无极也。今弃之复归唐，无远戍劳，利莫大此。"异

---

① 按：柘东城即拓东城，在今昆明。

牟寻善之，稍谋内附，然未敢发。亦会节度使韦皋抚诸蛮有威惠，诸蛮颇得异牟寻语，白于皋，时贞元四年（788）也。皋乃遣谍者遗书，吐蕃疑之，因责大臣子为质，异牟寻愈怨。后五年，乃决策遣使者三人异道同趣成都，遗皋帛书曰：

  异牟寻世为唐臣，曩缘张虔陀志在吞侮，中使者至，不为澄雪，举部惶窘，得生异计。鲜于仲通比年举兵，故自新无繇。代祖弃背，吐蕃欺孤背约。神川都督论讷舌使浪人利罗式眩惑部姓，发兵无时，今十二年。此一忍也。天祸蕃廷，降衅萧墙，太子弟兄流窜，近臣横污，皆尚结赞阴计，以行屠害，平日功臣，无一二在。讷舌等皆册封王，小国奏请，不令上达。此二忍也。又遣讷舌逼城于鄙，弊邑不堪。利罗式私取重赏，部落皆惊。此三忍也。又利罗式骂使者曰："灭子之将，非我其谁？子所富当为我有。"此四忍也。

  今吐蕃委利罗式甲士六十侍卫，因知怀恶不谬。此一难忍也。吐蕃阴毒野心，辄怀搏噬。有如婾生，实污辱先人，辜负部落。此二难忍也。往退浑王为吐蕃所害，孤遗受欺；西山女王，见夺其位；拓拔首领，并蒙诛刈；仆固志忠，身亦丧亡。每虑一朝亦被此祸。此三难忍也。往朝廷降使招抚，情心无二，诏函信节，皆送蕃廷。虽知中夏至仁，业为蕃臣，吞声无诉。此四难忍也。

  曾祖有宠先帝，后嗣率蒙袭王，人知礼乐，本唐风化。吐蕃诈给百情，怀恶相视。异牟寻愿竭诚日新，归款天子。请加戍剑南、西山、泾原等州，安西镇守，扬兵四临，委回鹘诸国，所在侵掠，使吐蕃势分力散，不能为强，此西南隅不烦天兵，可以立功云。

且赠皋黄金、丹砂。皋护送使者京师，使者奏异牟寻请归天子，为唐藩辅。献金，示顺革；丹，赤心也。德宗嘉之，赐以诏书，命皋遣谍往觇。

皋令其属崔佐时至羊苴咩城。时吐蕃使者多在，阴戒佐时衣牂柯使者服以入。佐时曰："我乃唐使者，安得从小夷服？"异牟寻夜迎之，设位陈燎，佐时即宣天子意，异牟寻内畏吐蕃，顾左右失色，流涕再拜受命。使其子阁劝及清平官与佐时盟点苍山，载书四：一藏神祠石室，一沈西洱水，一置祖庙，一以进天子。乃发兵攻吐蕃使者杀之，刻金契以献，遣曹长段南罗、赵迦宽随佐时入朝。

初，吐蕃与回鹘战，杀伤甚，乃调南诏万人。异牟寻欲袭吐蕃，阳示寡弱，以五千人行，许之。即自将数万踵后，昼夜行，大破吐蕃于神川，遂断铁桥，溺死以万计，俘其五王。乃遣弟凑罗栋、清平官尹仇宽等二十七人入献地图、方物，请复号南诏。帝赐赉有加，拜仇宽左散骑常侍，封高溪郡王。

明年夏六月，册异牟寻为南诏王。以祠部郎中袁滋持节领使，成都少尹庞顾副之，崔佐时为判官；俱文珍为宣慰使，刘幽岩为判官。赐黄金印，文曰"贞元册南诏印"。滋至大和城，异牟寻遣兄蒙细罗勿等以良马六十迎之，金镂玉珂，兵振铎夹路陈。异牟寻金甲，蒙虎皮，执双铎鞘。执矛千人卫，大象十二引于前，骑军、徒军以次列。诘旦，授册，异牟寻率官属北面立，宣慰使东向，册使南向，乃读诏册。相者引异牟寻去位，跽受册印，稽首再拜；又受赐服备物，退曰："开元、天宝中，曾祖及祖皆蒙册袭王，自此五十年。贞元皇帝洗痕录功，复赐爵命，子子孙孙永为唐臣。"因大会其下，享使者，出银平脱马头盘二，谓滋曰："此天宝时先君以鸿胪少卿宿卫，皇帝所赐也。"有笛工、歌女，皆垂白，示滋曰："此先君归国时，皇帝赐胡部、龟兹音声二列，今丧亡略尽，唯二人故在。"酒行，异牟寻坐，奉觞滋前，滋受觞曰："南诏当深思祖考成业，抱忠竭诚，永为西南藩屏，使后嗣有以不绝也。"异牟寻拜曰："敢不承使者所命。"滋还，复遣清平官尹辅酋等七人谢天子，献铎鞘、浪剑、郁刃、生金、瑟瑟、牛黄、虎珀、氍、纺丝、象、犀、越睒统伦马。铎鞘者，状如残刃，有孔傍达，出丽水，饰以金，所击无不洞，夷人尤宝，月以血祭之。郁刃，铸时以毒药并冶，取迎跃如星者，凡十年乃成，淬以马血，以金犀饰镡首，伤人即死。浪人所铸，故亦名浪剑，王所佩者，传七世矣。

异牟寻攻吐蕃，复取昆明城以食盐池。又破施蛮、顺蛮，并虏其王，置白厓城；因定磨些蛮，隶昆山西爨故地；破茫蛮，掠弄栋蛮、汉裳蛮，以实云南东北。

……

顺蛮本与施蛮杂居剑、共诸川。咩罗皮、铎罗望既失邆川、浪穹，夺剑、共地，由是徙铁桥，在剑睒西北四百里，号剑羌。

……

十五年（799），异牟寻谋击吐蕃，以邆川、宁北等城当寇路，乃峭山深堑修战备，帝许出兵助力。又请以大臣子弟质于皋，皋辞，固请，乃尽舍成都，咸遣就学。且言："昆明、嶲州与吐蕃接，不先加兵，为虏所胁，反为我患。"请皋图之。……皋揣虏未敢动,乃劝异牟寻:"缓举万全,愈于速而无功。今境上兵十倍往岁,且行营皆在巂州,扼西泸吐蕃路,昆明、弄栋可以无虞。"异牟寻请期它年。

吐蕃大臣以岁在辰,兵宜出,谋袭南诏,阅众治道,将以十月围巂州。军屯昆明凡八万,皆命一岁粮。赞普以舅攘都罗为都统,遣尚乞力、欺徐滥铄屯西贡川。异牟寻与皋相闻,皋命部将武免率弩士三千赴之,亢荣朝以万人屯黎州,韦良金以二万五千人屯巂州,约南诏有急,皆进军,过俄准添城者,南诏供馈。吐蕃引众五万自曩贡川分二军攻云南,一军自诺济城攻巂州。异牟寻畏东蛮、磨些难测,惧为吐蕃乡导,欲先击之。皋报:"巂州实往来道,扞蔽数州,虏百计窥之,故严兵以守,屯壁相望,粮械处处有之,东蛮庸敢怀贰乎?"异牟寻乃檄东、磨些诸蛮内粮城中,不者悉烧之。吐蕃颛城将杨万波约降,事泄,吐蕃以兵五千守,皋将击破之。万波与笼官拔颛城以来,徙其人二千于宿川。皋将扶忠义又取末恭城,俘系牛羊千计。赞普大将既煎让律以兵距十贡川一舍而屯,国师马定德率种落出降。西贡节度监军野多输煎者,赞普乞立赞养子,当从先赞普殉,亦诣忠义降。于是虏气衰,军不振。欺徐滥铄至铁桥,南诏毒其水,人多死,乃徙纳川,壁而待。是年,虏霜雪早,兵无功还,期以明年。吐蕃苦唐、诏掎角,亦不敢图南诏。皋令免按兵巂州,节级镇守,虽南诏境亦所在屯戍。吐蕃惩野战数北,乃屯三泸水,遣论妄热诱濒泸诸蛮,复城悉摄。悉摄,吐蕃险要也。蛮酋潜导南诏与皋部将杜毗罗狙击。十七年(801)春,夜绝泸破虏屯,斩五百级。虏保鹿危山,毗罗伏以待,又战,虏大奔。于时,康、黑衣大食等兵及吐蕃大酋皆降,获甲二万首。又合鬼主破虏于泸西。

吐蕃君长共计,不得巂州,患未艾,常为两头蛮挟唐为轻重,谓南诏也。会虏荐饥,方葬赞普,调敛烦。至是,大料兵,率三户出一卒,虏法为大调集。又闻唐兵三万入南诏,乃大惧,兵戍纳川、故洪、诺济、腊、聿赍五城,欲悉师出西山、剑山,收巂州以绝南诏。皋即上言:"京右诸屯宜明斥候,蚤敛田,邠、陇焚莱,可困虏入。"皋遣将邢毗以兵万人屯南、北路,赵昱万人戍黎、雅州。异牟寻谓皋曰:"虏声取巂州,实窥云南,请武免督军进羊苴咩。若虏不出者,请以来年二月深入。"时虏兵三万攻盐州,帝以虏多诈,疑继以大军,诏皋深钞贼鄙,分虏势。皋表:"贼精铠多置南屯,今向盐、夏非全军,欲掠河曲党项畜产耳。"俄闻虏破麟州,皋督诸将分道出,……惟南诏攻其腹心,俘获最多。帝遣中人尹偕尉异牟寻,而吐蕃盛屯昆明、神川、纳川自守。异牟寻比年献方物,天子礼之。

——《新唐书》卷二百二十二上《南蛮传上·南诏传上》

元和三年(808),异牟寻死,诏太常卿武少仪持节吊祭。子寻阁劝立,或谓梦凑,自称"骠信",夷语君也。改赐元和印章。明年死,子劝龙晟立,淫肆不道,上下怨疾。十一年(816),为弄栋节度王嵯巅所杀,立其弟劝利。诏少府少监李铣为册立吊祭使。劝利德嵯巅,赐氏蒙,封"大容",蛮谓兄为"容"。长庆三年(823),始赐印。是岁死,弟丰祐立。丰祐骁敢,善用其下,慕中国,不肯连父名。穆宗使京兆少尹韦审规持节临册。丰祐遣洪成酋、赵龙些、杨定奇入谢天子。

于是,西川节度使杜元颖治无状,障候弛沓相蒙,时大和三年(829)也。嵯巅乃悉众掩邛、戎、巂三州,陷之。入成都,止西郛十日,慰赍居人,市不扰肆。将还,乃掠子女、工技数万引而南,人惧自杀者不胜计。救兵逐,嵯巅身自殿,至大度河,谓华人曰:"此吾南境,尔去国,当哭。"众号恸,赴水死者十三。南诏自是工文织,与中国埒。明年,上表请罪。比年使者来朝,开成、会昌间再至。

大中时,李琢为安南经略使,苟墨自私,以斗盐易一牛,夷人不堪,结南诏将段酋迁陷安南都护府,号"白衣没命军"。南诏发朱弩佉苴三千助守。然朝贡犹岁至,从者多。杜悰自西川入朝,表无多内蛮僇,丰祐怒,即慢言索质子。会宣宗崩,使者告哀。是时,丰祐亦死,坦绰酋龙立,恚朝廷不吊恤;又诏书乃赐故王,以草具进使者而遣。遂僭称皇帝,建元建极,自号大礼国。懿宗以其名近玄宗嫌讳,绝朝贡。乃陷播州。安南都护李鄠屯武州,咸通元年(860),为蛮所攻,弃州走,天子斥鄠,以王宽代之。明年,攻邕管,经略使李弘源兵少不能拒,奔峦州。南诏亦引去。诏殿中监段文楚为经略使,数改条约,众不悦,以胡怀玉代之。南诏知边人困甚,剽掠无有,不入寇。杜悰当国,为帝谋,遣使者吊祭示恩信,并诏骠信以名嫌,册命未可举,必易名乃得封。帝乃命左司郎中孟穆持节往,会南诏陷巂州,穆不行。

安南桃林人者,居林西原,七绾洞首领李由独主之,岁岁戍边。李琢之在安南也,奏罢防冬兵六千人,谓由独可当一队,遏蛮之入。蛮酋以女妻由独子,七绾洞举附蛮,王宽不能制。三年(862),以湖南观察使蔡袭代之,发诸道兵二万屯守,南诏憺畏不敢出。

……

南诏攻交州，进略安南，袭请救，发湖、荆、桂兵五千屯邕州，岭南韦宙奏："南诏必袭邕管，不先防近而图远，恐捣虚绝粮道，且深入。"乃诏袭按军海门，诏郑愚分兵御之。袭请济师，以山南东道兵千人赴之。南诏酋将杨思僭、麻光高以兵六千薄城而屯。四年（863）正月，攻益急，袭录异牟寻盟言系矢上射入其营，不答。俄而城陷，袭阖宗死者七十人，幕府樊绰取袭印走度江。荆南兵入东郛苦战，斩南诏二千级。是夜，蛮遂屠城。有诏诸军保岭南，更以秦州经略使高骈为安南都护。帝见输发频，罢游幸，不奏乐，宰相杜悰以为非是，止之。

南诏稍逼邕州，郑愚自陈非将帅才，愿更择人。会康承训自义成来朝，乃授岭南西道节度使，发荆、襄、洪、鄂兵万人从之。承训辞兵寡，乃大兴诸道兵五万往。六月，置行交州于海门，进为都护府，调山东兵万人益成，以容管经略使张茵镇之。因命经略安南，茵逗留不敢进。安南之陷，将吏遗人多客伏溪洞，诏所在招还救恤之，免安南赋入二年。

韦宙请分兵屯容、藤披蛮势。五年（864），南诏回掠巂州以摇西南，西川节度使萧邺率属蛮鬼主邀南诏大度河，败之。明年，复来攻。会刺史喻士珍贪狯，阴掠两林东蛮口缚卖之，以易蛮金，故开门降，南诏尽杀戍卒，而士珍遂臣于蛮。安南久屯，两河锐士死瘴毒者十七，宰相杨收议罢北军，以江西为镇南军，募强弩二万建节度，且地便近，易调发。诏可。夏侯孜亦以张茵懦，不足事，悉以兵授高骈。骈以选士五千度江，败林邑兵于邕州，击南诏龙州屯，蛮酋烧赀畜走。酋龙遣杨缉思助酋迁共守安南，以范脆些为安南都统，赵诺眉为扶邪都统。七年（866）六月，骈次交州，战数胜，士酣斗，斩其将张诠，李溠龙举众万人降，拔波风三壁。缉思出战，败，还走城，士乘之，超堞入，斩酋迁、脆些、诺眉，上首三万级，安南平。

初，酋龙遣清平官董成等十九人诣成都，节度使李福将廷见之，成辞曰："皇帝奉天命改正朔，请以敌国礼见。"福不许。导译五返，日旰士倦，议不决。福怒，命武士捽辱之，械系于馆。俄而刘潼代福节度，即挺其系，表纵还。有诏召成等至京师，见别殿，赐物良厚，慰遣还国。

明年，酋龙使杨酋庆等来谢释囚。初，李师望建言："成都经揔蛮事，旷日不能决，请析邛、蜀、嘉、眉、黎、雅、巂七州为定边军，建节度制机事，近且速。"天子谓然，即诏师望为节度使，治邛州。邛距成都才五舍，巂州最南，去邛乃千里，缓急首尾不相副，而师望利专制，讳不言。衷积无厌，私贿以百万计。又欲激蛮怒，幸有功，乃杀酋庆等。既而戍士怒，将醢师望以逞，会召还，以窦滂代之。滂沓冒尤不法，诛责苛纤甚师望。时蛮役未兴，而定边已困。

酋龙怨杀其使，十年（869），乃入寇。以军缀青溪关，密引众伐木开道，径雪岷，盛夏，卒冻死者二千人。出沐源，窥嘉州，破属蛮，遂次沐源。滂遣兖海兵五百往战，一军覆。酋龙乃身自将，督众五万侵嶲州，攻青溪关。屯将杜再荣绝大度河走，诸屯皆退保北涯。蛮攻黎州，诡服汉衣，济江袭犍为，破之。裴回陵、荣间，焚庐舍，掠粮畜。薄嘉州，刺史杨忞与南诏夹江而军，士攒射，蛮不得进，阴自上游济，背击王师，杀忠武将颜庆师，忞走，嘉州陷。明年正月，攻杜再荣，滂自勒兵战。酋龙遣使者十辈请和，滂信之，语未半，蛮桴争岸，噪而进，滂不知所为，将自杀，武宁将苗全绪止之，殊死战，蛮稍却，滂乃遁，全绪殿而行。黎州陷，人走匿山谷，蛮掠金帛不胜负。入自邛崃关，围雅州，遂击邛州。是冬，滂弃州，壁导江，储赀峙械皆亡矣。

酋龙进攻成都，次眉州，坦绰杜元忠日夜教酋龙取全蜀。于是西川节度使卢耽遣其副王偃、中人张思广约和，蛮强之使南面拜，然卒不见酋龙而还。蛮次新津，耽复遣副谭奉祀好言申约，蛮留之。耽畏援军未集，即飞请天子降大使通好，以纾其深入。懿宗驰遣太仆卿支详为和蛮使。

蛮本无谋，不能乘机会鼓行亟驱，但蚍结蝇营，忸卤剽小利，处处留屯，故蜀孺老得扶携悉入成都。阁里皆满，户所占地不得过一床，雨则冒箕盎自庇。城中井为竭，则共饮摩诃池，至争挳溺死者，或筥沙取滴饮之。死不能具棺，即共坎瘗。故泸州刺史杨庆复为耽治攻具、蔺石，置牢城兵，八将主之，树笓格，夜列炬照城，守具雄新。又选悍士三千，号"突将"，为长刀、巨檛斧，分左右番休，日隶于军，士心侈欲斗。而酋龙自双流徐行，内欲报董成之辱，因绐耽请上介至军议事。耽遣节度副使柳毣往见杜元忠议和，元忠妄言："帝见耽，请具车盖葆翣。"毣未能决，还。蛮以三百骑负幄幕来，大言曰："供帐隋蜀王听事，为骠信行在。"耽不许，乃驰去。

蛮稍前，傅外郛。于是游弈使王昼督援兵三千屯毗桥；窦滂亦以其军自导江来，将与大军掎角，然战不甚力，小不胜即保广汉。自以失定边，觊成都陷，得薄其罪。会有诏斥徙，军遂无功。

耽部将李自孝者，与刺史喻士珍善。士珍臣蛮，自孝阴与贼通，乃说耽城下蒔苇稻，潴水颓城，举府不之觉。蛮攻城，自孝守陴，树麾以自表，麾所指，蛮辄攻之，为下所觉，耽杀自孝以徇。

城左有民楼肆，蛮俯射城中，耽募勇士烧之，器械俱尽。二月，蛮以云梁、鹅车四面攻，士叫譟，鹅车未至，陴者以巨索钩系，投膏炬，车焚，箱间蛮卒尽死。耽遣李璘、张察率突将战城下，俘斩二千级。蛮彻民部落为蓬笼如车輂，下设枕木，推而前，不及城丈，匿蛮其内以穴墉。杨忞以罂贮粪渖泼蛮，蛮不能处；注以铁液，蓬笼皆火。然南诏负众，益治器械，斧兵昼夜有声，将击锦楼，众失色。耽遣将出，三面苦战，蛮引却。蛮利夜晦，辄薄城，闻呼啸，众齐奋。城上施铁笼千炬，贼来不得隐，屯夫终夜哄，蛮不能侵。

支详遣谍与约好，且谓耽毋多杀以速蛮和。是时，传言救师至，城中合噪开门，士争出迎军，南诏搏战不解。日入，判官程克裕以北门兵二千乘之，蛮乃走。耽犹遗之书，谢不得已交兵，且请和。士脱铠迎支详，详陈所赍，植二旗，署曰"赐云南币物"。谓蛮使者曰："天子诏云南和解，而兵薄成都，奈何？请退舍撤警以修好。"或劝详："蛮多诈，毋入死地。"详不行。蛮复围成都，夜穿西北隅，犁旦乃觉，即赖茭火于墉，蛮皆死穴中。以铁緪曳云輣仆之，燎作，少选尽，益固守。

是时，帝遣东川节度使颜庆复为大度河制置、剑南应接使，兵次新都，博野将曾元裕败蛮兵，斩二千级。南诏骑数万晨压官军以骋，大将宋威以忠武兵战，斩首五千，获马四百尾。南诏退屯星宿山，威进戍沱江。酋龙遣酋望至支详所请和，详曰："今列城固守，北军望功，归语而主，审自度。"耽遣锐将趣蛮壁烧攻具，杀二千人，为南诏所蹙，却而溃。蛮闻凤翔、山南军且来，乃迎战毗桥，不胜，趋沱江，为伏士所击，又败。城中出突将，夜火蛮营，酋龙、坦绰身督战。后三日，王师夺升迁梁，蛮大败，夜烧亭传，乘火所向，雨矢射王师。威疏军行，向矢所发丛射之。两军不能决，各解去。酋龙知不敌，夜彻营南奔，至双流，江无梁，计穷，将赴水死，或止之曰："今北军与成都兵合，若来追，我无类矣。不如伪和以纾急；不然，死未晚。"乃来请。三日梁成而济，即断梁，按队缓驱。黎州刺史严师本收散卒保邛州，酋龙惧，围二日去。蛮俘华民，必劓耳鼻已，纵之，既而居人刻木为耳鼻者什八。

庆复之来，众以其弟庆师死于蛮，必甘心。及成都不破，以己功轻，乃按军广溪，纵残寇，人人切齿。初，成都无隍堑，乃教耽浚隍，广三丈，作战棚于埤，列左右屯营，营别五区，区卒五十，莳皂荚夹壕，后三年合拱。又为大檐连弩。自是南诏惮之。

酋龙年少嗜杀戮，亲戚异己者皆斩，兵出无宁岁，诸国更雠怨，屡覆众，国耗虚。蜀之役，男子十五以下悉发，妇耕以饷军。

十四年（873），坦绰复寇蜀，絙舟大度河以济，为刺史黄景复击却之。众循河而南，夜桴上流兵，夹攻灊水诸屯，景复败，走还黎州，蛮蹑追，为景复所败。会蛮踵来，还攻大度河，仆旗息鼓，请曰："坦绰欲上书天子白冤事。"戍兵信之，不战。桥成而济，黎州陷，遂攻雅州，击定边军，卒溃入邛州。成都大震，人亡入玉垒关，士乘城。坦绰遣使者王保城等四十人赍骠信书遗节度使牛丛，欲假道入朝，请憩蜀王故殿，丛欲许之，杨庆谏曰："蛮无信，彼礼屈辞甘，诈我也。请斩其使，留二人还书。"丛因责之曰："诏王之祖，六诏最小夷也。天子录其勤，合六诏为一，俾附庸成都，名之以国，许子弟入太学，使习华风，今乃自绝王命。且雀蛇犬马，犹能报德，王乃不如虫鸟乎？比成都以武备未修，故令尔突我疆场。然毗桥、沱江之败，积骴附城，不四年复来。今吾有十万众，舍其半未用。以千人为军，十军为部，骁将主之。凡部有强弩二百，镈斧辅之；劲弓二百，越银刀辅之；长戈二百，掇刀辅之；短矛二百，连锤辅之。又军四面，面有铁骑五百。悉收刍薪、米粟、牛马、犬豕，清野待尔。吾又能以旁骑略尔樵采。我日出以一部与尔战，部别二番，日中而代；日昃一部至，以夜屯，月明则战，黑则休，夜半而代。凡我兵五日一杀敌，尔乃昼夜战，不十日，懵且死矣。州县缮甲厉兵，掎角相从，皆蛮之深雠，虽女子能麟龃薄贼，况强夫烈士哉！尔祖尝奴事西蕃，为尔仇家，今顾臣之，何恩雠之戾邪？蜀王故殿，先世之宝宫，非边夷所宜舍，神怒人愤，骠信且死！"丛犹火郊民室庐观阁，严兵为固守计。坦绰至新津而还，回寇黔中，经略使秦匡谋惧，奔荆南。会僖宗立，遣金吾将军韩重持节往使。俄攻黎州，景复击走之。乾符元年（874），劫略𠈃、雅间，破黎州，入邛崃关，掠成都，成都闭三日，蛮乃去。

诏徙天平军高骈领西川节度使，乃奏："蛮小丑，势易制。而蜀道险，馆饩穷寠。今左神策所发长武、河东兵多，用度繁广。且彼皆扼制羌戎，不可以弛备。"诏乃罢长武等兵。骈至不淹月，阅精骑五千，逐蛮至大度河，夺铠马，执酋长五十斩之，收邛崃关，复取黎州，南诏遁还。骈召景复责大度河之败，斩以徇。戍望星、清溪等关。南诏惧，遣使者诣骈结好，而踵出兵寇边，骈斩其使。初，安南经略判官杜骧为蛮所俘，其妻，宗室女也，故酋龙使奉书丐和。骈答曰："我且将百万众至龙尾城问尔罪。"酋龙大震。自南诏叛，天子数遣使至其境，酋龙不肯拜，使者遂绝。骈以其俗尚浮屠法，故遣浮屠景仙摄使往，酋龙与其下迎谒且拜，乃定盟而还。遣清平官酋望赵宗政、质子三十入朝乞盟，请为兄弟若舅甥。诏拜景仙鸿胪卿、检校左散骑常侍。骈结吐蕃尚延心、嗢末鲁𪏭月等为间，筑戎州马湖、沐源川、大度河三城，列屯拒险，料壮卒为平夷军，南诏气夺。酋龙恚，发疽死，伪谥景庄皇帝。子法嗣，改元贞明、承智、大同，自号大封人。

法年少，好畋猎酣逸，衣绛紫锦罽，镂金带。国事颛决大臣。乾符四年（877），遣陀西段琷宝诣邕州节度使辛谠请修好，诏使者答报。未几，寇西川，骈奏请与和亲，右谏议大夫柳韬、吏部侍郎崔澹丑其事，上言："远蛮畔逆，乃因浮屠诱致，入议和亲，垂笑后世。骈职上将，谋乖谬，不可从。"遂寝。蛮使者再入朝议和亲，而骈徙荆南，持前请不置。宰相郑畋、卢携争不决，皆赐罢。

辛谠遣幕府徐云虔摄使者往觇。到善阐府，见骑数十，曳长矛，拥绛服少年，朱缯约发。典客伽陀酋孙庆曰："此骠信也。"问天子起居，下马揖客，取使者佩刀视之，自解左右钮以示。乃除地划三丈版，命左右驰射。每一人射，法骤马逐以为乐，数十发止。引客就幄，侲子捧瓶盂，四女子侍乐饮，夜乃罢。又遣问客《春秋》大义，送使者还。

是时，骈徙节镇海，劾澹等沮议，帝蒙弱不能晓，下诏尉解。西川节度使崔安潜上言："蛮蓄鸟兽心，不识礼义，安可以贱隶尚贵主，失国家大体？澹等议可用。臣请募义征子，率十户一保，愿发山东锐兵六千戍诸州，比五年，蛮可为奴。"久之，帝手诏问安潜和亲事，答曰："云南姚州譬一县，中国何资于彼而遣重使，加厚礼？彼且妄谓朝廷畏怯无能为，脱有它请，陛下何以待之？且天宗近属，不可下小蛮夷。臣比移书，不言舅甥，黜所僭也。有如蛮使者不复至，当遣谍人伺其隙，可以得志。"

南诏知蜀强，故袭安南，陷之，都护曾衮奔邕府，戍兵溃。会西川节度使陈敬瑄申和亲议，时卢携复辅政，与豆卢琢皆厚骈，乃谲说帝曰："陛下初即位，遣韩重使南诏，将官属留蜀期年，费不赀，蛮不肯迎。及骈节度西川，招嗢末，缮甲训兵，蛮夷震动，遣赵宗政入献，见天子，附骠信再拜；云虔之使，骠信答拜。其于礼不为少。宣宗皇帝收三州七关，平江、岭以南，至大中十四年（860），内库赀积如山，户部延资充满，故宰相敏中领西川，库钱至三百万缗，诸道亦然。咸通以来，蛮始叛命，再入安南、邕管，一破黔州，四盗西川，遂围卢耽，召兵东方，戍海门，天下骚动，十有五年，赋输不内京师者过半，中藏空虚，士死瘴疠，燎骨传灰，人不念家，亡命为盗，可为痛心！前年留宗政等，南方无虞，及遣还，彼犹冀望。蒙法立三年，比兵不出要防，其蓄力以间我虞。今朝廷府库匮，甲兵少，牛丛有北兵七万，首尾奔冲不能救，况安南客戍单寡，涉冬寇祸可虞。诚命使者临报，纵未称臣，且伐其谋，外以縻服蛮夷，内得蜀休息也。"帝谓然，乃以宗室女为安化长公主许婚。拜嗣曹王龟年宗正少卿，为云南使，大理司直徐云虔副之；内常侍刘光裕为云南内使，霍承锡副之。及还，具言骠信诚款，以为敬瑄功，故进检校司空，赐一子官。

法遣宰相赵隆眉、杨奇混、段义宗朝行在，迎公主，高骈自扬州上言："三人者，南诏心腹也，宜止而鸩之，蛮可图也。"帝从之。隆眉等皆死，自是谋臣尽矣，蛮益衰。中和元年（881），复遣使者来迎主，献珍怪毡罽百床，帝以方议公主车服为解。后二年，又遣布燮杨奇肱来迎，诏检校国子祭酒张谯为礼会五礼使，徐云虔副之，宗正少卿嗣虢王约为婚使。未行，而黄巢平，帝东还，乃归其使。

法死，伪谥圣明文武皇帝。子舜化立，建元中兴。遣使款黎州修好，昭宗不答。后中国乱，不复通。

先是，有时傍、矣川罗识二族，通号"八诏"。时傍母，归义女也。其女复妻阁罗凤。初，咩罗皮之败，时傍入居遨川州，诱上浪千馀，势稍张，为阁罗所猜，徙置白厓城。后与矣川罗识诣神川都督求自立为诏，谋泄被杀，矣川罗识奔神川，都督送之罗些城。

蒙巂诏，最大。其王巂辅首死，无子，弟佉阳照立。佉阳照死，子照原立，丧明，子原罗质南诏。归义欲并国，故归其子原罗，众果立之。居数月，使人杀照原，逐原罗，遂有其地。

越析诏，或谓磨些诏，居故越析州，西距囊葱山一日行。贞元中，有豪酋张寻求烝其王波冲妻，因杀波冲。剑南节度使召寻求至姚州，杀之，部落无长，以地归南诏。

波冲兄子于赠持王所宝铎鞘东北度泸，邑于龙佉河，才百里，号双舍。使部酋杨堕居河东北。归义树壁侵于赠，不克。阁罗凤自请往击杨堕，破之，于赠投泸死。得铎鞘，故王出军必双执之。

浪穹诏，其王丰时死，子罗铎立。罗铎死，子铎罗望立，为浪穹州刺史，与南诏战，不胜，挈其部保剑川，更称剑浪。死，子望偏立。望偏死，子偏罗矣立。偏罗矣死，子罗君立。贞元中，南诏击破剑川，虏罗君，徙永昌。凡浪穹、邆睒、施浪，总谓之浪人，亦称"三浪"。

邆睒诏，其王丰咩，初据邆睒，为御史李知古所杀。子咩罗皮自为邆川州刺史，治大厘城。归义袭败之，复入邆睒，与浪穹、施浪合拒归义。既战，大败，归义夺邆睒，咩罗皮走保野共川。死，子皮罗邓立。皮罗邓死，子邓罗颠立。邓罗颠死，子颠文讬立。南诏破剑川，虏之，徙永昌。

施浪诏，其王施望欠居矣苴和城。有施各皮者，亦八诏之裔，据石和城。阁罗凤攻虏之，而施望欠孤立，故与咩罗皮合攻归义，不胜。归义以兵胁降其部，施望欠以族走永昌，献其女遗南诏丐和，归义许之，度兰江死。弟望千走吐蕃，吐蕃立为诏，纳之剑川，众数万。望千死，子千旁罗颠立。南诏破剑川，千旁罗颠走泸北。三浪悉灭，唯千旁罗颠及矣川罗识子孙在吐蕃。

赞曰：唐之治不能过两汉，而地广于三代，劳民费财，祸所繇生。晋献公杀嫡，贼二公子，号为暗君。明皇一日杀三庶人，昏蔽甚矣。呜呼！父子不相信，而远治阁罗凤之罪，士死十万，当时冤之。懿宗任相不明，藩镇屡畔，南诏内侮，屯戍思乱，庞勋乘之，倡戈横行。虽凶渠歼夷，兵连不解，唐遂以亡。《易》曰："丧牛于易。"有国者知戒西北之虞，而不知患生于无备。汉亡于董卓，而兵兆于冀州；唐亡于黄巢，而祸基于桂林。《易》之意深矣！

——《新唐书》卷二百二十二中《南蛮传中·南诏传下》

两爨蛮。自曲州、靖州西南昆川、曲轭、晋宁、喻献、安宁距龙和城，通谓之西爨白蛮；自弥鹿、升麻二川，南至步头，谓之东爨乌蛮。西爨自云本安邑人，七世祖晋南宁太守，中国乱，遂王蛮中。梁元帝时，南宁州刺史徐文盛召诣荆州，有爨瓒者，据其地，延袤二千余里。土多骏马、犀、象、明珠。既死，子震、翫分统其众。隋开皇初，遣使朝贡，命韦世冲以兵戍之，置恭州、协州、昆州。未几叛，史万岁击之，至西洱河、滇池而还。震、翫惧而入朝[①]，文帝诛之，诸子没为奴。高祖即位，以其子弘达为昆州刺史，奉父丧归。而益州刺史段纶遣俞大施至南宁，治共范川，诱诸部皆纳款贡方物。太宗遣将击西爨，开青蛉、弄栋为县。

……

---

① 按："震、翫惧而入朝"，"震"字衍。

永徽初，大勃弄杨承颠私署将帅，寇麻州，都督任怀玉招之，不听，高宗以左领军将军赵孝祖为郎州道行军总管，与怀玉讨之。至罗仵侯山，其酋秃磨蒲与大鬼主都干以众塞菁口，孝祖大破之。夷人尚鬼，谓主祭者为鬼主，每岁户出一牛或一羊，就其家祭之。送鬼迎鬼必有兵，因以复仇云。孝祖按军，多弃城，逐北至周近水。大酋俭弥于、鬼主董朴濒水为栅，以轻骑逆战，孝祖击斩弥于、秃磨蒲、鬼主十余级，会大雪，皲冻死者略尽。孝祖上言："小勃弄、大勃弄常诱弄栋叛，今因破白水，请遂西讨。"诏可。孝祖军入，夷人皆走险，小勃弄酋长殁盛屯白旗城，率万骑战，败，斩之。进至大勃弄，杨承颠婴城守。孝祖招之，不从，麾军进，执承颠，余屯大者数万、小数千，皆破降之，西南夷遂定。罢郎州都督，更置戎州都督。

爨弘达既死，以爨归王为南宁州都督，居石城，袭杀东爨首领盖聘及子盖启，徙共范川。

有两爨大鬼主崇道者，与弟日进、日用居安宁城左，闻章仇兼琼开步头路，筑安宁城，群蛮震骚，共杀筑城使者。玄宗诏蒙归义讨之，师次波州，归王及崇道兄弟千余人泥首谢罪，赦之。俄而崇道杀日进及归王，归王妻阿姹，乌蛮女也，走父部，乞兵相仇，于是诸爨乱。阿姹遣使诣归义求杀夫者，书闻，诏以其子守隅为南宁州都督，归义以女妻之，又以一女妻崇道子辅朝。然崇道、守隅相攻讨不置，阿姹诉归义，为兴师，营昆川，崇道走黎州，遂虏其族，杀辅朝，收其女，崇道俄亦被杀，诸爨稍离弱。

阁罗凤立，召守隅并妻归河赕，不通中国。阿姹自主其部落，岁入朝，恩赏蕃厚。阁罗凤遣昆川城使杨牟利以兵胁西爨，徙户二十余万于永昌城。东爨以言语不通，多散依林谷，得不徙。自曲、靖州、石城、升麻、昆川南北至龙和，皆残于兵。日进等子孙居永昌城。乌蛮种复振，徙居西爨故地，与峰州为邻。贞元中，置都督府，领羁縻州十八。

……

开元中，牂柯酋长元齐死，孙嘉艺袭官，封其后，乃以赵氏为酋长。二十五年（737），赵君道来朝。其裔有赵国珍，天宝中战有功。阁罗凤叛，宰相杨国忠兼剑南节度使，以国珍有方略，授黔中都督，屡败南诏，护五溪十余年，天下方乱，其部独宁。终工部尚书。

……

西洱河蛮，亦曰河蛮，道繇郎州走三千里，（梁）建方遣奇兵自巂州道千五百里掩之，其帅杨盛大骇，欲遁去，使者好语约降，乃遣首领十人纳款军门，建方振旅还。二十二年（648），西洱河大首领杨同外、东洱河大首领杨敛、松外首领蒙羽皆入朝，授官袟。显庆元年（656），西洱河大首领杨栋附显、和蛮大首领王罗祁、郎昆梨盘四州大首领王伽冲率部落四千人归附，入朝贡方物。其后茂州西南筑安戎城，绝吐蕃通蛮之道。生羌为吐蕃乡导，攻拔之，增兵以守，西洱河诸蛮皆臣吐蕃。开元中，首领始入朝，授刺史。会南诏蒙归义拔大和城，乃北徙，更羁制于浪穹诏。浪穹诏已破，又徙云南柘城。

……

姚州境有永昌蛮，居古永昌郡地。……至长寿时，大首领董期率部落二万内属。

——《新唐书》卷二百二十二下《南蛮传下·两爨蛮传》

（天宝）十载（751）夏四月，剑南节度使鲜于仲通将兵六万讨云南，与云南王阁罗凤战于泸川，官军大败，死于泸水者不可胜数。

十三载（754）六月乙丑朔，……侍御史、剑南留后李宓率兵击云南蛮于西洱河，粮尽军旋，马足陷桥，为阁罗凤所擒，举军皆没。

——《旧唐书》卷九《玄宗本纪下》

（贞元）十年（794）春正月壬辰，南诏异牟寻大破吐蕃于神川，使来献捷。

三月庚辰，南诏异牟寻攻收吐蕃铁桥已东城垒一十六，擒其王五人，降其民众十万口。

秋七月庚辰，赐南诏异牟寻金印银窠，其文曰"贞元册南诏印"。先是，吐蕃以金印授南诏，韦皋因其旧而请之。

十四年十二月己亥（779年2月3日），南诏异牟寻遣使贺正旦。

十六年（800）春正月乙巳，……南诏献《奉圣乐舞曲》，上阅于麟德殿前。

——《旧唐书》卷十三《德宗本纪下》

（元和）三年十二月甲子（809年1月6日），南诏异牟寻卒。辛未（1月13日），以谏议大夫段平仲使南诏吊祭，仍立其子骠信苴蒙阁劝为南诏王。

——《旧唐书》卷十四《宪宗本纪上》

（元和）十一年（816）二月戊午，南诏蛮酋龙蒙盛卒。

——《旧唐书》卷十五《宪宗本纪下》

（大和）三年十二月壬子（830年1月4日），……遣中使杨文端赍诏赐南蛮王蒙丰佑。

——《旧唐书》卷十七上《文宗本纪上》

（咸通）十年十一月（869年12月7日至870年1月5日间），南诏蛮骠信坦绰酋龙率众二万寇巂州。定边军节度都头安再荣守清溪关，为贼所攻，再荣退保大渡河，北去清溪关二百里，隔水相射，凡九日八夜。定边军节度使窦滂勒兵拒之。

十二月，骠信遣清平官十余人来伪和，与窦滂语次，蛮军船栰竞渡，忠武、武宁军兵士结阵抗之，接战自午及申，蛮军稍却。窦滂自缢于帐中，徐州将苗全绪解之，谓滂曰："都统何至于是，但安心，全绪与再荣、弘节等血战取胜。"全绪三人率兵而出，滂乃单骑宵遁。其夜，蛮军营于山下。全绪等谋曰："彼众我寡，若明日对阵，吾属败矣。可夜击之，令其军乱，自解去。"忠武、武宁之师乃夜入蛮军，弓弩乱发，蛮众大骇，全绪等三将保军而去。蛮军乘胜进攻西川城，朝廷以颜庆复为大渡河制置、剑南应接等使，宋威为行营都知兵马使，将兵数万，与忠武、武宁之师合，与蛮军战于汉州之毗桥，大捷，解西川之围。明日，蛮军遁走，西川平。

——《旧唐书》卷十九上《懿宗本纪》

（乾符）二年（875）春正月己丑，……南蛮骠信遣使乞盟，许之。

——《旧唐书》卷十九下《僖宗本纪》

贞元十六年（800）正月，南诏异牟寻作《奉圣乐舞》，因韦皋以进。

——《旧唐书》卷二十八《音乐志一》

贞元中，南诏异牟寻遣使诣剑南西川节度使韦皋，言欲献夷中歌曲，且令骠国进乐。

——《新唐书》卷二十二《礼乐志十二》

天宝末，杨国忠用事，蜀帅抚慰不谨，蛮王阁罗凤不恭，国忠命鲜于仲通兴师十万，渡泸讨之，大为罗凤所败。镇蜀，蛮帅异牟寻归国，遂以韦皋为云南安抚大使，命使册拜，谓之南诏。大和中，杜元颖镇蜀，蛮王嵯颠侵蜀，自是或臣或否。

——《旧唐书》卷四十一《地理志四·剑南道·姚州》

赵国珍，牂柯之苗裔也。天宝中，以军功累迁黔府都督，兼本管经略等使。时南蛮阁罗凤叛，宰臣杨国忠兼剑南节度，遥制其务，屡丧师徒。中书舍人张渐荐国珍有武略，习知南方地形，国忠遂奏用之。在五溪凡十余年，中原兴师，唯黔中封境无虞。

——《旧唐书》卷一百一十五《赵国珍传》

韦皋字城武，京兆人。……贞元元年（785），……皋以云南蛮众数十万与吐蕃和好，蕃人入寇，必以蛮为前锋。四年（788），皋遣判官崔佐时入南诏蛮，说令向化，以离吐蕃之助。佐时至蛮国羊咀咩城，其王异牟寻忻然接遇，请绝吐蕃，遣使朝贡。其年，遣东蛮鬼主骠傍、苴梦冲、苴乌等相率入朝。南蛮自巂州陷没，臣属吐蕃，绝朝贡者二十余年，至是复通。

——《旧唐书》卷一百四十《韦皋传》

韦皋字城武，京兆万年人。……初，东蛮地二千里，胜兵常数万，南倚阁罗凤，西结吐蕃，狙势强弱为患，皋能绥服之，故战有功。

——《新唐书》卷一百五十八《韦皋传》

高骈字千里，幽州人。……南诏蛮寇巂州，渡泸肆掠。乃以骈为成都尹、剑南西川节度观察等使。……传檄云南，以兵压境，讲信修好，不敢入寇，……诏报骈曰："……洎临成都，胁归骠信①，三载之内，亦无侵凌。……"

——《旧唐书》卷一百八十二《高骈传》

袁滋字德深，陈郡汝南人也。……贞元十九年（803），韦皋始通西南蛮夷，酋长异牟寻贡琛请使，朝廷方命抚谕，选郎吏可行者，皆以西南遐远惮之。滋独不辞，……持节充入南诏使。

——《旧唐书》卷一百八十五下《良吏传下·袁滋传》

袁滋字德深，蔡州朗山人。……韦皋始招来西南夷，南诏异牟寻内属。德宗选郎吏可抚循者，皆惮行，至滋不辞，帝嘉之。

——《新唐书》卷一百五十一《袁滋传》

（贞元）十年（794），南诏蛮蒙异牟寻大破吐蕃于神川，使来献捷，语在《南诏传》。

——《旧唐书》卷一百九十六下《吐蕃传下》

（天宝）十载（751），安西节度使高仙芝俘大酋以献。是时，吐蕃与蛮阁罗凤联兵攻泸南，剑南节度使杨国忠方以奸罔上，自言："破蛮众六万于云南，

---

① 按：骠信，此处指世隆。

拔故洪州等三城，献俘口。"哥舒翰破洪济、大莫门诸城，收九曲故地，列郡县，实天宝十二载（753）。

——《新唐书》卷二百一十六上《吐蕃传上》

骠国，……古未尝通中国。贞元中，其王闻南诏异牟寻归附，心慕之。十八年（802），乃遣其弟悉利移因南诏重译来朝，又献其国乐凡十曲，与乐工三十五人俱。乐曲皆演释氏经论之词意。寻以悉利移为试太仆卿。

——《旧唐书》卷一百九十七《南蛮西南蛮传》

贞元中，王雍羌闻南诏归唐，有内附心，异牟寻遣使杨加明诣剑南西川节度使韦皋请献夷中歌曲，且令骠国进乐人。

——《新唐书》卷二百二十二下《南蛮传下·骠传》

李栖筠字贞一，世为赵人。……子吉甫。……宪宗立，……迁中书舍人。……吐蕃遣使请寻盟，吉甫议："德宗初，未得南诏，故与吐蕃盟。自异牟寻归国，吐蕃不敢犯塞，诚许盟，则南诏怨望，边隙日生。"帝辞其使。

——《新唐书》卷一百四十六《李栖筠传附李吉甫传》

五代、宋

郑旻

郑旻（889—926），即郑仁旻。南诏清平官郑回第八世孙，郑买嗣之子。南诏晚期，郑买嗣掌握军政大权。后唐昭宗天复二年（902），郑买嗣杀舜化贞自立，都羊苴咩城（今云南大理），国号大长和，改元安国。郑买嗣在位八年死，郑旻继位。后梁乾化四年（914），郑旻遣军攻前蜀，大败。前蜀乾德年间（919—924），又遣布燮段义宗、判官赞卫等使蜀。后唐同光三年（925），为联合南汉抗御后唐，郑旻遣布燮郑昭淳为持节使往南汉求婚，以朱鬃白马为聘礼。郑昭淳好学有文辞，与南汉君臣唱和，南汉皇帝刘龑遂以增城公主妻郑旻。此段佳话载在《新五代史·南汉世家》，然系于同光元年（南汉乾亨七年，923）。明人杨士云有诗云："朱鬃白马远求昏，好异能文有郑淳。游宴赋诗谁得似，增城县主入南云。"不幸的是，郑旻逾年即卒，增城公主终于云南。郑旻卒后，其子隆亶继位。后唐天成三年（928），大长和国剑川节度使杨干贞杀隆亶，立侍中赵善政，改号大天兴国，大长和国亡。

刘隐，其祖安仁，上蔡人也，后徙闽中，商贾南海，因家焉。……乾化元年（911），进封隐南海王。是岁卒，……弟龑立。……贞明三年（917），龑即皇帝位，国号大越，改元曰乾亨。……二年（918），……改国号汉。……七年（923），……是岁，云南骠信郑旻遣使致朱鬃白马以求婚，使者自称皇亲母弟、清容布燮兼理、赐金锦袍虎绫纹攀金装刀、封归仁庆侯、食邑一千户、持节郑昭淳。昭淳好学有文辞，龑与游宴赋诗，龑及群臣皆不能逮，遂以隐女增城县主妻旻。

——《新五代史》卷六十五《南汉世家·刘隐传附刘龑传》

段和誉

段和誉（1108—1147年在位），又名段正严，段正淳之子。大理国第十六世王。根据方国瑜《〈宋史·大理国传〉笺证》（收入《方国瑜文集》第二辑）、方铁《南诏大理国兴衰史》的梳理，后晋天福二年（937），通海节度使段思平建立大理国。宋朝建立后，大理国统治者与其保持着比较好的关系,并希望建立臣属关系。在与宋朝进行马匹交易时,大理国多次遣使要求宋朝予以册封,但宋朝对此并不积极,直至宋徽宗时期才得实现。大观二年(1108),段和誉即位。政和五年(1115),段和誉遣使入贡于宋。次年十二月二十三日(1117年1月27日),又遣李紫琮等入朝贡方物,有《入贡奏》载《宋会要辑稿·蕃夷七·历代朝贡》。七年(1117),又向宋朝贡马匹、麝香、牛黄、细毡、碧玕山诸物,宋朝遂封段和誉为金紫光禄大夫、检校司空、云南节度使、上柱国、大理国王,有制载《宋会要辑稿·蕃夷四·大理国》。八年(1118),宋朝遣使至大理国,大理国相国高泰明写《维摩诘经》相赠。宣和二年(1120),宋朝约金朝攻辽,北边战事骤然趋紧。广州观察使黄璘又因引荐大理国入觐被罗织罪名,宋朝乃有意冷淡大理国,与大理国的关系进入低谷期。宋室南渡后,南宋坚持以大渡河作为与大理国的分界。绍兴三年(1133),大理国入贡,为南宋所拒。六年(1136),大理国献象及马,南宋下诏偿其马直而却象勿受,并赐书劳遣之。十七年(1147),段和誉因诸子内争外叛,禅位为僧,子正兴立。卒,谥宪宗宣仁皇帝。

大理国,即唐南诏也。……政和五年(1115),广州观察使黄璘奏,南诏大理国慕义怀徕,愿为臣妾,欲听其入贡。……七年(1117)二月,至京师,贡马三百八十匹及麝香、牛黄、细毡、碧玕山诸物。制以其王段和誉为金紫光禄大夫、检校司空、云南节度使、上柱国、大理国王。朝廷以为璘功,并其子晖、昨皆迁官,少子暧为阁门宣赞舍人。已而知桂州周穜劾璘诈冒,璘得罪。自是大理复不通于中国,间一至黎州互市。

绍兴三年(1133)十月,广西奏,大理国求入贡及售马,诏却之,不欲以虚名劳民也。朱胜非奏曰:"昔年大理入贡,言者深指其妄,黄璘由是获罪。"帝曰:"遐方异域,何由得实,但雠当其马价,则马方至,用益骑兵,不为无补也。"六年(1136)七月,广西经略安抚司奏,大理复遣使奉表贡象、马,诏经略司护送行在,优礼答之。九月,翰林学士朱震上言,乞谕广西帅臣,凡市马当择谨厚者任之,毋遣好功喜事之人,以启边衅。异时南北路通,则渐减广西市马之数,庶几消患于未然。诏从之。

——《宋史》卷四百八十八《外国传四·大理国传》

(政和)七年(1117)二月癸亥,以大理国主段和誉为云南节度使、大理国王。

——《宋史》卷二十一《徽宗本纪》

（绍兴）三年（1133）冬十月甲午，却大理国入贡。

——《宋史》卷二十七《高宗本纪》

（绍兴）三年（1133），邕州守臣言大理请入贡。上谕大臣，止令卖马，不许其进贡。……六年（1136），大理国献象及马五百匹，诏偿其马直，却象勿受，而赐书劳遣之。

——《宋史》卷一百八十六《食货志下·互市舶法》

席旦字晋仲，河南人。……复知成都①。朝廷开西南夷，黎州守诣幕府白事，言云南大理国求入朝献，旦引唐南诏为蜀患，拒却之。

——《宋史》卷三百四十七《席旦传》

宇文昌龄字伯修，成都双流人。……子常。常字权可。政和末，知黎州。有上书乞于大渡河外置城邑以便互市者，诏以访常。常言："自孟氏入朝，艺祖取蜀舆地图观之，画大渡为境，历百五十年无西南夷患。今若于河外建城立邑，肦情携贰，边隙寖开，非中国之福也。"

——《宋史》卷三百五十三《宇文昌龄传附宇文常传》

李观音得

李观音得，生卒年不详。大理人。宋孝宗乾道九年（1173）冬，李观音得等二十二人到横山寨（今广西田东）求卖马，邕州知州姚恪盛陈金帛以夸示。李观音得等大喜，出一文书，约明年驱马来贸易，并求书籍。姚恪虽给李观音得等丰厚的礼物，但不敢让朝廷知道这件事。这是《宋史》对李观音得事迹的记载。《文献通考》卷三百二十九《四裔考六·南诏》引《桂海虞衡志》则稍详：一是所记大理人，尚有董六斤黑、张般若师。二是李观音得等求书，大略有《文选五臣注》、《五经广注》、《春秋后语》、《三史加注》、《都大本草广注》、《五藏论》、《大般若十六会序》及《初学记》、张孟《押韵》、《切韵》、《玉篇》、《集圣历》、百家书之类。三是求器物，有须浮量钢器并碗、琉璃碗壶。四是求药，有紫檀、沉香水、甘草、石决明、井泉石、密陀僧、香蛤、海蛤等。五是李观音得之文书，略云："古文有云，察实者不留声，观行者不识词，知己之人，幸逢相谒，言音未同，情虑相契。吾闻夫子云：君子和而不同，小人同而不和。今两国之人不期而会者，岂不习夫子之言哉。

---

① 按：复知成都，据《北宋经抚年表》，时为政和四年（1114）。

续继短章,伏乞斧伐。"其短章有"言音未会意相和,远隔江山万里多"之语。六是邕州人得其《大悲经》,"称为坦绰赵般若宗祈禳目疾而书"。从段和誉、李观音得等人的事迹来看,大理国和宋朝的经济文化交流从未间断过,而大理国的文化也受到中原的深刻影响。

　　自杞诸蕃本自无马,盖转市之南诏。南诏,大理国也。乾道九年(1173),大理人李观音得等二十二人①至横山砦求市马,知邕州姚恪盛陈金帛夸示之。其人大喜,出一文书,称"利贞二年十二月",约来年以马来。所求《文选》、五经、国语、三史、《初学记》及医、释等书,恪厚遗遣之,而不敢上闻也。岭南自产小驷,匹直十余千,与淮、湖所出无异。大理连西戎,故多马,虽互市于广南,其实犹西马也。每择其良赴三衙,余以付江上诸军。

　　　　　　　　　　　　——《宋史》卷一百九十八《兵志十二·马政·卢马》

---

① 按:二十二人,《建炎以来朝野杂记甲集》卷十八《兵马·广马》同,《文献通考》卷三百二十九《四裔考六·南诏》引《桂海虞衡志》作"二十三"。

元

高祥

高祥（？—1254），又名泰祥、太祥。后晋天福二年（937），段思平建大理国，传十二世至段廉义时，权臣杨义贞于宋神宗元丰三年（1080）杀廉义自立。四个月之后，善阐侯高智廉命其子高昇泰起兵诛杀杨义贞，立段廉义之侄段寿辉为王。寿辉传位正明。宋哲宗绍圣元年（1094），高昇泰废正明，自立为王，改国号为"大中国"。昇泰在位两年去世。其子遵遗嘱还王位于正明之弟正淳，段氏复立，史称"后理国"。后理国时期，高氏世为相国。称"中国公"，掌实权（《云南大百科全书·历史卷》"大理国"条）。至南宋嘉熙元年（1237），大理国第二十世王段智祥以昇泰九世孙高祥为相国。段祥兴、段兴智时皆为相国。时段氏式微，国事皆决于高祥及其弟高和（一作"禾"）。淳祐四年（1244），蒙古军出灵关攻大理，段祥兴遣高和迎战，和战死，蒙古退军，宋遣使祭和。宝祐元年（1253），忽必烈帅师征云南，十一月至三甸（今丽江），祥守统矢（今姚安），凭金沙江与蒙古将伯颜不花、虎儿敦相持弥月，难分胜负。十二月十二日（1254年1月2日），蒙古兵进龙首关，薄大理，祥回军至大理。段兴智与祥背城出战，大败。是月，忽必烈下令攻城，兴智奔善阐（今昆明），祥杀蒙古信使，退至统矢，忽必烈命大将也古及拔突儿追之。祥复募兵抵御，蒙古兵长驱直入，十九日（1254年1月9日）擒获高祥，斩于姚州。

关于高祥之死，《元史》《元世祖平云南碑》皆谓在姚州，万历《云南通志》《南诏野史》等谓死于大理五华楼下，今从《元史》。

岁癸丑（蒙古宪宗三年，南宋理宗宝祐元年），……十二月丙辰（1254年1月2日），军薄大理城。初，大理主段氏微弱，国事皆决于高祥、高和兄弟。是夜祥率众遁去，命大将也古及拔突儿追之。帝既入大理，曰："城破而我使不出，计必死矣。"己未（1254年1月5日），西道兵亦至，命姚枢等搜访图籍，乃得三使尸，既瘗，命枢为文祭之。辛酉（1254年1月7日），南出龙首城①，次赵睑。癸亥（1254年1月9日），获高祥，斩于姚州。

——《元史》卷四《世祖本纪一》

张文谦，字仲谦，邢州沙河人。……世祖征大理，国主高祥拒命，杀信使遁去。世祖怒，将屠其城。文谦与（刘）秉忠、姚枢谏曰："杀使拒命者高祥尔，非民之罪，请宥之。"由是大理之民赖以全活。

——《元史》卷一百五十七《张文谦传》

姚枢字公茂，柳城人，后迁洛阳。……壬子（蒙古宪宗二年，南宋理宗淳祐十二年，1252）夏，从世祖征大理，至曲先脑儿之地。夜宴，枢陈宋太祖遣曹彬取南唐不杀一人、市不易肆事。明日，世祖据鞍呼曰："汝昨夕言曹彬不杀者，吾能为之，吾能为之！"枢马上贺曰："圣人之心，仁明如此，生民之幸，有国之福也。"明年，师及大理城，饬枢裂帛为旗，书止杀之令，分号街陌，由是民得相完保。

——《元史》卷一百五十八《姚枢传》

信苴日（附段兴智、信苴福）

信苴日（？—1282），姓段，名实，一作"段日"。大理国末代王段兴智之弟（一作其子）。蒙古宪宗六年（1256），段兴智与季父信苴福率军引导蒙古大将兀良合台征讨云南未归附之地，信苴日奉命守大理，主政事。中统二年（1261），入朝觐见忽必烈，获赐虎符，奉命领大理、善阐（今昆明）、威楚（今楚雄）、统矢（今姚安）、会川（今四川会理）、建昌（今四川西昌）、腾越（今腾冲）等城，统辖万户以下土官。至元元年（1264），僧人舍利畏起兵反抗蒙古统治，势力遍及滇中、滇东，发展至三十万人，又以十万之众谋攻大理，信苴日与蒙古都元帅也先联手镇压。十一年（1274），赛典赤出任云南行省平章政事，大理改设路，以信苴日为大理总管。不久，舍利畏再次叛乱，信苴日遣石买等人伪为商人刺杀舍利畏。十三年（1276），缅甸出象骑数万，入掠金齿南甸（今德宏州梁河县境）一带，将袭大理，信苴日与蒙古军大败缅军，因功任大理蒙化等处宣抚使。十八年（1281），携子段庆入觐，

---

① 中华书局点校本校勘记："南出龙首城　按本书卷一二一《速不台传附兀良合台传》有'取龙首关，翊世祖入大理城'，与《元文类》卷四一、《经世大典序录征伐》所载相符。龙首即上关，在大理北；龙尾即下关，在大理南。此言入大理后南出下关，即南出龙尾。'首'字误，当作'尾'。"按：校勘记所言是。

因忠勤升为大理威楚金齿等处宣慰使、都元帅，云南行省参知政事。十九年（1282），奉旨与右丞拜答儿迎云南征缅之师，行至金齿（今德宏地区）病逝，子段庆袭爵。信苴日治理大理凡二十三年，子孙世袭大理总管，至明平云南时，共历十一代。

段兴智（？—1260），蒙古宪宗元年（1251）即位。三年（1253），忽必烈率蒙古军出征云南。次年，忽必烈攻入大理，段兴智逃亡善阐（今昆明），后在昆泽（今宜良）被蒙古军俘获，后赦之，大理国亡，仍主大理政事。五年（1255），与季父信苴福（字仁表）入觐，获赐金符，返归大理。六年（1256），向蒙古宪宗进献地图，奏请平定云南诸部，并条奏治民立赋之法，元宪宗赐名"摩诃罗嵯"（梵语，译言"大王"），使其统领云南白爨诸部。后与信苴福率二万爨、僰军为前锋，引导蒙古大将兀良合台征讨云南未归附之地，攻降交阯。八年（1258），信苴福随兀良合台围攻鄂州。元世祖中统元年（1260），段兴智与信苴福入朝觐见，兴智卒于中途，福则在次年返回云南，后封武威公。福有文才，著有《征行集》，大概是从兀良合台征行途中所作，今已佚。《景泰云南图经志书》、万历《云南通志》载有其诗。

信苴日，僰人也，姓段氏。其先世为大理国王，后累为权臣高氏所废。岁癸丑（蒙古宪宗三年，南宋理宗宝祐元年，1253），当宪宗朝，世祖奉命南征，诛其臣高祥，以段兴智主国事。乙卯（蒙古宪宗五年，南宋理宗宝祐三年，1255），兴智与其季父信苴福入觐，诏赐金符，使归国。丙辰（蒙古宪宗六年，南宋理宗宝祐四年，1256），献地图，请悉平诸部，并条奏治民立赋之法。宪宗大喜，赐兴智名摩诃罗嵯，命悉主诸蛮白爨等部，以信苴福领其军。兴智遂委国任其弟信苴日，自与信苴福率僰、爨军二万为前锋，导大将兀良合台讨平诸郡之未附者，攻降交阯。入朝，兴智在道上卒。

中统二年（南宋理宗景定二年，1261），信苴日入觐，世祖复赐虎符，诏领大理、善阐、威楚、统失①、会川、建昌、腾越等城，自各万户以下皆受其节制。至元元年（南宋理宗景定五年，1264），舍利畏结威楚、统失、善阐及三十七部诸爨各杀守将以叛，善阐屯守官不能御，遣使告急，信苴日率众进讨，大败之于威楚宝满裔。复遣字罗攻贼于统失城，又大破之，遂定统失。其秋，舍利畏又以众十万谋攻大理，诏都元帅也先与信苴日讨之，师至安宁，

---

① 按：统失，一般写作"统矢"。

遇舍利畏，击破走之，遂复善阐，降威楚，定新兴，进攻石城、肥腻皆下之，爨部平。三年（南宋度宗咸淳二年，1266），信苴日入觐，录功赐金银、衣服、鞍勒、兵器。

十一年（1274），赛典赤为云南行省平章政事，更定诸路名号，以信苴日为大理总管。未几，舍利畏复叛，信苴日遣石买等诡为商旅，执贽往见，挺矛撞杀之，及其党一人，枭首于市。行省以闻，复赐金一锭及金织纹衣。于是置郡县，署守令，行赋役，施政化，与中州等。十三年（1276），缅国拥象骑数万，掠金齿南甸，欲袭大理，行省遣信苴日与万户忽都领骑兵千人御之，信苴日以功授大理蒙化等处宣抚使。

十八年（1281），信苴日与其子阿庆复入觐，帝嘉其忠勤，进大理威楚金齿等处宣慰使、都元帅，留阿庆宿卫东宫。及陛辞，复拜为云南诸路行中书省参知政事。十九年（1282），诏同右丞拜答儿迎云南征缅之师，行至金齿，以疾卒。信苴日治大理，凡二十三年。

子阿庆袭爵，累授镇国上将军，大理金齿等处宣慰使都元帅，佩金虎符。

——《元史》卷一百六十六《信苴日传附段兴智信苴福传》

（宪宗）六年（1256），……是岁，……云南酋长摩合罗嵯①……来觐。

——《元史》卷三《宪宗本纪》

（中统）二年（1261）六月庚申，……赐大理国主段实虎符，优诏抚谕之。

——《元史》卷四《世祖本纪一》

（至元）十二年（1275）春正月己亥，云南总管②信苴日、石买等刺杀合剌章舍里威之为乱者，以金赏之。

——《元史》卷八《世祖本纪五》

兀良合台，初事太祖。……宪宗即位之明年（蒙古宪宗二年，南宋理宗淳祐十二年，1252），世祖以皇弟总兵讨西南夷乌蛮、白蛮、鬼蛮诸国，以兀良合台总督军事。……甲寅（蒙古宪宗四年，南宋理宗宝祐二年，1254）秋，……至昆泽，擒其国王段兴智及其渠帅马合剌昔以献。

——《元史》卷一百二十一《速不台传附兀良合台传》

---

① 按：摩合罗嵯，即摩诃罗嵯。
② 中华书局点校本校勘记："云南总管信苴日 按本书卷一六六《信苴日传》，至元十一年，'以信苴日为大理总管'。云南系行省，大理为其一路。《新元史》作'大理总管'，是。"

（至元）十四年（1277）三月，缅人以阿禾内附，怨之，攻其地，欲立寨腾越、永昌之间。时大理路蒙古千户忽都、大理路总管信苴日、总把千户脱罗脱孩奉命伐永昌之西腾越、蒲、骠、阿昌、金齿未降部族，驻札南甸。阿禾告急，忽都等昼夜行，与缅军遇一河边，其众约四五万，象八百，马万匹。……忽都下令："贼众我寡，当先冲河北军。"亲率二百八十一骑为一队，信苴日以二百三十三骑傍河为一队，脱罗脱孩以一百八十七人依山为一队。交战良久，贼败走。信苴日追之三里，抵寨门，旋泞而退。忽南面贼兵万余，绕出官军后。信苴日驰报，忽都复列为三阵，进至河岸，击之，又败走。

——《元史》卷二百一十《外夷传三·缅》

农士贵

农士贵，一作"侬士贵"，生卒年不详，云南广南人，元朝广南西路宣抚使。元至元十二年（1275）二月，宋福州团练使、知特摩道（今广南县）事农士贵，率知那寡州农天或、知阿吉州农昌成、知上林州农道贤及原属南宋的广西州县三十七处、民十万户，诣云南行省请降。十三年（1276），元将阿里海牙率军入广西，进逼静江（今桂林），十一月，农士贵与广南西路南丹州牧莫大秀奉表求内附。十四年（1277）四月，农士贵又说服广南西路知安平州李维屏、知来安州岑从毅等，以其所属一百四十七州县溪洞、二十五万六千户民众归附元朝，立广南西路宣抚司，以农氏管理，属云南行省。是年五月，改为宣慰司，二十二年（1285）又改回宣抚司。约在二十四年（1287），农士贵弟农士富继任广南西路宣抚使。

《元史》载农士贵事有抵牾处，农士贵劝李维屏等降元，卷九《世祖本纪六》记在至元十四年（1277），而卷一百六十七《张立道传》则系于至元二十二年（1285），并云"以其籍归有司"。

（至元）十二年（1275）二月乙丑，……宋福州团练使、知特摩道事农士贵，率知那寡州农天或、知阿吉州农昌成、知上林州农道贤，州县三十有七，户十万，诣云南行中书省请降。

——《元史》卷八《世祖本纪五》

（至元）十四年（1277）夏四月甲子，宋特磨道将军农士贵、知安平州李维屏、知来安州岑从毅等，以所属州县溪洞百四十七、户二十五万六千来附。

——《元史》卷九《世祖本纪六》

阿里海牙，畏吾儿人也。……（至元十三年）十一月（1276年12月7日至1277年1月5日间），……特磨王侬士贵、南丹州牧莫大秀，皆奉表求内附，奏官其降官如潭州。

——《元史》卷一百二十八《阿里海牙传》

张立道字显卿。……（至元）十七年（1280），……命立道为临安广西道宣抚使，兼管军招讨使，仍佩虎符。……二十二年（1285），又籍两江侬士贵、岑从毅、李维屏所部户二十五万有奇，以其籍归有司。

——《元史》卷一百六十七《张立道传》

死可伐

死可伐（1295—1369），元麓川平缅宣抚使司宣抚使。今德宏的瑞丽、陇川、遮放及瑞丽江南岸一带，宋为猛卯部，元初就其地设麓川路。据方国瑜《麓川思氏谱牒笺证》（《民族学报》1981年第1期），顺帝至顺元年（1330），猛卯主罕静法遣使向元朝进贡，授职为麓川路总管。至元六年（1340），罕静法卒，因无嗣，死可伐被迎为猛卯主。在其治理下，麓川势力渐盛，割据一方。至正二年（1342）、六年（1346），元朝先后遣云南行省参知政事不老、云南行省平章政事亦秃浑往讨，皆不克。又遣使招谕，被死可伐拒绝。七年（1347），又命平章政事亦秃浑领兵讨伐，事久无功。元廷遂招降麓川所属诸土司，以孤立死可伐。十五年（1355），死可伐因惧元大军征伐，遂归降元朝，遣其子莽三入朝贡方物，元廷在其地置平缅宣抚司，以死可伐为平缅宣抚司宣抚使。明洪武二年（1369）卒，子思炳法嗣位。

死可伐，本应作"思可法"或"思可发"，因其不服元朝管制，故元廷将其恶译为"死可伐"，《元史》因之。法，意为"王"。

（至正）二年十二月丙辰（1343年1月15日），赐云南行省参知政事不老三珠虎符，以兵讨死可伐。

——《元史》卷四十《顺帝本纪三》

（至正）六年（1346）六月丁巳，诏以云南贼死可伐盗据一方，侵夺路甸，命亦秃浑为云南行省平章政事讨之。

秋七月丁亥，降诏招谕死可伐。

（至正）七年（1347）三月乙丑，云南王孛罗来献死可伐之捷。

——《元史》卷四十一《顺帝本纪四》

（至正）十五年（1355）八月戊寅，……云南死可伐等降，令其子莽三以方物来贡，乃立平缅宣抚司。

——《元史》卷四十四《顺帝本纪七》

平缅宣抚司。……至正十五年（1355）八月，以云南死可伐等降，令其子莽三入贡方物，乃置平缅宣抚司以羁縻之。

——《元史》卷九十二《百官志八》

归旸字彦温，汴梁人。……（至正）七年（1347），……云南死可伐叛，诏以元帅述律遵道往喻之；未几，命平章政事亦都浑将兵讨之，事久无功。

——《元史》卷一百八十六《归旸传》

明

董赐

董赐,云南安宁人,世为安宁州土知州。洪武十四年(1381)投附,十七年(1384)授鹤庆军民府世袭土知府,子节为安宁土知州。十八年(1385),赐赴京谢恩,辞尊居卑,遂改赐明威将军云南前卫世袭指挥佥事。

鹤庆,唐时名鹤川,南诏置谋统郡。……洪武中,……置鹤庆府,以土官高隆署府事。十七年(1384)以董赐为知府、……赐子节为安宁知州,……赐率其属来朝,贡马及方物,诏赐冠带并织金文绮、布帛、钞锭。十八年(1385)以赐为云南前卫世袭指挥佥事。赐,安宁州人,世为酋长。大军入滇,率众来降,复从军讨贼有功,故与子节并有世袭知府、知州之命。及赐来朝,以父子俱受显荣,无以仰报,子幼冲,不达政治,乞还父子所授官,而自为安宁知州。帝曰:"尔能绥靖边鄙,授尔官以酬尔勋。今辞尊居卑,奈何?"命颍国公傅友德及诸大臣议之。皆以赐既有功,不可听其辞,而节之官则可免。乃改赐明威将军云南前卫世袭指挥佥事,谕曰:"云南前卫密迩安宁,特命尔是职。尔其绥辑远人,以安边鄙,其毋再辞。"

——《明史》卷三百十四《土司传五·云南土司传二·鹤庆》

阿资

阿资(?—1395),越州(今曲靖越州镇)土官龙海之子。洪武十四年(1381),龙海归附,遣子朝贡,朱元璋以龙海为越州土知州。未久即叛,为沐英所擒,迁徙辽东,至盖州病死。阿资袭职,更加桀骜不驯。二十一年(1388),阿资与罗雄州营长发束等反叛,朱元璋命沐英会同征南将军傅友德征讨。阿资等率众侵犯普安,大肆劫掠,傅友德率兵攻打,杀其营长。二十二年(1389),阿资为傅友德等所败,逃回越州,处境窘迫,遂降。二十三年(1390),置越州卫。二十四年(1391),徙越州卫于陆凉州。不久,阿资又叛,朱元璋以都督佥事何福为平羌将军进讨,因后援断绝,阿资降,然仍不悔改。二十七年(1394)十一月,阿资又叛,次年被擒斩,越州平定。

关于阿资第一次反叛,《明史·土司传》记作洪武二十年,而《太祖本纪》

《太祖实录》皆记为洪武二十一年（1388）九月，则应以后者为是。

曲靖，隋恭、协二州地。……（洪武）二十年（1387），越州土酋阿资与罗雄州营长发束等叛。阿资者，土官龙海子也。越州，蛮呼为苦麻部。元末，龙海居之，所属俱罗罗斯种。王师征南时，（沐）英驻兵其地之汤池山。龙海降，遂遣子入朝，诏以龙海为知州。寻为乱，英擒之，徙辽东，至盖州病死。阿资继其职，益桀骜，至是叛。帝命英会征南将军傅友德进讨。道过平夷，以其山险恶，宜驻兵屯守，遂迁其山民往居卑午村，留神策卫千户刘成等将千人置堡其地，后以为平夷千户所。阿资等率众寇普安，烧府治，大肆剽掠。友德率兵击之，斩其营长。二十二年（1389），友德等进攻，土官普旦来降。阿资退屯普安，倚崖壁为寨。友德以精兵蹙之，蛮众皆缘壁攀崖，坠死者不可胜数，生擒一千三百余人，获马畜甚众。阿资遁还越州，复追击败之，斩其党五十余人。阿资穷蹙请降。初，阿资之遁也，扬言曰："国家有万军之勇，我地有万山之险，岂能尽灭我辈。"英乃请置越州、马龙二卫，扼其险要，复分兵追捕，至是遂降。

英等以陆凉西南要地，请设卫屯守。……二十三年（1390）置越州卫。二十四年（1391）徙越州卫于陆凉州；以英言云南诸蛮皆降，惟阿资恃险屡叛，宜徙卫军守御。已，阿资复叛。命都督佥事何福为平羌将军，率师进讨，屡败贼众。会连月淫雨水溢，阿资援绝，与其众降。福择旷地列栅，以置其众。西南有木蓉箐，贼常出没处，复调普安卫官军置宁越堡镇之，然阿资终不悛。

二十七年（1394），阿资复反。西平侯沐春及福率兵营于越州城北，遣壮士伏于岐路，而以兵挑战。蛮兵悉众出，伏起，大败之，阿资脱身遁。初，曲靖土军千户阿保、张琳所守地，与越州接壤，部众多相与贸易。春使人结阿保等，觇阿资所在及其经行地，星列守堡，绝其粮道。贼益困。二十八年（1395），福潜引兵屯赤窝铺，遣百户张忠等捣贼巢，擒阿资，斩之，俘其党，越州乃平。自是以后，诸土官按期朝贡，西南晏然。

……

初，越州阿资罪诛，永乐间以其子禄宁为土县丞，与亦佐沙氏分土而居。

——《明史》卷三百十三《土司传四·云南土司传一·曲靖》

（洪武）二十一年（1388）九月癸巳，越州蛮阿资叛，沐英会傅友德讨之。

二十二年（1389）春正月乙未，傅友德破阿资于普安。……是月（二月），阿资降。

二十七年（1394）冬十一月乙丑，……阿资复叛，西平侯沐春击败之。

二十八年（1395）春正月甲子，西平侯沐春擒斩阿资，越州平。

——《明史》卷三《太祖本纪三》

沐英，字文英，定远人。……（洪武二十二年，1389）会颖国公傅友德讨平东川蛮，又平越州酋阿资及广西阿赤部。是年冬，……阿资又叛，击降之。

——《明史》卷一百二十六《沐英传》

（沐）春，字景春，……英卒，命嗣爵，镇云南。……其冬（洪武二十七年，1394），阿资复叛，与何福讨之。春曰："此贼积年逋诛者，以与诸土酋姻娅，辗转亡匿。今悉发诸酋从军，縻系之，而多设营堡，制其出入，授首必矣。"遂趋越州，分道逼其城，伏精兵道左，以羸卒诱贼，纵击大败之。阿资亡山谷中，春阴结旁近土官，诇知所在，树垒断其粮道。贼困甚。已，出不意捣其巢，遂擒阿资，并诛其党二百四十人。越州遂平。

——《明史》卷一百二十六《沐英传附沐春传》

傅友德，其先宿州人，后徙砀山。……（洪武）二十一年（1388），东川蛮叛，复为征南将军，帅师讨平之。移兵讨越州叛酋阿资，明年破之于普安。

——《明史》卷一百二十九《傅友德传》

宁正，字正卿，寿州人。……土酋阿资叛，复从（沐）英讨降之。

——《明史》卷一百三十四《宁正传》

何福，凤阳人。……（洪武）二十四年（1391），拜平羌将军，讨越州叛蛮阿资，破降之。择地立栅处其众，置宁越堡。

——《明史》卷一百四十四《何福传》

安顺，普里部蛮所居。……明年（洪武二十一年，1388），越州叛苗阿资率众寇普安，烧府治，大肆剽掠。征南将军傅友德击走之，且诣军门降，遂改军民府为指挥使司。

——《明史》卷三百十六《土司传七·贵州土司传·安顺》

思伦发（附思任发、思机发）

思伦发（？—1399），一作"思伦法"。洪武十五年（1382），置平缅宣慰使司，以思伦发为宣慰使。十七年（1384）八月，以思伦发遣使朝贡，先后改平缅宣慰使司为平缅军民宣慰使司、麓川平缅宣慰使司，仍以思伦发为宣慰使。十八年（1385），出兵占景东，景东土知府俄陶率部抗击，不敌，避白崖（今弥渡）。二十一年（1388），发兵扰马龙他郎甸的摩沙勒寨，又举兵三十万、象百余进攻定边（今南涧）。沐英率兵进讨，破其象阵，思伦发大败。二十二年（1389），遣使请降，将罪责推卸到头目刀斯郎等人头上，交出刀斯郎等百余人，麓川乃平。三十年（1397），木邦刀干孟出兵扰占麓川平缅宣慰使司，思伦发避居怒江，向明廷求援，后至京师。明廷以沐春为主帅讨刀干孟，并送思伦发返滇。三十一年（1368），明军擒获刀干孟，伦发回麓川。因内讧，势渐衰，建文元年（1399）卒。

思伦发卒后，长子行发继任宣慰使，在位期间多次朝贡，与明朝保持着较为友好的关系。永乐十一年（1413），行发请以其弟任发代职，得允。初，任发屡次遣使入贡，与明朝关系密切。后以朝廷软弱，起兵叛乱，占领孟定、湾甸、干崖、南甸、腾冲、潞江、金齿等地，自立头目，割据一方。正统三年（1438），任发再叛，明廷废麓川平缅宣慰使司，分其地置陇川宣抚司，并派员晓谕，不听。六年（1441），明廷以定西伯蒋贵为总兵官，行在兵部尚书王骥总督军务，率南京、湖广、四川、贵州等地军队十五万征讨，大破思任发。七年（1442），王骥等分兵进击，再败思任发。思任发及子思机发逃往孟养，为木邦所击，复走缅甸，为宣慰卜喇浪囚于阿瓦，思机发以精兵坚守者蓝，继而退守蛮莫。十一年（1446），缅甸将思任发及其妻孥等三十二人献于明朝，后在押解途中得病，垂死，被明朝云南千户王政所杀，函首京师。

思任发被杀后，思机发处境窘促，屡屡乞降，明廷遂命沐斌规划善后。正统十三年（1448），明廷从沐斌之请，再征麓川，却无功。十四年（1449），又命王骥等率军十三万往讨，两军战于鬼谷山及芒崖山等地，死伤惨重，思机发退走缅甸，为宣慰卜喇浪所执。景泰五年（1454），缅甸求索土地，明左参将胡志等谕以银夔等处予之，缅甸乃把思机发及其妻孥六人送至金沙江村交予明朝当局，继被送至京师处死。

经过三征麓川，王骥意识到"不可灭"，遂与思任发幼子思禄缔结合约，命思陆发为孟养头目，勒石立碑，上刻"石烂江枯，尔乃得渡"，三征麓川至此结束。

麓川、平缅，元时皆属缅甸。缅甸，古朱波地也。……（洪武）十五年（1382），大兵下云南，进取大理，下金齿。平缅与金齿壤地相接，土蛮思伦发闻之惧，遂降。因置平缅宣慰使司，以伦发为宣慰使。十七年（1384）八月，伦发遣刀令孟献方物，并上元所授宣慰使司印。诏改平缅宣慰使为平缅军民宣慰使司，并赐伦发朝服、冠带及织金文绮、钞锭。寻改平缅军民宣慰使司为麓川平缅军民宣慰使司。麓川与平缅连境，元时分置两路以统其所部，至是以伦发遣使贡，命兼统麓川之地。

十八年（1385），伦发反，率众寇景东。都督冯诚率兵击之，值天大雾，猝遇寇，失利，千户王昇战死。

……

明年（洪武二十一年，1388），伦发诱群蛮入寇马龙他郎甸之摩沙勒寨。英遣都督宁正击破之，斩首千五百余级。伦发悉举其众，号三十万，象百余，寇定边，欲报摩沙勒之役，新附诸蛮皆为尽力。英选师三万亟趋至，贼列象阵搏战。英列弩注射，突阵大呼，象多伤，其蛮亦多中矢毙，蛮气稍缩。次日，英率将士，益置火枪、神机箭，更番射，象奔，贼大败。捣其寨，斩首三万余级，降卒万余人。象死者半，生获三十有七。伦发遁，以捷闻。帝遣使谕英移师逼景东屯田，固垒以待大军集，勿轻受其降。

二十二年（1389），伦发遣把事招纲等来言："往者逆谋，皆由把事刀厮郎、刀厮养所为。乞贷死，愿输贡赋。"云南守臣以闻。乃遣通政司经历杨大用赍敕往谕思伦发修臣礼，悉偿前日兵费，庶免问罪之师。伦发听命，遂以象、马、白金、方物入贡谢罪，大用并令献叛首刀厮郎等一百三十七人，平缅遂平。……二十七年（1394），伦发来朝，贡马、象、方物。已，遣京卫千户郭均英往赐思伦发公服、幞头、金带、象笏。

二十八年（1395），缅国王使来言，百夷屡以兵侵夺其境。明年，缅使复来诉。帝遣行人李思聪等使缅国及百夷。思伦发闻诏，俯伏谢罪，愿罢兵。适其部长刀干孟叛，思聪以朝廷威德谕其部众，叛者稍退。思伦发欲倚使者服其下，强留之，以象、马、金宝为赂，思聪谕却之。归述其山川、人物、风俗、道路之详，为《百夷传纪》以进，帝褒之。

初，平缅俗不好佛。有僧至自云南，善为因果报应之说，伦发信之。又有金齿戍卒逃入其境，能为火铳、火炮之具，伦发喜其技能，俾系金带，与僧位诸部长上。刀干孟等不服，遂与其属叛，攻腾冲。伦发率其家走云南，西平侯沐春遣送至京师。帝悯之，命春为征南将军，何福、徐凯为副将军，率云南、四川诸卫兵往讨刀干孟。并遣伦发归，驻潞江上，招谕其部众。赐伦发黄金百两、白金百五十两、钞五百锭。又敕春曰："思伦发穷而归我，当以兵送还。若至云南，先遣人往谕干孟毋怙终不臣，必归而主。倘不从，则声罪讨之。"

时干孟既逐伦发，亦惧朝廷加兵，乃遣人诣西平侯请入贡，春以闻。三十一年（1398）奏："干孟欲假朝廷威以拒忽都，其言入贡，未可信。"帝遣人谕春曰："远蛮诡诈诚有之，姑从所请，审度其宜，毋失事机。"春以兵送伦发于金齿，使人谕刀干孟，干孟不从。遣左军都督何福、瞿能等，将兵五千讨之。逾高良公山，直捣南甸，大破之，杀刀名孟，斩获甚众。回兵击景罕寨。寨凭高据险，坚守不下，官军粮械俱尽，贼势益张。福使告急于春，春率五百骑往救，乘夜至潞江，诘旦渡。率骑驰躏，扬尘蔽天。贼不意大军至，惊惧，遂破之。乘胜击崆峒寨，贼夜溃。干孟遣人乞降，事闻，朝廷以其狡诈，命春俟变讨之。春寻病卒，干孟竟不降。又命都督何福往讨，未几，擒干孟归，伦发始还平缅，逾年卒。

永乐元年（1403），思伦发子散朋来朝，贡马。赐绒锦、织金文绮、纱罗并傔从钞有差。二年（1404）遣内官张勤等颁赐麓川。麓川、平缅、木邦、孟养俱遣人来贡，各赐之钞币。时麓川平缅宣慰使思行发所遣头目刀门赖诉孟养、木邦数侵其地。礼部请以孟养、木邦朝贡使付法司，正其罪。帝谓蛮众攻夺常事，执一二人罪之，不足以革其俗，且曲直未明，遽罪其使，失远人心。命西平侯谕之，遣员外郎左缉使八百国，并使赐麓川平缅宣慰冠带、袭衣。

五年（1407），麓川、平缅所隶孟外头目刀发孟来朝，贡象及金器，散朋亦贡马，各赐钞币。六年（1408），思行发贡马、方物谢，赐金牌、信符。黔国公沐晟言："麓川、平缅所隶孟外、陶孟、土官刀发孟之地，为头目刀薛孟侵据，请命思行发谕刀薛孟归侵地。"从之。七年（1409），行发来贡，遣中官云仙等赍敕，赐金织文绮、纱罗。至麓川，行发失郊迎礼，仙责之。行发惶惧，九年（1411）遣刀门奈来贡谢罪。帝贷之，仍命宴劳其使，并遣赐行发文锦、金织纻丝纱罗。

十一年（1413），行发请以其弟思任发代职，从之。任发遣头目刀弄发贡象六、马百匹及金银器皿等物谢恩。二十年（1422），任发遣使奉表来贡，并谢侵南甸州罪，遣中官云仙赍赐并敕戒之。

……

（宣德）三年（1428），云南三司奏，麓川宣慰使思任发夺南甸州地，请发兵问罪。帝命晟同三司、巡抚详计以闻。敕任发保境安民，不得侵邻疆，陷恶逆，以滋罪咎。晟以任发侵夺南甸、腾冲之罪不可宥，请发官军五万及诸土兵讨之。帝以交阯、四川方用兵，民劳未息，宜再行招谕。不得已，其调云南土官军及木邦宣慰诸蛮兵剿之。八年（1433）遣内官云仙赍敕至麓川，赐思任发币物，谕其勿与木邦争地抗杀。

正统元年（1436），免麓川平缅军民宣慰司所欠差发银二千五百两。以任发奏其地为木邦所侵，百姓希少，无从办纳。部执不可，帝特蠲之。

初，洪武间，克平云南，惟百夷部长思伦发未服，后为头目刀干孟所逐，赴京陈诉。命为宣慰，回居麓川。分其地，设孟养、木邦、孟定三府，隶云南；设潞江、干崖、大侯、湾甸四长官司，隶金齿。永乐元年（1403）升孟养、木邦为宣慰司。孟养宣慰刀木旦与邻境仇杀而死，缅甸乘机并其地。未几，缅甸宣慰新加斯又为木邦宣慰所杀。时伦发已死，子行发袭，亦死。次子任发袭为麓川宣慰，狡狯愈于父兄，差发金银，不以时纳，朝廷稍优容之。会缅甸之危，任发侵有其地，遂欲尽复其故地，称兵扰边，侵孟定府及湾甸等州，杀掠人民。而南甸知州刀贡罕亦奏麓川夺其所辖罗卜思庄等二百七十八村。于是晟奏："思任发连年累侵孟定、南甸、干崖、腾冲、潞江、金齿等处，自立头目刀珍罕、土官早亨等相助为暴，叛形已著。近又侵及金齿，势甚猖獗。已遣诸卫马步官军至金齿守御，乞调大兵进讨。"朝命选将，廷臣举右都督方政、都督金事张荣往云南，协同镇守右都督昂率兵讨之。任发方修贡冀缓师，而晟遽信其降，无渡江意。任发乃遣众万余夺潞江，沿江造船三百艘，欲取云龙，又杀死甸顺、江东等处军余殆尽。帝以贼势日甚，责晟等玩寇养患。政亦至军，欲出战，晟不可。政造舟欲济师，晟又不许。政不胜愤，乃独率麾下与贼将缅简战，破贼旧大寨。贼奔景罕，指挥唐清复击破之。又追之高黎共山下，共斩三千余级。乘胜深入，逼任发上江。上江，贼重地也。政远攻疲甚，求援于晟，晟怒其违节制渡江，不遣。久之，以少兵往，至夹象石，又不进。政追至空泥，知晟不救，贼出象阵冲击，军歼，政死焉。晟闻败，乃请益军。帝遣使者责状，仍调湖广官军三万一千五百人、贵州一万人、四川八千五百人，令吴亮、马翔统之，至云南，听晟节制，仍敕晟豫筹粮糒。而晟惧罪，暴卒。

时任发兵愈横，犯景东，剽孟定，杀大侯知州刀奉汉等千余人，破孟赖诸寨，孟琏长官司诸处皆降之。任发仍遣人以象马金银来修贡，复致番书于云南总兵官，谓："始因潞江安抚司线旧法相邀报仇，其后线旧法乃诬己为入寇，致大军压境，惶恐无地。今欲遣使谢罪，乞为导奏。"帝降敕许赦其罪。时刑部侍郎何文渊疏请罢麓川师，命下廷臣议。于是行在兵部尚书王骥及英国公张辅等，皆以为"麓川负恩怙恶，在所必诛，须更选将练兵，以昭天讨。如思任发早自悔祸，缚诣军门，生全之恩，取自上裁"。帝然之。已而侍讲刘球复以息兵请如文渊议。部覆以麓川之征，已有成命，报闻。

六年（1441）以定西伯蒋贵为平蛮将军，都督李安、刘聚副之，以兵部尚书王骥总督云南军务，大会诸道兵十五万讨之。时任发遣贼将刀令道等十二人，率众三万余，象八十只，抵大侯州，欲夺景东、威远。而骥将抵金齿，任发遣人乞降，骥受之，密令诸将分道入。右参将冉保从东路攻细甸、湾甸水寨，入镇康，趋孟定。骥与贵由中路至上江，会腾冲。左参将宫聚自下江据夹象石。至期，合攻之。贼拒守严，铳弩飞石，交下如雨。次日，乘风焚其栅，火竟夜不息。官军力战，拔上江寨，斩刀放戛父子，擒刀孟项，前后斩馘五万余，以捷闻。

七年（1442），骥率兵渡下江，通高黎贡山道。至腾冲，留都督李安领兵提备。骥由南甸至罗卜思庄，前军抵于木笼①。时任发率众二万余据高山，立硬寨，连环七营，首尾相应。骥遣宫聚、刘聚分左右翼缘岭上，骥将中军横击之，贼遁。军进马鞍山，捣贼寨。寨两面拒江壁立，周回三十里皆立栅开堑，军不可进，而贼从间道潜师出马鞍山后。骥戒中军毋动，命指挥方瑛率精骑六千突入贼寨，斩首数百级，复诱败其象阵。而从东路者，合木邦人马，招降孟通诸寨。元江同知杜凯等亦率车里及大侯蛮兵五万，招降孟琏长官司并攻破乌木弄、戞邦等寨，斩首二千三百余级。齐集麓川，守西峨渡，就通木邦信息。百道环攻，复纵火焚其营，贼死不可胜算。任发父子三人并挈其妻孥数人，从间道渡江，奔孟养。搜获原给虎符、金牌、信符、宣慰司印及所掠腾冲千户等印三十二。麓川平。捷闻，命还师。

时任发败走孟蒙，复为木邦宣慰所击，追过金沙江，走孟广。缅甸宣慰卜剌当亦起兵攻之。帝命木邦、缅甸能效命擒任发献者，即以麓川地与之。未

---

① 中华书局点校本校勘记："前军抵于木笼 于木笼，疑当作'杉木笼'，见下文。'杉木笼'系一山名，见本书卷一七一《王骥传》。本传下文及本书卷二七四《刘綎传》、《明一统志》卷八七又作'沙木笼山'。"是。

几,任发为缅人擒,缅人挟之求地。其子思机发穷困,乞来朝谢罪,先遣其弟招赛入贡,帝命遣还云南安置。机发窥大兵归,图恢复,据麓川出兵侵扰。于是复命王骥、蒋贵等统大军再征麓川。骥率师至金齿,机发遣头目刀笼肘偕其子诣军门求降。骥遣人至缅甸索任发,缅佯诺不遣。骥至腾冲,与蒋贵、沐昂分五营进,缅人亦聚众待。骥欲乘大师攻之,见其众盛,未易拔,又恐多一麓川敌,乃宣言犒师,而命贵潜焚其舟数百艘,进师薄之。缅甸坚执前诏,必予地乃出任发,复诡以机发致仇为解。骥乃趋者蓝,捣机发巢,破之。机发脱走,俘其妻子部众,立陇川宣慰司而归。时思机发窃据孟养,负固不服,自如也。

十一年(1446),缅甸始以任发及其妻孥三十二人献至云南。任发于道中不食,垂死。千户王政斩之,函首京师。其子机发屡乞降,遣头目刀孟永等修朝贡,献金银。言蒙朝廷调兵征讨,无地逃死,乞贷余生,词甚哀。帝命受其贡,因敕总兵官沐斌及参赞军务侍郎杨宁等,以朝廷既贷思机发以不死,经画善后长策以闻,并赐敕谕思机发。十二年(1447),总兵官黔国公沐斌奏:"臣遣千户明庸赍敕招谕思机发,以所遣弟招赛未归,疑惧不敢出。近缅甸以机发掠其牛马、金银,欲进兵攻取。臣等议遣人分谕木邦、缅甸诸宣慰司,令集蛮兵,克期过江,分道讨机发。臣等率官军万人驻腾冲,以助其势。贼四面受敌,必成擒矣。"从之。已,命授机发弟招赛为头目,给冠带、月粮、房屋,隶锦衣卫,其从人俱令于驯象所供役。先是,招赛安置云南,其党有欲称乱者,乃命招赛来京,且冀以招徕机发也。帝既命云南出兵剿机发,及沐斌等至腾冲,督诸军追捕,机发终不出,潜匿孟养,遣其徒来贡。许以恩贷,复不至。斌以春瘴作,江涨不可渡,粮亦乏,引兵还。

帝以斌师出无功,复命兵部尚书靖远伯王骥总督军务,都督同知宫聚佩平蛮将军印,率南京、云南、湖广、四川、贵州官军、土军十三万人往讨之。至是,骥凡三征麓川矣。帝密谕骥曰:"万一思机发远遁,则先擒刀变蛮,平其巢穴。或遁入缅地,缅人党蔽,亦相机擒之。庶蛮众知惧,大军不为徒出。"又敕谕斌,军事悉与骥会议而行。又敕谕木邦、缅甸、南甸、干崖、陇川等宣慰司罕盖发等,各整兵备船,积粮以俟调度。

十四年(1449),骥率诸将自腾冲会师,由干崖造舟,至南牙山舍舟陆行,抵沙坝,复造舟至金沙江。机发于西岸埋栅拒守。大军顺流下至管屯,适木邦、缅甸两宣慰兵十余万亦列于沿江两岸,缅甸备舟二百余为浮梁济师,并力攻破其栅寨，得积谷四十万余石。军饱，锐气增倍。贼领众至鬼哭山，筑大寨于两峰上，筑二寨为两翼，又筑七小寨，绵亘百余里。官军分道并进，皆攻拔之，斩获无算，而思机发、思卜发复奔遁。

时王师逾孟养至孟那。孟养在金沙江西，去麓川千余里，诸部皆震詟曰："自古，汉人无渡金沙江者，今王师至此，真天威也。"骥还兵，其部众复拥任发少子思禄据孟养地为乱。骥等虑师老，度贼不可灭，乃与思禄约，许土目得部勒诸蛮，居孟养如故，立石金沙江为界，誓曰"石烂江枯，尔乃得渡"。思禄亦惧，听命，乃班师。捷闻，帝为告庙云。

景泰元年（1450），云南总兵官沐璘奏："缅甸宣慰已擒获思机发，又将思卜发放归孟养，恐缅人复挟为奇货，不若缓之，听其自献便。"从之。五年（1454），缅人索旧地，左参将胡志等谕以银戛等处地方与之，乃送思机发及其妻孥六人至金沙江村，志等槛送京师。南宁伯毛福寿以闻，乃诛思机发于京师。七年（1456），任发子思卜发奏："臣父兄犯法，时臣幼无知。今不敢如父兄所为，甚畏朝廷法，谨备差发银五百两、象三、马六及方物等，遣使人入贡，惟天皇帝主哀怜。"因赐敕戒谕，并赍思卜发与妻锦币及其使钞币有差。

成化元年（1465），总兵官沐瓒等以思任发之孙思命发至京师，乃逆贼遗孽，不可留，请发沿海登州卫安置，月给米二石，从之。麓川亡。

——《明史》卷三百十四《土司传五·云南土司传二·麓川》

（洪武）十八年十二月癸丑（1386年1月26日），麓川平缅宣慰使思伦发反，都督冯诚败绩，千户王昇死之。

二十一年（1388）春正月辛巳，麓川蛮思伦发入寇马龙他郎甸，都督宁正击败之。……三月甲辰，沐英讨思伦发败之。

二十二年（1389）冬十一月己卯，思伦发入贡谢罪，麓川平。

三十年（1397）九月戊辰，麓川平缅土酋刀干孟逐其宣慰使思伦发以叛。

——《明史》卷三《太祖本纪三》

（正统）三年（1438）六月乙亥，都督方政、佥事张荣同征南将军黔国公沐晟、右都督沐昂，讨麓川叛蛮思任发。

四年（1439）夏五月庚戌，右都督沐昂为征南将军，充总兵官，讨思任发。

六年十二月（1442年初），王骥克麓川，思任发走孟养。

八年（1443）夏五月己巳，复命平蛮将军蒋贵、王骥帅师征麓川思任发子思机发。……九月甲子，思机发请降。

九年（1444）二月丙午，王骥击走思机发，俘其孥以献。召骥还。

十年（1445）三月庚辰，思机发入贡谢罪。……十二月丙辰（1446年1月14日），缅甸获思任发，斩其首送京师。

十三年（1448）三月戊子，诏责孟养宣慰司献思机发。壬寅，……王骥仍总督军务，都督同知宫聚为平蛮将军，充总兵官，帅师讨思机发。

十四年（1449）二月己巳，王骥破思机发于金沙江，又破之鬼哭山，班师。

——《明史》卷十《英宗前纪》

（景泰）五年（1454）三月庚辰，缅甸执献思机发。

——《明史》卷十一《景帝本纪》

明年（洪武二十一年，1388），百夷思伦发叛，诱群蛮入寇摩沙勒寨，遣都督宁正击破之。二十二年（1389），思伦发复寇定边，众号三十万。英选骑三万驰救，置火炮劲弩为三行。蛮驱百象，被甲荷栏楯，左右挟大竹为筒，筒置标枪，锐甚。英分军为三，都督冯诚将前军，宁正将左，都指挥同知汤昭将右。将战，令曰："今日之事，有进无退。"因乘风大呼，炮弩并发，象皆反走。昔刺亦者，寇枭将也，殊死斗，左军小却。英登高望之，取佩刀，命左右斩帅首来。左帅见一人握刀驰下，恐，奋呼突阵。大军乘之，斩馘四万余人，生获三十七象，余象尽殪。贼渠帅各被百余矢，伏象背以死。思伦发遁去，诸蛮震慑，麓川始不复梗。……是年冬，……思伦发乞降，贡方物。

——《明史》卷一百二十六《沐英传》

（洪武）三十年（1397），麓川宣慰使思伦发为其属刀干孟所逐，来奔。春挟与俱朝，受上方略，遂拜春为征虏前将军，帅何福、徐凯讨之。先以兵送思伦发于金齿，檄干孟来迎。不应。乃选卒五千，令福与瞿能将，逾高良公山，直捣南甸，大破之，斩其酋刀名孟。

——《明史》卷一百二十六《沐英传附沐春传》

（沐）晟，字景茂，……建文元年（1399）嗣侯。比就镇，而何福已破擒刀干孟，归思伦发。亡何，思伦发死，诸蛮分据其地，晟讨平之。以其地为三府二州五长官司，又于怒江西置屯卫千户所戍之，麓川遂定。……正统三年（1438），麓川思任发反。晟抵金齿，与弟昂及都督方政会兵。政为前锋，破贼沿江诸寨，大军逐北至高黎共山下，再破之。明年复破其旧寨。政中伏死，官军败绩。晟引还，惭惧发病，至楚雄卒。赠定远干，谥忠敬。

——《明史》卷一百二十六《沐英传附沐晟传》

（沐）昂，字景高，……正统四年（1439）佩将印，讨麓川，抵金齿。畏贼盛，迁延者久之。参将张荣前驱至芒部败，昂不救，引还，贬秩二级。已，思任发入寇，击却之，又捕斩师宗反者。六年（1441），兵部尚书王骥、定西伯蒋贵将大军讨思任发，昂主馈运。贼破，复昂职，命督军捕思任发，不能得。……（沐晟子）斌始之镇，会缅甸执思任发送京师，其子思机发来袭，斌击却之。思机发复据孟养。（正统）十三年（1448）复大发兵，使骥等讨之，而斌为后拒，督饷无乏。

——《明史》卷一百二十六《沐英传附沐昂传》

云南初定，命（宁）正与冯诚共守之。思伦发作乱，正破之于摩沙勒寨，斩首千五百。已，敌众大集，围定边。沐英分兵三队，正将左军，鏖战，大败之，语在《英传》。

——《明史》卷一百三十四《宁正传》

李原名，字资善，安州人。……（洪武）二十年（1387）使平缅归，言："思伦发怀诈窥伺，宜严边备。……"

——《明史》卷一百三十六《李原名传》

蒋贵，字大富，江都人。……又明年（正统五年，1440）冬，以征麓川蛮思任发，召还京。六年（1441）命佩平蛮将军印，充总兵官，与王骥帅师抵金齿。分路进捣麓川上江寨，破杉木笼山七寨及马鞍山象阵，功皆第一。事详《王骥传》。明年，师还，进封侯，益禄三百石。八年（1443）夏，复佩平蛮将军印，与王骥讨思任发子思机发，攻破其寨。明年，师还，……是役也，贵子雄乘敌败，帅三十人深入。敌扼其后，自刎沉于江。赠怀远将军、彭城卫指挥使。

——《明史》卷一百五十五《蒋贵传》

刘球，字廷振，安福人。……正统六年（1441），帝以王振言，大举征麓川。球上疏曰："……今麓川残寇思任发素本羁属，以边将失驭，致勤大兵。虽渠魁未歼，亦多戮群丑，为诛为舍，无系轻重。玺书原其罪衅，使得自新，甚盛德也。边将不达圣意，复议大举。欲屯十二万众于云南，以趣其降，不降则攻之。不虑王师不可轻出，蛮性不可骤驯，地险不可用众，客兵不可久淹。

况南方水旱相仍，军民交困，若复动众，纷扰为忧。臣窃谓宜缓天诛，如周、汉之于崇、越也。……"章下兵部。谓南征已有成命，不用球言。八年（1443）五月雷震奉天殿。球应诏上言所宜先者十事。其略曰："……麓川连年用兵，死者十七八，军赀爵赏不可胜计。今又遣蒋贵远征缅甸，责献思任发。果擒以归，不过枭诸通衢而已。缅将挟以为功，必求与木邦共分其地。不与则致怒，与之则两蛮坐大，是减一麓川生二麓川也。设有蹉跎，兵事无已。臣见皇上每录重囚，多宥令从军，仁心若此。今欲生得一失地之窜寇，而驱数万无罪之众以就死地，岂不有乖于好生之仁哉。况思机发已尝遣人来贡，非无悔过乞免之意。若敕缅斩任发首来献，仍敕思机发尽削四境之地，分于各寨新附之蛮，则一方可宁矣。……"疏入，下廷议。言球所奏，惟择太常官宜从，令吏部推举。

——《明史》卷一百六十二《刘球传》

陈鉴，字贞明，高安人。……正统中，擢御史。出按顺天。……改按贵州。时麓川酋思任发子思机发遁孟养，屡上书求宥罪通贡。不许，复大举远征，兵连不解，云、贵军民疲敝。……十四年（1449）正月，鉴抗疏言贼酋远遁，不为边患，宜专责云南守臣相机剿灭，无远劳禁旅。王振怒，欲困之，改鉴云南参议，使赴腾冲招贼。

——《明史》卷一百六十二《陈鉴传》

王骥，字尚德，束鹿人。……麓川之役起。麓川宣慰使思任发叛，数败王师。黔国公沐晟讨之，不利，道卒，以沐昂代。昂条上攻取策，征兵十二万人。中官王振方用事，喜功名，以骥可属，思大举。骥亦欲自效。

（正统）六年（1441）正月遂拜蒋贵平蛮将军，李安、刘聚为副，而骥总督军务，大发东南诸道兵十五万讨之。刑部侍郎何文渊、侍讲刘球先后疏谏，不纳。濒行，赐骥、贵金兜鍪、细铠、蟒绣绯衣、朱弓矢。骥请得以便宜从事。驰传至云南，部署诸将，遣参将冉保由东路趋孟定，大军由中路至腾冲，分道夹击。是年十一月与贵以二万人趋上江，围其寨，五日不下。会大风，纵火焚栅，拔之，斩首五万余级。进自夹象石，渡下江，通高黎贡山道。闰月至腾冲，长驱抵杉木笼山。贼乘高据险，筑七垒相救。骥遣参将宫聚、副将刘聚分左右翼缘岭上，而自将中军奋击之，贼大溃，乘胜至马鞍山。

逾月，抵贼巢。山陡绝，深堑环之，东南面江，壁立不可上。骥遣前军觇贼，败其伏兵。贼更自间道立栅马鞍山，出大军后。骥戒军中无动，而令都指挥方瑛以六千人突贼寨，斩首数百，复诱败其象阵。会东路军冉保等已合木邦、车里、大候诸土军，破乌木弄、戛邦诸寨，遣别将守西峩渡，防贼轶，刻期与大军会。骥乃督诸将环攻其七门，积薪纵火。风大作，贼焚死无算，溺江死者数万人。思任发携二子走孟养。获其虎符、金牌、宣慰司印及所掠腾冲诸卫所印章三十有奇。犁其巢穴，留兵守之而还。

……

思任发之窜缅甸也，其子思机发复帅余众居者蓝，乞入朝谢罪。廷议因而抚之，王振不可。是年（正统七年，1442）八月复命骥总督云南军务，帅参将冉保、毛福寿以往。未至而思机发遣弟招赛入贡，缅甸亦奏获思任发，要麓川地。朝廷不纳其贡，且敕骥图缅甸，骥因请济师。

八年（1443）五月复命蒋贵为平蛮将军，调土兵五万往，发卒转饷五十万人。骥初檄缅甸送思任发。缅人阳听命，持两端。是年冬，大军逼缅甸，缅人以楼船载思任发觇官军，而潜以他舟载之归。骥知缅人资木邦水利为唇齿，且虑思机发将以献其父故仇之，故终不肯献思任发。骥乃趋者蓝，破思机发巢，得其妻子部落，而思机发独脱去。

明年召还，……命与都御史陈镒巡延绥、宁夏、甘肃诸边。……当是时，缅人已以思任发来献，而思机发窃驻孟养地，屡遣使入贡谢罪。中外咸愿罢兵。振意终未慊，要思机发躬入朝谢。沐斌帅师至金沙江招之，不至。谕孟养执之以献，亦不听命。于是振怒，欲尽灭其种类。

十三年（1448）春复命骥总督军务，宫聚为平蛮将军，帅师十五万人往。明年造舟浮金沙江，蛮人栅西岸拒守。官军联舟为浮桥以济，拔其栅，进破鬼哭山，连下十余寨，坠溺死者无算，而思机发终脱去，不可得。是时，官军逾孟养，至孟邦海。地在金沙江西，去麓川千里，自古兵力所不至，诸蛮见大军皆震怖。而大军远涉，骥虑馈饷不继，亟谋引还。时思机发虽遁匿，而思任发少子思陆复拥众据孟养。骥度贼终不可灭，乃与思陆约，立石表，誓金沙江上，曰："石烂江枯，尔乃得渡。"遂班师。

骥凡三征麓川，卒不得思机发。议者咎骥等老师费财，以一隅骚动天下。而会川卫训导詹英抗疏劾之，大略谓："骥等多役民夫，昇彩缯，散诸土司以邀厚利。擅用腐刑，诡言进御，实充私役。师行无纪，十五万人一日起行，互相蹂践。每军负米六斗，跋陟山谷，自缢者多。抵金沙江，彷徨不敢渡，既渡不敢攻，攻而失都指挥路宣、翟亨等。俟贼解，多捕鱼户为俘，以地分木邦、缅甸，掩败为功。此何异李宓之败，而杨国忠以捷闻也。"奏下法司。王振左右之，得不问。而命英从骥军自效。英知往且获罪，匿不去。

——《明史》卷一百七十一《王骥传》

侯琎，字廷玉，泽州人。……正统初，……从王骥征麓川，至金齿。骥自统大军击思任发，而遣琎援大侯州。贼众三万至，督都指挥马让、卢钺击走之。遂由高黎贡山兼程夜行，会大军，压其巢。麓川平，拜礼部右侍郎，参赞云南军务，诏与杨宁二年更代。骥再征麓川，琎以功迁左。……思机发窜孟养，骥复南征。琎与都督张轨分兵进抵金沙江，破之鬼哭山。玺书褒赉。

——《明史》卷一百七十二《侯琎传》

景东，古柘南也，……洪武十五年（1382）平云南，景东先归附。……诏置景东府，以俄陶知府事，……十八年（1385），百夷思伦发叛，率众十余万攻景东之北吉寨。俄陶率众御之，为所败，率其民千余家避于大理府之白崖川。事闻，帝嘉其忠，遣通政司经历杨大用赍白金文绮赐之。二十三年（1390），沐英讨平思伦发，复景东地，……正统中，思任发叛，官军征麓川，知府陶瓒从征有功，进阶大中大夫。

——《明史》卷三百十三《土司传四·云南土司传一·景东》

永昌，古哀牢国。……宣德五年（1430）设金齿军民指挥司腾冲州，置土知州一员。时腾冲守御所土官副千户张铭言，其地远在极边，麓川宣慰思任发不时侵扰，乞设州治。帝从之，即以铭为腾冲知州。

——《明史》卷三百十四《土司传五·云南土司传二·永昌》

缅甸，古朱波地。……（洪武）二十七年（1394）置缅中宣慰使司，以土酋卜剌浪为使。二十八年（1395），卜剌浪遣使贡方物，诉百夷思伦发侵夺境土。二十九年（1396）复来诉。帝遣行人李思聪、钱古训谕缅及百夷各罢兵守土，伦发听命。会有百夷部长刀干孟之乱，逐伦发，以故事得已。

……

正统六年（1441）给缅甸信符、金牌。时麓川思任发叛，将讨之，命缅甸调兵待。七年（1442），任发兵败，过金沙江，走孟广，缅人攻之。帝谕能擒献贼首者，予以麓川地。八年（1443），总督尚书王骥奏，缅甸酋马哈省、以速剌等已擒获思任发，不解至，唯以麓川地为言，朝命遂有并征缅甸之命。是时，大师已集腾冲，缅使致书，期以今冬送思任发至贡章交付。骥与克期，遣指挥李仪等率精骑通南牙山路，抵贡章，受献，而缅人送思任发者竟不至。……十二年（1447），木邦宣慰罕盖法，缅甸故宣慰子马哈省、以速剌，遣使偕千户王政等献思任发首及诸俘馘至京，并贡方物。帝命马哈省、以速剌并为宣慰使，赐敕奖劳，给冠带、印信。未几，以速剌奏求孟养、戛里地，且请大军亟灭思任发之子思机发兄弟，而已出兵为助。帝谕以机发可不战擒，宜即灭贼以求分地，弗为他人得也。

景泰二年（1451）赐缅甸阴文金牌、信符。时以速剌久获思机发不献，又放思卜发归孟养。朝廷知其要挟，故缓之。五年（1454），缅人来索地，参将胡志以银戛等地与之，乃送机发及其妻孥。帝以思卜发既远遁，不必穷追，仍加赏锦币，降敕褒奖。

……

弘治元年（1488），缅甸来贡，且言安南侵其边境。二年（1489）遣编修刘戬谕安南罢兵。然缅地邻孟养，而孟养以缅先执思任发，故怨缅。

——《明史》卷三百十五《土司传六·云南土司传三·缅甸》

潞江，地在永昌、腾越之间，……（永乐）九年（1411），潞江长官司曩璧遣子维罗法贡马、方物，赐钞币，寻升为安抚司。……正统三年（1438）从黔国公沐晟奏，改潞江安抚司仍隶金齿，悉还旧制。五年（1440），安抚使线旧法以麓川思任发叛来告，谕整兵以俟。未几，麓川贼遣部众夺据潞江，杀伤官军，潞江遂削弱。

——《明史》卷三百十五《土司传六·云南土司传三·潞江》

南甸宣抚司，旧名南宋，在腾越南半个山下，……正统二年（1437），土知州刀贡罕奏："麓川思任发夺其所辖罗卜思庄二百七十八村，乞遣使赍金牌、信符谕之退还。"帝敕沐晟处置奏闻。麓川之役自是起。

——《明史》卷三百十五《土司传六·云南土司传三·南甸宣抚司》

芒市，旧曰怒谋，又曰大枯睒、小枯睒，在永昌西南四百里，即唐史所谓茫施蛮也。……正统七年（1442），总兵官沐晟奏："芒市陶孟刀放革遣人来诉，与叛寇思任发有仇。今任发已遁去，思机发兄弟三人来居麓川者蓝地方，愿擒以献。"兵部言："放革先与任发同恶，今势穷乃言结衅，谲诈难信。宜敕谕放革，如能去逆效顺，当密调土兵助剿机发。"从之。八年（1443），机发令其党涓孟车等来攻芒市，为官军所败。放革来降，靖远伯王骥请设芒市长官司，以陶孟刀放革为长官，隶金齿卫。

——《明史》卷三百十五《土司传六·云南土司传三·芒市》

孟琏长官司，永乐四年（1406）四月设。……正统四年（1439），思任发反，以兵破孟琏，遂降于麓川，为木邦宣慰罕盖法击败。

——《明史》卷三百十五《土司传六·云南土司传三·孟琏长官司》

瓦甸长官司，初隶金齿，永乐九年（1411）改隶云南都司。土官刀怕赖言金齿远，都司近，故改隶焉。宣德八年（1433）……乞置巡检司，以授通事杨资、杨中、范兴三人，从之。命资于曲石，中于高松坡，兴于马缅。正统五年（1440），长官早贵为思任发所获，杀其守者十七人，挈家来归。帝嘉其忠顺，命所司褒赏，以早贵为安抚，赐彩币、诰命。

——《明史》卷三百十五《土司传六·云南土司传三·瓦甸长官司》

木邦，一名孟邦。……正统三年（1438）征麓川，敕谕木邦以兵会剿。……七年（1442），总督王骥奏，罕盖法遣兵攻拔麓川板罕、贡章等寨，追至孟蒙，获其孥七人，象十二，麓川酋思任发父子遁孟广。帝命指挥陈仪往劳之，且曰："木邦能自效，生絷贼首献，其酬以麓川土地人民。"八年（1443）免木邦岁办金万四千两。木邦遣人谢恩，并献所获思任发家属，复赐敕及彩币奖劳。十一年（1446），缅甸献任发首，木邦亦遣使与同献，且修贡职，因求麓川地。

——《明史》卷三百十五《土司传六·云南土司传三·木邦》

孟养，……其地故属平缅宣慰司。平缅思伦发为其下所逐，走京师。帝命西平侯沐春以兵纳之，还故地。

……

宣德五年（1430），刀玉宾奏："伯父刀木旦被杀，蒙朝廷遣官访玉宾，授同知，又阻于缅难，寄居金齿者二十余年。今孟养地又为麓川宣慰思任发所据，乞遣兵送归本土。"帝命黔国公沐晟遣还之，然其地仍为任发所有。时为孟养宣慰者名刀孟宾，亦寄居云南。及任发败奔缅甸，子机发潜匿孟养，求抚。

正统十三年（1448）敕孟养头目伴送思机发来朝，许以升赏，机发疑畏竟不至。帝以孟养宣慰头目刀变蛮等匿机发，敕数其罪，曰："孟养乃朝廷开设，尔刀变蛮等敢违朝命，一可伐。思机发系贼子，故纵不捕，二可伐。尔孟养被思任发夺地，逐尔宣慰，见在云南优养，尔等与仇为党，三可伐。云南总兵官世世管属尔地，奉命捕取贼子，尔等不从调度，四可伐。尔等不过以为山川险阻，官军未易遽到，又以为气候瘴疠，官军不可久居。势强则拒敌，力弱则奔遁。殊不知昔马援远标铜柱，险阻无伤，诸葛亮五月渡泸，炎蒸无害，皆能破灭蛮众，开拓境土。况今大军有必胜之机，麓川之师可为前鉴。尔等速宜悔过自图，令思机发亲自前来，仍与一官一地，令享生全。如不肯出，尔等即擒为上策；迹思机发所在，报与官军捕取为中策；若代彼支吾，令其逃匿，则并尔等剿灭，悔无及矣。"时已三征麓川，内旨必欲生擒机发，已密谕总督王骥，又敕谕以云南安置孟养旧宣慰刀孟宾为向导。及兵出穷征，机发卒遁去，不可得。于是乃以孟养地给缅甸宣慰马哈省管治，命捕思机发。时正统十四年（1449）也。

景泰二年（1451），任发之子思卜发遣使来贡，求管孟养旧地。廷臣议，孟养地已与缅甸，岂可移易。时朝命虽不许，然卜发已潜据之，即缅甸不能夺也。卜发死，子思洪发嗣，自天顺、成化，每朝贡辄署孟养地名，俨然自有其地矣。

成化中，孟养金沙江思陆发遣人贡象马，宴赐皆如例。思陆发者，思任发之遗孽也。太监钱能镇云南，思陆发数以珍宝遗能，因得入贡，称孟养金沙江思陆发，常规立功以袭祖职。适孟密安抚土舍思揲侵据木邦地，争杀累年，守臣议征之，思陆发乃请自效。时蛮众相传孟密畏思陆兵，参政毛科请于总兵镇巡官，许之。思陆兵未至，思揲解去。巡抚张诰议调思陆兵，令戮力捕思揲，乃遣使促之发兵。思陆遣大陶孟伦索领蛮兵象马过江，伦索既过江，指鹰谓使者曰："我曹犹此鹰，夺得土地，即管食之耳。"科闻之忧甚。时思揲令陶孟思英以兵守蛮莫。孟养兵至，思英坚守不出，已而请和。孟养兵闻官军听思英约降，颇有怨言。官军粮绝，遽引退。伦索亦恐思英绝其归路，取道干崖而还。科念伦索前语，急戒令孟养还兵守疆界，孟养不听。初，靖远伯王骥与之约誓，非总兵官符檄不得渡江。自是遂犯约，数兴兵过江与孟密战。

——《明史》卷三百十五《土司传六·云南土司传三·孟养》

（正统）六年（1441），麓川宣慰思伦发①叛，诏给车里信符、金牌，命合兵剿贼。

——《明史》卷三百十五《土司传六·云南土司传三·车里》

---

① 按：思伦发，应是"思任发"。

刀暹答

刀暹答（1351—1413），洪武二十四年（1391）继其父刀坎之位为车里宣慰使，并遣使入京贡驯象与方物。永乐元年（1403），掳掠威远知州刀算党，并夺其地。西平侯沐晟请发兵讨伐，成祖命沐晟发檄文晓谕，暹答遂归还刀算党及其土地，从此频频入贡。三年（1405），因八百大甸宣慰使刀招散阻遏使臣，刀暹答奏请举兵攻打八百大甸，八百大甸伏罪，朝廷令车里班师，并加以奖赏。初刀暹答征八百大甸时，元江军民府遣人运粮支援，运抵车里时为守卫所阻，刀暹答害怕为元江构陷，遂于四年（1406）遣次子刀典赴京受学国子监，实以为质，以示效忠。朝廷知其隐情，遂赐给刀典衣物币帛，遣送回去，准刀暹答三年一贡。十一年（1413），暹答卒，长子刀更孟自立为宣慰使。

车里，即古产里，为倭泥、貊党诸蛮杂居之地，古不通中国。……洪武十五年（1382），蛮长刀坎来降，改置车里军民府，以坎为知府。坎遣侄丰禄贡方物，诏赐刀坎及使人衣服、绮币甚厚，以初奉贡来朝故也。十七年（1384）复遣其子刀思拂来贡，赐坎冠带、钞币，改置军民宣慰使司，以坎为使。二十四年（1391），子刀暹答嗣，遣人贡象及方物。二十八年（1395）以赐诰命谢恩，予赐皆如例。

永乐元年（1403），刀暹答令其下剽掠威远知州刀算党及民人以归。西平侯沐晟请发兵讨，帝命晟移文谕之，如不悛，即以兵继。又以车里已纳威远印，是悔过之心已萌，不必加兵。晟使至，暹答果惧，还刀算党及威远之地，遣人贡马谢罪。帝以其能改过，宥之。自是频入贡。朝廷遣内官往车里者，道经八百大甸，为宣慰刀招散所阻。三年（1405），刀暹答遣使请举兵攻八百，帝嘉其忠。八百伏罪，敕车里班师，复加奖劳。四年（1406）遣子刀典入国学，实阴自纳质。帝知其隐，赐衣币慰谕遣还，以道里辽远，命三年一贡，著为令。十一年（1413），暹答卒。长子刀更孟自立，骄狠失民心，未几亦卒。更孟长子霸羡年幼，众推刀赛署司事。刀赛者，更孟弟刀怕汉也。怕汉死，妻以前夫子刀弄冒为暹答孙，请袭。十五年（1417）命刀弄袭宣慰使，以更孟从弟刀双孟为本司同知。十九年（1421），双孟言刀弄屡以兵侵劫蛮民，乞别设治所，以抚其众。诏分其地，置靖安宣慰使司，升双孟为宣慰使，命礼部铸印给之。

——《明史》卷三百十五《土司传六·云南土司传三·车里》

陈瑛，滁人。……永乐元年（1403）擢左都御史，益以讦发为能。……帝以为能发奸，宠任之，然亦知其残刻，所奏谳不尽从。……车里宣慰使刀暹答侵威远州地，执其知州刀算党以归。帝遣使谕之，刀暹答惧，归地及所执知州，遣弟刀腊等贡方物谢罪。瑛请先下刀腊法司，且逮治刀暹答。帝曰："蛮僚之性稍不相得则相仇，改则已。今服罪而复治之，何以处不服者。"遂赦弗问。

——《明史》卷三〇八《奸党传·陈瑛传》

　　威远，……（洪武）三十五年（1402），以土官刀算党为威远知州。永乐二年（1404），算党为车里所掳，夺其地，命西平侯谕之，乃还算党并侵地。

——《明史》卷三百十四《土司传五·云南土司传二·威远》

　　八百，世传部长有妻八百，各领一寨，因名八百媳妇。……洪武二十一年（1388），八百媳妇国遣人入贡，遂设宣慰司。……永乐二年（1404）设军民宣慰使司二，以土官刀招你为八百者乃宣慰使，其弟刀招散为八百大甸宣慰使，……是岁，遣内官杨瑄赍敕谕孟定、孟养等部，道经八百大甸，为土官刀招散所阻，弗克进。……三年（1405），……西平侯沐晟奏："奉命率师及车里诸宣慰兵至八百境内，破其猛利石厓及者答二寨，又至整线寨。木邦兵破其江下等十余寨。八百恐，遣人诣军门伏罪。"乃以所陈词奏闻。因遣使敕谕车里、木邦等曰："曩者八百不恭朝命，尔等请举兵诛讨。嘉尔忠诚，已从所请。今得西平侯奏，言八百已伏罪纳款。夫有罪能悔，宜赦宥之。敕至，其悉止兵勿进。"遂敕晟班师。

——《明史》卷三百十五《土司传六·云南土司传三·八百二宣慰司》

郑和

　　郑和（1371—1433），云南昆阳（今晋宁）人，本姓马，小字三保（一作"三宝"）。明初入宫为宦官，侍燕王朱棣。在靖难之役中有功，赐姓郑，升为内官监太监。永乐三年至宣德八年间（1405—1433），奉命七下西洋，先后经三十多个国家和地区，最远曾达非洲东岸和红海海口。随使者巩珍、马欢、费信分别撰有《西洋番国志》《瀛涯胜览》《星槎胜览》志其事，皆是了解、研究郑和下西洋的重要原始文献。郑和下西洋的目的，《明史》说"成祖疑惠帝亡海外，欲踪迹之，且欲耀兵异域，示中国富强"，即要寻找建文帝朱允炆的下落，并且炫耀武力于国外，显示中国的富强。葛剑雄《郑和究竟为何下西洋》(《各界》2021年第6期)认为,郑和远航的目的是号召和组织"万国来朝",为了扩展大明的声威,并以此增强朱棣政权的合法性。

郑和,云南人,世所谓三保太监者也。初事燕王于藩邸,从起兵有功,累擢太监。

成祖疑惠帝亡海外,欲踪迹之,且欲耀兵异域,示中国富强。永乐三年(1405)六月命和及其侪王景弘等通使西洋。将士卒二万七千八百余人,多赍金币。造大舶,修四十四丈、广十八丈者六十二。自苏州刘家河泛海至福建,复自福建五虎门扬帆,首达占城,以次遍历诸番国,宣天子诏,因给赐其君长,不服则以武慑之。五年(1407)九月,和等还,诸国使者随和朝见。和献所俘旧港酋长。帝大悦,爵赏有差。旧港者,故三佛齐国也,其酋陈祖义,剽掠商旅。和使使招谕,祖义诈降,而潜谋邀劫。和大败其众,擒祖义,献俘,戮于都市。

六年(1408)九月再往锡兰山。国王亚烈苦奈儿诱和至国中,索金币,发兵劫和舟。和觇贼大众既出,国内虚,率所统二千余人,出不意攻破其城,生擒亚烈苦奈儿及其妻子官属。劫和舟者闻之,还自救,官军复大破之。九年(1411)六月,献俘于朝。帝赦不诛,释归国。是时,交阯已破灭,郡县其地,诸邦益震詟,来者日多。

十年(1412)十一月复命和等往使,至苏门答剌。其前伪王子苏干剌者,方谋弑主自立,怒和赐不及己,率兵邀击官军。和力战,追擒之喃渤利,并俘其妻子,以十三年(1415)七月还朝。帝大喜,赍诸将士有差。

十四年(1416)冬,满剌加、古里等十九国咸遣使朝贡,辞还。复命和等偕往,赐其君长。十七年(1419)七月还。十九年(1421)春复往,明年八月还。二十二年(1424)正月,旧港酋长施济孙请袭宣慰使职,和赍敕印往赐之。比还,而成祖已晏驾。洪熙元年(1425)二月,仁宗命和以下番诸军守备南京。南京设守备,自和始也。宣德五年(1430)六月,帝以践阼岁久,而诸番国远者犹未朝贡,于是和、景弘复奉命历忽鲁谟斯等十七国而还。

和经事三朝,先后七奉使,所历占城、爪哇、真腊、旧港、暹罗、古里、满剌加、渤泥、苏门答剌、阿鲁、柯枝、大葛兰、小葛兰、西洋琐里、琐里、加异勒、阿拨把丹、南巫里、甘把里、锡兰山、喃渤利、彭亨、急兰丹、忽鲁谟斯、比剌、溜山、孙剌、木骨都束、麻林、剌撒、祖法儿、沙里湾泥、竹步、榜葛剌、天方、黎伐、那孤儿,凡三十余国。所取无名宝物,不可胜计，而中国耗废亦不赀。自宣德以还，远方时有至者，要不如永乐时，而和亦老且死。自和后，凡将命海表者，莫不盛称和以夸外番，故俗传三保太监下西洋，为明初盛事云。

——《明史》卷三〇四《宦官传一·郑和传》

（永乐）三年（1405）夏六月己卯，中官郑和帅舟师使西洋诸国。

五年（1407）九月壬子，郑和还。

六年（1408）九月癸亥，郑和复使西洋。

九年（1411）夏六月乙巳，郑和还自西洋。

十年（1412）十一月丙申，郑和复使西洋。

——《明史》卷六《成祖本纪二》

（永乐）十三年（1415）秋七月癸卯，郑和还。

十四年十二月丁卯，郑和复使西洋。

十七年（1419）秋七月庚申，郑和还。

十九年（1421）春正月癸巳，郑和复使西洋。

二十年（1422）八月壬寅，……郑和还。

二十二年（1424）春正月癸巳，郑和复使西洋。

——《明史》卷七《成祖本纪三》

洪熙元年（1425）二月戊申，……命太监郑和守备南京。

——《明史》卷八《仁宗本纪》

顾中官四出，实始永乐时。……三年（1405）命郑和等率兵二万，行赏西洋古里、满剌诸国，此将兵之始也。……及洪熙元年（1425），以郑和领下番官军守备南京，遂相沿不改。

——《明史》卷七十四《职官志三·宦官》

费信《星槎胜览集》二卷、《天心纪行录》一卷。永乐中，从郑和使西洋所纪。

——《明史》卷九十七《艺文志二·史部·地理类》

胡濙，字源洁，武进人。……惠帝之崩于火，或言遁去，诸旧臣多从者，帝（成祖）疑之。（永乐）五年（1407）遣濙颁御制诸书，……遍行天下州郡乡邑，隐察建文帝安在。……二十一年（1423）还朝，驰谒帝于宣府。……先濙未至，传言建文帝蹈海去，帝分遣内臣郑和数辈浮海下西洋，至是疑始释。

——《明史》卷一百六十九《胡濙传》

（永乐）三年（1405），遣太监郑和帅舟师下西洋。

——《明史》卷三〇四《宦官传序》

当成祖时，锐意通四夷，奉使多用中贵。西洋则和、景弘，西域则李达，迤北则海童，而西番则率使侯显。侯显者，司礼少监。……显有才辨，强力敢任，五使绝域，劳绩与郑和亚。

——《明史》卷三〇四《宦官传一·郑和传附侯显传》

鸡笼山在彭湖屿东北，故名北港，又名东番，去泉州甚迩。……永乐时，郑和遍历东西洋，靡不献琛恐后，独东番远避不至。和恶之，家贻一铜铃，俾挂诸项，盖拟之狗国也。其后，人反宝之，富者至掇数枚，曰："此祖宗所遗。"

——《明史》卷三百二十三《外国传四·鸡笼传》

婆罗，又名文莱，……万历时，为王者闽人也。或言郑和使婆罗，有闽人从之，因留居其地，其后人竟据其国而王之。

——《明史》卷三百二十三《外国传四·婆罗传》

占城居南海中，……（永乐）六年（1408），郑和使其国。王遣其孙舍杨该贡象及方物谢恩。十年（1412），其贡使乞冠带，予之，复命郑和使其国。

——《明史》卷三百二十四《外国传五·占城传》

暹罗，在占城西南，……（永乐）六年（1408）……九月，中官郑和使其国，其王遣使贡方物，谢前罪。……其国有三宝庙，祀中官郑和。

——《明史》卷三百二十四《外国传五·暹罗传》

爪哇在占城西南。……（永乐）三年（1405）遣中官郑和使其国。……六年（1408）再遣郑和使其国。……中官吴宾、郑和先后使其国。

——《明史》卷三百二十四《外国传五·爪哇传》

三佛齐，古名干陀利。……（永乐）五年（1407），郑和自西洋还，遣人招谕之。（陈）祖义诈降，潜谋邀劫。有施进卿者，告于和。祖义来袭被擒，献于朝，伏诛。

——《明史》卷三百二十四《外国传五·三佛齐传》

满剌加，在占城南。……明年（永乐六年，1408），郑和使其国，旋入贡。……宣德六年（1431）遣使者来言："暹罗谋侵本国，王欲入朝，惧为所阻，欲奏闻，无能书者，令臣三人附苏门答剌贡舟入诉。"帝命附郑和舟归国，因令和赍敕谕暹罗，责以辑睦邻封，毋违朝命。

——《明史》卷三百二十五《外国传六·满剌加传》

苏门答剌，在满剌加之西。……（永乐）三年（1405），郑和下西洋，复有赐。和未至，其酋宰奴里阿必丁已遣使随庆入朝，贡方物。诏封为苏门答剌国王，赐印诰、彩币、袭衣。遂比年入贡，终成祖世不绝。郑和凡三使其国。……十三年（1415），和复至其国，苏干剌以颁赐不及己，怒，统数万人邀击。和勒部卒及国人御之，大破贼众，追至南渤利国，俘以归。其王遣使入谢。……（宣德）五年（1430），帝以外蕃贡使多不至，遣和及王景弘遍历诸国，颁诏曰："……兹遣太监郑和、王景弘等赍诏往谕，其各敬天道，抚人民，共享太平之福。"凡历二十余国，苏门答剌与焉。

——《明史》卷三百二十五《外国传六·苏门答剌传》

彭亨，在暹罗之西。……（永乐）十年（1412），郑和使其国。……十四年（1416），与古里、爪哇诸国偕贡，复令郑和报之。

——《明史》卷三百二十五《外国传六·彭亨传》

那孤儿，在苏门答剌之西，壤相接。……永乐中，郑和使其国。

——《明史》卷三百二十五《外国传六·那孤儿传》

南渤利，在苏门答剌之西。……永乐十年（1412），……遣郑和抚谕其国。……宣德五年（1430），郑和遍赐诸国，南渤利亦与焉。

——《明史》卷三百二十五《外国传六·南渤利传》

阿鲁，一名哑鲁，近满剌加。……（永乐）十年（1412），郑和使其国。……宣德五年（1430），郑和使诸蕃，亦有赐。其后贡使不至。

——《明史》卷三百二十五《外国传六·阿鲁传》

柔佛，近彭亨，一名乌丁礁林。永乐中，郑和遍历西洋，无柔佛名。或言和曾经东西竺山，今此山正在其地，疑即东西竺。

——《明史》卷三百二十五《外国传六·柔佛传》

和兰，又名红毛番，地近佛郎机。永乐、宣德时，郑和七下西洋，历诸番数十国，无所谓和兰者。

——《明史》卷三百二十五《外国传六·和兰传》

古里，西洋大国，……诸蕃要会也。……郑和亦数使其国。

——《明史》卷三百二十六《外国传七·古里传》

柯枝，或言即古盘盘国。……（永乐）六年（1408）复命郑和使其国。……十年（1412），郑和再使其国，连二岁入贡。其使者请赐印诰，封其国中之山。帝遣郑和赍印赐其王，因撰碑文，命勒石山上。……宣德五年（1430），复遣郑和抚谕其国。

——《明史》卷三百二十六《外国传七·柯枝传》

小葛兰，其国与柯枝接境。……郑和尝使其国。

——《明史》卷三百二十六《外国传七·和兰传》

锡兰山，或云即古狼牙修。……永乐中，郑和使西洋至其地，其王亚烈苦奈儿欲害和，和觉，去之他国。王又不睦邻境，屡邀劫往来使臣，诸蕃皆苦之。及和归，复经其地，乃诱和至国中，发兵五万劫和，塞归路。和乃率步卒二千，由间道乘虚攻拔其城，生擒亚烈苦奈儿及妻子、头目，献俘于朝。……宣德五年（1430），郑和抚谕其国。

——《明史》卷三百二十六《外国传七·锡兰山传》

祖法儿，……永乐十九年（1421）遣使偕阿丹、剌撒诸国入贡，命郑和赍玺书赐物报之。……宣德五年（1430），和再使其国，其王阿里即遣使朝贡，八年（1433）达京师。

——《明史》卷三百二十六《外国传七·祖法儿传》

木骨都束，……永乐十四年（1416）遣使与不剌哇、麻林诸国奉表朝贡，命郑和赍敕及币偕其使者往报之。后再入贡，复命和偕行，赐王及妃彩币。……宣德五年（1430），和复颁诏其国。

——《明史》卷三百二十六《外国传七·木骨都束传》

不剌哇，与木骨都束接壤。……郑和亦两使其国。宣德五年（1430），和复往使。

——《明史》卷三百二十六《外国传七·不剌哇传》

竹步，亦与木骨都束接壤。永乐中，尝入贡。……郑和至其地。

——《明史》卷三百二十六《外国传七·竹步传》

阿丹，在古里之西，……永乐十四年（1416）遣使奉表贡方物。辞还，命郑和赍敕及彩币偕往赐之。自是，凡四入贡，天子亦厚加赐赉。宣德五年（1430），海外诸番久缺贡，复命和赍敕宣谕。其王抹立克那思儿即遣使来贡。八年（1433）至京师。正统元年（1436）始还。自后，天朝不复通使，远番贡使亦不至。……其王甚尊中国。闻和船至，躬率部领来迎。入国宣诏讫，遍谕其下，尽出珍宝互易。

——《明史》卷三百二十六《外国传七·阿丹传》

剌撒，……永乐十四年（1416）遣使来贡，命郑和报之。后凡三贡，皆与阿丹、不剌哇诸国偕。宣德五年（1430），和复赍敕往使，竟不复贡。

——《明史》卷三百二十六《外国传七·剌撒传》

忽鲁谟斯，西洋大国也。……永乐十年（1412），天子以西洋近国已航海贡琛，稽颡阙下，而远者犹未宾服，乃命郑和赍玺书往诸国，赐其王锦绮、彩帛、纱罗，妃及大臣皆有赐。王即遣陪臣已即丁奉金叶表，贡马及方物。十二年（1414）至京师。命礼官宴赐，酬以马直。比还，赐王及妃以下有差。自是，凡四贡。和亦再使。后朝使不往，其使亦不来。宣德五年（1430）复遣和宣诏其国。其王赛弗丁乃遣使来贡。八年（1433）至京师，宴赐有加。正统元年（1436）附爪哇舟还国。嗣后遂绝。

——《明史》卷三百二十六《外国传七·忽鲁谟斯传》

溜山，……永乐十年（1412），郑和往使其国。……宣德五年（1430），郑和复使其国，后竟不至。……又有国曰比剌，曰孙剌。郑和亦尝赍敕往赐。以去中华绝远，二国贡使竟不至。

——《明史》卷三百二十六《外国传七·溜山比剌孙剌传》

南巫里，在西南海中。……（永乐）六年（1408），郑和复往使。……十四年（1416）再贡。命郑和与其使偕行，后不复至。

——《明史》卷三百二十六《外国传七·南巫里传》

加异勒，西洋小国也。永乐六年（1408）遣郑和赍诏招谕，赐以锦绮、纱罗。……十年（1412），和再使其国，后凡三入贡。宣德五年（1430），和复使其国。

——《明史》卷三百二十六《外国传七·加异勒传》

甘巴里，亦西洋小国。永乐六年（1408），郑和使其地，赐其王锦绮、纱罗。……十九年（1421）再贡，遣郑和报之。宣德五年（1430），和复招谕其国。……其邻境有阿拨把丹、小阿兰二国，亦以六年（1408）命郑和赍敕招谕，赐亦同。

——《明史》卷三百二十六《外国传七·甘巴里传》

急兰丹，永乐九年（1411），王麻哈剌查苦马儿遣使朝贡。十年（1412）

命郑和赍敕奖其王，赍以锦绮、纱罗、彩帛。

——《明史》卷三百二十六《外国传七·急兰丹传》

沙里湾泥，永乐十四年（1416）遣使来献方物，命郑和赍币帛还赐之。

——《明史》卷三百二十六《外国传七·沙里湾泥传》

天方，古筠冲地，一名天堂，又曰默伽。……宣德五年（1430），郑和使西洋，分遣其侪诣古里。……瓜果诸畜，咸如中国。西瓜、甘瓜有一人不能举者，桃有重四五斤者，鸡、鸭有重十余斤者，皆诸番所无也。马哈麻墓后有一井，水清而甘。泛海者必汲以行，遇飓风取水洒之即息。当郑和使西洋时，传其风物如此。

——《明史》卷三百三十二《西域传四·天方传》

高伦

高伦（？—1443），鹤庆府土知府。从大理国时起，鹤庆就是高氏世袭领地。明洪武十八年（1385），董赐调离知府后，仍由高氏任知府。三十年（1397），鹤庆府改为军民府。宣德七年（1432），高伦袭职。正统二年（1437），副使徐训奏高伦与弟高纯多次逞凶作恶，屠杀官吏百姓，与母亲杨氏、叔父高宣互相残害，朝廷令黔国公沐昂前往抚谕。五年（1440），又命沐昂核实高伦妻子刘氏、弟弟高昌纠集人众肆意行凶一事，并逮捕千户王蕙、高宣等到京质问。后高氏内部又发生纷争，明廷趁机诛杀高伦。八年（1443）二月，兵部尚书王骥以高氏族内俱系为恶不良之人，无可承袭者，奏请别推一员以代，遂擢泸州知府林道节为鹤庆知府，高氏领地内的户下人口收籍当差，设流官管事，鹤庆完成改土归流。

关于"杨仕洁妻阿夜珠告伦谋杀其子"等事，《明英宗实录》记作正统六年（1441）。《土官底簿》卷下载："正统六年闰十一月准福建道手本：'知府高伦为久仇陷害、谋官等事，本年十一月二十四日奏过，依斩罪决了。'"则《实录》是。

鹤庆，……（洪武）二十四年（1391）置鹤庆卫。三十年（1397）改鹤庆府为军民府。……正统二年（1437），副使徐训奏鹤庆土知府高伦与弟纯屡逞凶恶，屠戮士庶，与母杨氏并叔宣互相贼害。敕黔国公沐昂谕使输款，如恃强不服，即调军擒捕。五年（1440）复敕昂等曰："比闻土知府高伦妻刘氏同伦弟高昌等，纠集罗罗、麽些人众，肆行凶暴。事发，不从逮讯。敕至，即委官至彼勘实，量调官军擒捕首恶，并逮千户王蕙及高宣等至京质问。"八年（1443），鹤庆民杨仕洁妻阿夜珠告伦谋杀其子，复命法司移文勘验。已而大理卫千户奏报，伦擅率军马欲谋害亲母，又称其母告伦不孝及私敛民财，多造兵器，杀戮军民，支解枭令等罪。遂敕黔国公沐晟等勘覆。及奏至，言伦所犯皆实，罪应死。伦复屡诉，因与叔宣争袭，又与千户王蕙争娶妾，以致挟仇诬陷。所勘杀死，皆病死及强盗拒捕之人。伦母杨亦诉伦无不孝，实由宣等陷害。复敕晟及御史严恭确访。既而奏当伦等皆伏诛。高氏族人无可继者，帝命于流官中择人，以绥远蛮。乃擢泸州知府林遒节为知府。鹤庆之改流官自此始。

——《明史》卷三百十四《土司传五·云南土司传二·鹤庆》

邵以正

邵以正（？—1462），初名璇，别号止止道人，又号承康子。祖籍苏州。洪武间，父母谪戍云南，落籍晋宁。师从刘渊然，为其器重。宣德二年（1427），因刘渊然之荐入道录司任左玄义之职。正统九年（1444），受敕督校《道藏》。景泰四年（1453），升任守玄冲静真人。天顺元年（1457）八月，升为悟玄养素凝神冲默阐微振法通妙真人。六年（1462）八月卒，英宗遣官致祭。《明实录》称："以正廉静谦谨，礼度雍容，其见任用被宠遇，亦以此尔。"著有《长春刘真人语录》，辑有道教医学丛书《青囊杂纂》。

《明史》本传"悟元养素凝神冲默阐微振法通妙真人"，"元"是避清圣祖玄烨讳，赐号时间并非景泰，而是天顺元年（1457），此是应注意者。

刘渊然者，赣县人。……其徒有邵以正者，云南人，早得法于渊然。渊然请老，荐之，召为道箓司左元义。正统中，迁左正一，领京师道教事。景泰时，赐号"悟元养素凝神冲默阐微振法通妙真人"。天顺三年（1459）将行庆成宴。故事，真人列二品班末，至是，帝曰："殿上宴文武官，真人安得与。"其送筵席与之，遂为制。

——《明史》卷二百九十九《刘渊然传》

杨黼

杨黼，生卒年不详，自号存诚道人，世称桂楼先生，云南太和（今大理）人。据侯冲、张贤明《杨黼家世及生平新证》（《云南民族大学学报》2013

年第 4 期），杨黼主要生活在明永乐至成化年间（1403—1487），宣德三年（1428）被举为儒士。父母殁后，入鸡足山。素好学，工书。精通五经，兼好释典，注疏《孝经》数万言。著有《桂楼集》《篆隶宗源》。李元阳有《存诚道人杨黼传》记杨氏生平较详。

杨黼，云南太和人也。好学，读五经皆百遍。工篆籀，好释典。或劝其应举，笑曰："不理性命，理外物耶？"庭前有大桂树，缚板树上，题曰桂楼。偃仰其中，歌诗自得。躬耕数亩供甘膬，但求亲悦，不顾余也。注《孝经》数万言，证群书，根性命，字皆小篆。所用砚干，将下楼取水，砚池忽满，自是为常，时人咸异之。父母殁，为佣营葬毕，入鸡足，栖罗汉壁石窟山十余年，寿至八十。子孙迎归，一日沐浴，令子孙拜，曰："明日吾行矣。"果卒。

——《明史》卷二百九十八《隐逸传·杨黼传》

招囊猛

招囊猛，一作"招曩猛"，云南孟琏长官司土官舍人刀派罗之妻。年二十五，夫死，守节二十八年。弘治六年（1493）九月旌表。刀派罗，《明史》《明孝宗实录》误作"刁派罗"，今径改。

招囊猛，云南孟琏长官司土官舍人刀派罗妻也。年二十五，夫死，守节二十八年。弘治六年（1493）九月，云南都指挥使奏其事。帝曰："朕以天下为家，方思励名教以变夷俗。其有趋于礼义者，乌可不亟加奖励。招囊猛贞节可嘉，其即令有司显其门闾，使远夷益知向化，无俟核报。"

——《明史》卷三〇一《列女传一·招囊猛传》

威远，……洪武十五年（1382）平云南后，改威远蛮棚府为威远州。……正统六年（1441）给威远土知州刀盖罕金牌，命合兵剿麓川叛寇，以捷闻。敕曰："叛寇思任发侵尔境土，胁尔从逆。尔母招囊猛能秉大义，效忠朝廷，悉出金贝，分赉头目。尔母子躬擐甲胄，贾勇杀贼，斩其头目刀派罕，追逐余贼过江，溺死数千，斩首数百，得其战舰战象，仍留兵守贼所据江口地。忠义卓然，深足嘉尚。今特升尔正五品，授奉政大夫、修正庶尹，封尔母为太宜人，俱锡诰命、银带及彩币表里，酬尔母子勋劳。陶孟刀孟经等亦赐赉有差。尔宜益勉忠义，以副朕怀。"

——《明史》卷三百十四《土司传五·云南土司传二·威远》

杨一清

杨一清（1454—1530），字应宁，号邃庵、石淙。自谓"生于滇南，长于湖南，老于江南"，晚号"三南居士"。云南安宁人，后徙居丹徒（今江苏镇江）。少时能文，成化元年（1465）以奇童荐为翰林院秀才，四年（1468）中举人，八年（1472）成进士。初任中书舍人，继任山西提学佥事、陕西提学副使、太常寺少卿、南京太常寺卿等。弘治十五年（1502）擢都察院左副都御史，督理陕西马政，清理牧地，整顿茶马贸易。十七年（1504）冬，受命经略边务，兼巡抚陕西，选卒练兵，罢斥冗官贪吏，军纪肃然。正德元年（1506）改总制延绥、宁夏、甘肃三镇军务，兼督马政，升右都御史，以重其任。为加强战备，他提出修浚边堑、增设卫所、经理灵夏、整饬韦州等安边四策，因不附当权太监刘瑾，未得实施，次年即以疾还镇江。五年（1510）安化王朱寘鐇之乱起，受诏总制军务，御用监太监张永监军，未至而乱平，后为张永出策诛刘瑾。八月，刘瑾伏诛，升户部尚书，加太子少保。六年（1511）改任吏部尚书，陈陕西边务八事，加少保兼太子太保，升掌詹事府事。后进少傅、太子太傅。十年（1515）兼武英殿大学士，入阁供事。十一年（1516）因受佞幸钱宁等排挤，解职家居。嘉靖三年（1524）诏以少傅、太子太傅改兵部尚书兼左都御史，总制陕西三边军务。常率领诸将演习行阵，使西北边防安堵，尝云："无事时当如有事堤防，有事时当如无事镇静。"五年（1526）五月，复吏部尚书、武英殿大学士，寻加少师，仍兼太子太傅，复入阁。又加太子太师、谨身殿大学士，后又加特进左柱国、华盖殿大学士。六年（1527）二月任首辅。八年（1529）九月受阁臣张璁等攻讦而致仕，次年四月，削职闲住。九月，以忧恨疽发于背而死于镇江。卒后三年复故官。二十七年（1548）赠太保，谥文襄。著有《关中奏议》《石淙类稿》《西征日录》等。

杨一清博学善权变，为政通练，尤晓畅边事，曾一夕占十疏，悉中机宜，时人比之为唐姚崇。杨慎为杨一清故里碑题赞，以"四朝元老，三边总戎，出将入相，文德武功"十六字概括其平生勋业。袁嘉榖尝辑《杨文襄轶事三十二则》，收入《滇绎》。方树梅、孙秋克皆有《杨一清年谱》。

杨一清，字应宁，其先云南安宁人。父景，以化州同知致仕，携之居巴陵。少能文，以奇童荐为翰林秀才。宪宗命内阁择师教之。年十四举乡试，登成化八年（1472）进士。父丧葬丹徒，遂家焉。

服除，授中书舍人。久之，迁山西按察佥事，以副使督学陕西。一清貌寝而性警敏，好谈经济大略。在陕八年，以其暇究边事甚悉。入为太常寺少卿，进南京太常寺卿。

弘治十五年（1502）用刘大夏荐，擢都察院左副都御史，督理陕西马政。西番故饶马，而仰给中国茶饮以去疾。太祖著令，以蜀茶易番马资军中用。久而浸弛，奸人多挟私茶阑出为利，番马不时至。一清严为禁，尽笼茶利于官，以服致诸番，番马大集。会寇大入花马池，帝命一清巡抚陕西，仍督马政。甫受事，寇已退。乃选卒练兵，创平虏、红古二城以援固原，筑垣濒河以捍靖虏，劾罢贪庸总兵武安侯郑宏，裁镇守中官冗费，军纪肃然。

武宗初立，寇数万骑抵固原，总兵曹雄军隔绝不相闻。一清帅轻骑自平凉昼夜行，抵雄军为之节度，多张疑兵胁寇，寇移犯隆德。一清夜发火炮，响应山谷间。寇疑大兵至，遁出塞。一清以延绥、宁夏、甘肃有警不相援，患无所统摄，请遣大臣兼领之。大夏请即命一清总制三镇军务。寻进右都御史。一清遂建议修边，其略曰：

陕西各边，延绥据险，宁夏、甘肃扼河山，惟花马池至灵州地宽延，城堡复疏。寇毁墙入，则固原、庆阳、平凉、巩昌皆受患。成化初，宁夏巡抚徐廷璋筑边墙绵亘二百余里。在延绥者，余子俊修之甚固。由是，寇不入套二十余年。后边备疏，墙堑日夷。弘治末至今，寇连岁侵略。都御史史琳请于花马池、韦州设营卫，总制尚书秦纮仅修四五小堡及靖虏至环庆治堑七百里，谓可无患。不一二年，寇复深入。是纮所修不足捍敌。臣久官陕西，颇谙形势。寇动称数万，往来倏忽。未至征兵多扰费，既至召援辄后时。欲战则彼不来，持久则我师坐老。臣以为防边之策，大要有四：修浚墙堑，以固边防；增设卫所，以壮边兵；经理灵、夏，以安内附；整饬韦州，以遏外侵。

今河套即周朔方，汉定襄，赫连勃勃统万城也。唐张仁愿筑三受降城，置烽堠千八百所，突厥不敢逾山牧马。古之举大事者，未尝不劳于先，逸于后。夫受降据三面险，当千里之蔽。国初舍受降而卫东胜，已失一面之险。其后又辍东胜以就延绥，则以一面而遮千余里之冲，遂使河套沃壤为寇巢穴。深山大河，势乃在彼，而宁夏外险反南备河。此边患所以相寻而不可解也。诚宜复守东胜，因河为固，东接大同，西属宁夏，使河套方千里之地，归我耕牧，屯

田数百万亩，省内地转输，策之上也。如或不能，及今增筑防边，
敌来有以待之，犹愈无策。

因条具便宜：延绥安边营石涝池至横城三百里，宜设墩台九百座，暖谯九百间，守军四千五百人；石涝池至定边营百六十三里，平衍宜墙者百三十一里，险崖峻阜可铲削者三十二里，宜为墩台，连接宁夏东路；花马池无险，敌至仰客兵，宜置卫；兴武营守御所兵不足，宜召募；自环庆以西至宁州，宜增兵备一人；横城以北，黄河南岸有墩三十六，宜修复。帝可其议。大发帑金数十万，使一清筑墙。而刘瑾憾一清不附己，一清遂引疾归。其成者，在要害间仅四十里。瑾诬一清冒破边费，逮下锦衣狱。大学士李东阳、王鏊力救得解。仍致仕归，先后罚米六百石。

安化王寘鐇反。诏起一清总制军务，与总兵官神英西讨，中官张永监其军。未至，一清故部将仇钺已捕执之。一清驰至镇，宣布德意。张永旋亦至，一清与结纳，相得甚欢。知永与瑾有隙，乘间扼腕言曰："赖公力定反侧。然此易除也，如国家内患何。"永曰："何谓也？"一清遂促席画掌作"瑾"字。永难之曰："是家晨夕上前，枝附根据，耳目广矣。"一清慷慨曰："公亦上信臣，讨贼不付他人而付公，意可知。今功成奏捷，请间论军事，因发瑾奸，极陈海内愁怨，惧变起心腹。上英武，必听公诛瑾。瑾诛，公益柄用，悉矫前弊，收天下心。吕强、张承业暨公，千载三人耳。"永曰："脱不济，奈何？"一清曰："言出于公必济。万一不信，公顿首据地泣，请死上前，剖心以明不妄，上必为公动。苟得请，即行事，毋须臾缓。"于是永勃然起曰："嗟乎，老奴何惜余年不以报主哉！"竟如一清策诛瑾。永以是德一清，左右之，得召还，拜户部尚书。论功，加太子少保，赐金币。寻改吏部。

一清于时政最通练，而性阔大。爱乐贤士大夫，与共功名。凡为瑾所构陷者，率见甄录。朝有所知，夕即登荐，门生遍天下。尝再帅关中，起偏裨至大将封侯者，累累然不绝。馈谢有所入，缘手即散之。大盗蹒中原，一清疏请命将调兵。前后凡数上，皆报可。盗平，加少保、太子太保，荫锦衣百户。再推内阁，不用。用尚书靳贵，而进一清少傅、太子太傅。给事中王昂论选法弊，指一清植私党，帝为谪昂。一清更申救，优旨报闻。乾清宫灾，诏求直言。一清上书言视朝太迟，享祀太慢，西内创梵宇，禁中宿边兵，畿内皇店之害，江南织造之扰。因引疾乞归，帝慰留之。大学士杨廷和忧去，命一清兼武英殿大学士入参机务。

张永寻得罪罢，而义子钱宁用事。宁故善一清，有构之者因蓄怨。会灾异，一清自劾，极陈时政，中有"狂言惑圣听，匹夫摇国是，禁廷杂介胄之夫，京师无藩篱之托"语，讥切近幸，帝弗省。宁与江彬辈闻之，大怒。使优人于帝前为蛮语，刺讥一清。时有考察罢官者，嗾武学生朱大周讦一清阴事，而以宁为内主。给事御史周金、陈轼等交章劾大周妄言，请究主使，帝不听。一清乃力请骸骨归，赐敕褒谕，给夫廪如制。帝南征，幸一清第，乐饮两昼夜，赋诗赓和以十数。一清从容讽止，帝遂不为江浙行。

世宗为世子时，献王尝言楚有三杰：刘大夏、李东阳及一清也，心识之。及即位，廷臣交荐一清，乃遣官赐金币存问，谕以宣召期，趣使有言。一清陈谢，特予一子官中书舍人。嘉靖三年十二月戊午（1525年1月21日）诏一清以少傅、太子太傅改兵部尚书、左都御史，总制陕西三边军务。故相行边，自一清始。温诏褒美，比之郭子仪。一清至是三为总制，部曲皆踊跃喜。亦不刺窜西海，为西宁洮河害，金献民言抚便，独一清请剿。土鲁番求贡，陈九畴欲绝之，一清则请抚。时帅诸将肄习行阵，尝曰："无事时当如有事堤防，有事时当如无事镇静。"

会张璁等力排费宏，御史吉棠因请还一清内阁。给事中章侨、御史侯秩等争之。帝谪秩官，召一清为吏部尚书、武英殿大学士。既入见，加少师，仍兼太子太傅，非故事也。亡何，《献皇帝实录》成，加太子太师、谨身殿大学士。一清以不预纂修辞，不许。王宪奏捷，推功一清，加特进左柱国、华盖殿大学士。费宏已去，一清遂为首辅。帝赐银章二，曰"耆德忠正"，曰"绳愆纠违"，令密封言事。与张璁论张永前功，起为提督团营。给事中陆粲请增筑边墙，推明一清曩时议，一清因力从臾之。帝为发帑金，命侍郎王廷相往，然久之亦竟止。《明伦大典》成，加正一品俸。

初，"大礼"议起，一清方家居，见张璁疏，寓书门人乔宇曰："张生此议，圣人复起，不能易也。"又劝席书早赴召，以定大议。璁等既骤显，颇引一清。帝亦以一清老臣，恩礼加渥。免常朝日讲侍班，朔望朝参，令晨初始入阁视事。御书、和章及金币、牢醴之赐甚渥。所言边事、国计，大小无不倾听。

璁与桂萼既攻去费宏，意一清必援己，一清顾请召谢迁，心怨之。迁未至，璁已入内阁，多所更建。一清引故事稍裁抑，其党积不平。锦衣聂能迁讦璁，璁欲置之死，一清不可。璁怒，上疏阴诋一清，又嗾黄绾排之甚力。

一清疏辨，言璁以能迁故排己，且傍及璁他语。因乞骸骨。帝为两解之。一清又因灾变请戒饬百官和衷，复乞宥议礼诸臣罪，璁益憾。桂萼入内阁，亦不相能。一清屡求去，且言："今持论者尚纷更，臣独主安静；尚刻核，臣独主宽平。用是多龃龉，愿避贤者路。"帝复温旨褒之。而给事中王准、陆粲发璁、萼招权纳贿状，帝立罢璁、萼，且暴其罪。其党霍韬攘臂曰："张、桂行，势且及我。"遂上疏力攻一清，言其受张永、萧敬贿。一清再疏辨，乞罢。帝虽慰留之，而璁复召还，韬攻益急，且言法司承一清风指，构成萼罪。帝果怒，令法司会廷臣杂议。出刑部尚书周伦于南京，以侍郎许赞代。赞乃实韬言，请削一清籍，帝令一清自陈。璁乃三上密疏，引一清赞礼功，乞赐宽假，实以坚帝意俾之去。帝果允致仕，驰驿归，仍赐金币。明年，璁等构朱继宗狱，坐一清受张永弟容金钱，为永志墓，又与容世锦衣指挥，遂落职闲住。一清大恨曰："老矣，乃为孺子所卖！"疽发背死。遗疏言身被污蔑，死且不瞑，帝令释赃罪不问。后数年复故官。久之，赠太保，谥文襄。

一清生而隐宫，貌寺人，无子。博学善权变，尤晓畅边事。羽书旁午，一夕占十疏，悉中机宜。人或訾己，反荐扬之。惟晚与璁、萼异，为所轧，不获以恩礼终。然其才一时无两，或比之姚崇云。

——《明史》卷一百九十八《杨一清传》

（正德）五年（1510）夏四月丙午，起右都御史杨一清总制宁夏、延绥、甘、凉军务，……讨寘鐇。

十年（1515）夏闰四月辛酉，吏部尚书杨一清兼武英殿大学士，预机务。

十一年（1516）八月甲子，杨一清致仕。

十五年（1520）八月癸卯，次镇江，幸大学士杨一清第。

——《明史》卷十六《武宗本纪》

（嘉靖）三年十二月戊午（1525年1月21日），起致仕大学士杨一清为兵部尚书，总制陕西三边军务。

五年（1526）夏五月庚子，杨一清复入阁。

八年（1529）九月癸丑，杨一清罢。

——《明史》卷十七《世宗本纪一》

嘉靖八年（1529），……杨一清等详议："衮冕之服，自黄、虞以来，玄衣黄裳，为十二章。日、月、星辰、山、龙、华虫，其序自上而下，为衣之六章；宗彝、藻、火、粉米、黼、黻，其序自下而上，为裳之六章。自周以后寖变其制，或八章，或九章，已戾于古矣。我太祖皇帝复定为十二章之制，司造之官仍习舜讹，非制作之初意。伏乞圣断不疑。"帝乃令择吉更正其制。

——《明史》卷六十六《舆服志二·皇帝冕服》

嘉靖八年己丑（1529），……大学士杨一清等遂选（唐）顺之、（陈）束、（任）瀚及胡经等共二十人为庶吉士，疏其名上，请命官教习。忽降谕云："吉士之选，祖宗旧制诚善。迩来大臣徇私选取，市恩立党，于国无益，自今不必选留。唐顺之等一切除授，吏、礼二部及翰林院会议以闻。"尚书方献夫等遂阿旨谓顺之等不必留，并限翰林之额，侍读、侍讲、修撰各三员，编修、检讨各六员。著为令。盖顺之等出张璁、霍韬门，而心以大礼之议为非，不肯趋附，璁心恶之。璁又方欲中一清，故以立党之说进，而故事由此废。

——《明史》卷七十《选举志二·科目·历科事迹稍异者》

（弘治）十七年（1504），都御史杨一清奏请行太仆、苑马二寺员缺，简选才望参政、副使补升卿，参议、佥事补升少卿，以振马政。

——《明史》卷七十五《职官志四·苑马寺》

世宗时，杨一清复请召商开中，又请仿古募民实塞下之意，招徕陇右、关西民以屯边。

——《明史》卷七十七《食货志一·田制·屯田》

（弘治）十六年（1503）取回御史，以督理马政都御史杨一清兼理之。一清复议开中，言："召商买茶，官贸其三之一，每岁茶五六十万斤，可得马万匹。"帝从所请。正德元年（1506），一清又建议，商人不愿领价者，以半与商，令自卖。遂著为例永行焉。一清又言金牌信符之制当复，且请复设巡茶御史兼理马政。乃复遣御史，而金牌以久废，卒不能复。后武宗宠番僧，许西域人例外带私茶。自是茶法遂坏。

——《明史》卷八十《食货志四·茶法》

嘉靖六年（1527），御史吴仲言："通惠河屡经修复，皆为权势所挠。顾通流等八闸遗迹俱存，因而成之，为力甚易，岁可省车费赀二十余万。且历代漕运皆达京师，未有贮国储于五十里外者。"帝心以为然，命侍郎王軏、何诏及仲偕相度。軏等言："大通桥地形高白河六丈余，若浚至七丈，引白河达京城，诸闸可尽罢，然未易议也。计独浚治河闸，但通流闸在通州旧城中，经二水门，南浦、土桥、广利三闸皆阛阓衢市，不便转挽。惟白河滨旧小河废坝西，不一里至堰水小坝，宜修筑之，使通普济闸，可省四闸两关转搬力。"

而尚书桂萼言不便，请改修三里河。帝下其疏于大学士杨一清、张璁。一清言："因旧闸行转搬法，省运军劳费，宜断行之。"璁亦言："此一劳永逸之计，萼所论费广功难。"帝乃却萼议。

——《明史》卷八十六《河渠志四·海运》

正德元年（1506）春，总制三边都御史杨一清请复守东胜，"因河为固，东接大同，西属宁夏，使河套千里沃壤，归我耕牧，则陕右犹可息肩"。因上修筑定边营等六事。帝可其奏。旋以忤中官刘瑾罢，所筑塞垣仅四十余里而已。

——《明史》卷九十一《兵志三·边防》

（弘治）十五年（1502）冬，尚书刘大夏荐南京太常卿杨一清为副都御史，督理陕西马政。一清奏言："我朝以陕右宜牧，设监苑，跨二千余里。后皆废，惟存长乐、灵武二监。今牧地止数百里，然以供西边尚无不足，但苦监牧非人，牧养无法耳。两监六苑，开城、安定水泉便利，宜为上苑，牧万马；广宁、万安为中苑；黑水草场逼窄，清平地狭土瘠，为下苑。万安可五千，广宁四千，清平二千，黑水千五百。六苑岁给军外，可常牧马三万二千五百，足供三边用。然欲广孳息，必多蓄种马，宜增满万匹，两年一驹，五年可足前数。请支太仆马价银四万二千两，于平、庆、临、巩买种马七千。又养马恩队军不足，请编流亡民及问遣回籍者，且视恩军例，凡发边卫充军者，改令各苑牧马，增为三千人。又请相地势，筑城通商，种植榆柳，春夏放牧，秋冬还厩，马既得安，敌来亦可收保。"孝宗方重边防，大夏掌兵部，一清所奏辄行。迁总制仍督马政。诸监草场，原额十三万三千七百余顷，存者已不及半。一清核之，得荒地十二万八千余顷，又开武安苑地二千九百余顷。正德二年（1507）闻于朝。及一清去官，未几复废。

……

及杨一清督理苑马，遂命并理盐、茶。一清申旧制，禁私贩，种官茶。

——《明史》卷九十二《兵志四·马政》

（嘉靖）六年（1527）命张璁、桂萼、方献夫摄三法司，变李福达之狱，欲坐马录以奸党律。杨一清力争，乃成录，而坐罪者四十余人。

——《明史》卷九十四《刑法志二》

杨一清《西征日录》一卷、《车驾幸第录》二卷。

——《明史》卷九十七《艺文志二·史部·杂史类》

杨一清《奏议》三十卷、《石淙类稿》四十五卷、诗二十卷。

——《明史》卷九十九《艺文志四·集部·别集类》

归善王当沍，庄王幼子也。……正德九年（1514），（梁）谷邑人西凤竹、屈昂诳谷云："（袁）质、（赵）岩且为乱。"谷心动，因并指（高）乾等，告变于尚书杨一清。

——《明史》卷一百十六《诸王传一·鲁王檀传附归善王当沍传》

（郭英子）勋怙宠，颇骄恣。大学士杨一清恶之，因其赇请事觉，罢营务，夺保傅官阶。一清罢，仍总五军营，董四郊兴造。

——《明史》卷一百三十《郭英传附郭勋传》

鲁铎，……弘治十五年（1502）会试第一，……与祭酒赵永皆其（李东阳）门生也。……永，字尔锡，临淮人。……大学士杨一清重其才，欲引以自助，乃为他语挑之。

——《明史》卷一百六十三《鲁铎传附赵永传》

刘珝，字叔温，寿光人。……子鈗，字汝中。八岁时，宪宗召见，爱其聪敏，且拜起如礼，即命为中书舍人。宫殿门阈高，同官杨一清常提之出入。

——《明史》卷一百六十八《刘珝传附刘鈗传》》

鲁鉴，其先西大通人。……有材勇，……嘉靖六年（1527）冬，以都督同知充总兵官，镇守延绥。大学士杨一清言："经守庄浪二十余载，屡立战功，其部下土军非他人所能及。虽其子瞻已为指挥佥事，奉命统辖，然年尚少。今陕西总兵官张凤乃延绥世将，若调凤延绥，而改经陕西，自可弹压庄浪，无西顾患。"帝立从之。

——《明史》卷一百七十四《鲁鉴传》

杭雄，字世威，世为绥德卫总旗。……正德七年（1512）进署都指挥佥事，剿贼四川，寻守备西宁。用尚书杨一清荐，擢延绥游击将军。

——《明史》卷一百七十四《杭雄传》

仇钺，字廷威，镇原人。……正德二年（1507）用总制杨一清荐，擢宁夏游击将军。

——《明史》卷一百七十五《仇钺传》

曹雄，西安左卫人。……武宗即位，用总督杨一清荐，擢署都督佥事，充总兵官，镇固原。……雄长子谦，读书能文，……受业杨一清，闻一清将起用，贻书止之曰："近日关中人材，连茹而起，实山川不幸。独不留三五辈为后日地耶。"时陕人率附瑾以进，故谦云然。

——《明史》卷一百七十五《曹雄传附曹谦传》

谢迁，字于乔，余姚人。……（嘉靖）六年（1527），大学士费宏举迁自代，杨一清欲阻张璁，亦力举迁。……比至，而璁已入阁，一清以官尊于迁无相下意。

——《明史》卷一百八十一《谢迁传》

李东阳，字宾之，茶陵人。……（正德）三年（1508）六月壬辰，朝退，有遗匿名书于御道数（刘）瑾罪者，诏百官悉跪奉天门外。……刘健、谢迁、刘大夏、杨一清及平江伯陈熊辈几得危祸，皆赖东阳而解。

——《明史》卷一百八十一《李东阳传》

王鏊，字济之，吴人。……或恶杨一清于瑾，谓筑边墙糜费。鏊争曰："一清为国修边，安得以功为罪。"

——《明史》卷一百八十一《王鏊传》

陈寿，字本仁，其先新淦人。……中官廖堂镇陕西贪暴，杨一清以寿刚果，（正德）九年（1514）正月起抚其地。

——《明史》卷一百八十六《陈寿传》

马中锡，字天禄，故城人。……（正德）六年（1511）三月，贼刘六等起，吏部尚书杨一清建议遣大臣节制诸道兵。乃荐中锡为右都御史提督军务，与惠安伯张伟统禁兵南征。……初，中锡受命讨贼，大学士杨廷和谓杨一清曰："彼文士耳，不足任也。"

——《明史》卷一百八十七《马中锡传》

马昊，本姓邹，字宗大，宁夏人。……世宗即位，始就逮，寻削籍归。杨一清、胡世宁荐之，为桂萼所驳而止。

——《明史》卷一百八十七《马昊传》

陈鼎，字大器，其先宣城人。……镇守河南中官廖堂，福建人也，弟鹏之子铠冒籍中河南乡试。物议沸腾，畏堂莫敢与难。鼎上章发其事，铠遂除名，堂、鹏大恨。会流寇起，鼎陈弭盗机宜。堂嘱权幸摘其语激帝怒，下诏狱掠治。谓鼎前籍平江伯资产，附刘瑾增估物价，疑有侵盗。尚书杨一清救之，乃释为民。

——《明史》卷一百八十八《张文明传附陈鼎传》

王銮，字汝和。正德六年（1511）进士。试政吏部，为尚书杨一清所知，擢文选主事。

——《明史》卷一百八十九《何遵传附王銮传》

杨廷和,字介夫,新都人。……流贼刘六、刘七、齐彦名反,杨一清荐马中锡讨之。廷和言:"中锡,文士也,不任此。"

——《明史》卷一百九十《杨廷和传》

梁储,字叔厚,广东顺德人。……(弘治)十年(1497),……储为首辅,……时方建乾清、坤宁宫,又营太素殿、天鹅房、船坞,储偕同官靳贵、杨一清切谏。明年……其秋,一清罢,蒋冕代之。

——《明史》卷一百九十《梁储传》

毛纪,字维之,掖县人。……(正德)十年(1515)由吏部左侍郎拜礼部尚书。乌思藏入贡,……纪等上言:"自京师至乌思藏二万余里,公私烦费,不可胜言。且自四川雅州出境,过长河西行数月而后至。无有邮驿、村市。一切资费,取办四川。四川连岁用兵,流贼甫平,蛮寇复起。困竭之余,重加此累,恐生意外变。"疏再上,内阁梁储、靳贵、杨一清皆切谏,不报。

——《明史》卷一百九十《毛纪传》

杨慎,字用修,新都人,……尝奉使过镇江,谒杨一清,阅所藏书。叩以疑义,一清皆成诵。慎惊异,益肆力古学。

——《明史》卷一百九十二《杨慎传》

翟銮,字仲鸣,其先诸城人。……(嘉靖)六年(1527)春,廷推阁臣。……杨一清以銮望轻,请用吴一鹏、罗钦顺。帝不许,命銮以吏部左侍郎兼学士入直文渊阁。……銮初入阁,一清、谢迁辅政,既而(张)孚敬与桂萼入,銮皆谨事之。……一清、萼、孚敬先后罢,銮留独秉政者两月。

——《明史》卷一百九十三《翟銮传》

乔宇,字希大,山西乐平人。……杨一清卒,宇渡江吊之。……宇幼从父京师,学于杨一清。

——《明史》卷一百九十四《乔宇传》

王守仁,字伯安,余姚人。……入觐,迁南京刑部主事,吏部尚书杨一清改之验封。……(正德)十四年(1519)六月,……宁王宸濠反。……凡三十五日而贼平。……守仁乘(张)忠、(许)泰未至,先俘宸濠,发南昌。忠、泰以威武大将军檄邀之广信。守仁不与,间道趋玉山,上书请献俘,止帝南征。帝不许。至钱唐遇太监张永。永提督赞画机密军务,在忠、泰辈上,而故与杨一清善，除刘瑾，天下称之。……嘉靖六年（1527），思恩、田州土酋卢苏、王受反。……及奏断藤峡捷，则以手诏问阁臣杨一清等，谓守仁自夸大，且及其生平学术。一清等不知所对。……一清雅知守仁，而黄绾尝上疏欲令守仁入辅，毁一清，一清亦不能无移憾。

——《明史》卷一百九十五《王守仁传》

张璁，字秉用，永嘉人。……杨一清为首辅，翟銮亦在阁，帝待之不如璁。……帝赐璁二章，文曰"忠良贞一"，曰"绳愆弼违"，因并及一清等。……（嘉靖）七年（1528）正月，帝视朝，见璁、萼班兵部尚书李承勋下，意嗛之。一清因请加散官，乃手敕加二人太子太保。……一清再相，颇由璁、萼力，倾心下二人。而璁终以压于一清，不获尽如意，遂相龃龉。指挥聂能迁劾璁，璁欲置之死。一清拟旨稍轻，璁益恨，斥一清为奸人鄙夫。一清再疏引退，且刺璁隐情。帝手敕慰留，因极言璁自伐其能，恃宠不让，良可叹息。……八年（1529）秋，给事中孙应奎劾一清、萼并及璁，其同官王准复劾璁私参将陈璠，宜斥。璁乞休者再，词多阴诋一清，帝乃褒谕璁。而给事中陆粲复劾其擅作威福，报复恩怨。帝大感悟，立罢璁。顷之，其党霍韬力攻一清，微为璁白。璁行抵天津，帝命行人赍手敕召还。一清遂罢去，璁为首辅。

——《明史》卷一百九十六《张璁传》

桂萼，字子实，安仁人。……杨一清为首辅持重，萼、（张）璁好纷更，且恶其压己，遂不相能。……无何，霍韬两疏讼萼，言一清与法司构成萼赃罪。一清遂去位，刑部尚书周伦调南京，郎中、员外皆夺职，命法司会锦衣镇抚官再谳。

——《明史》卷一百九十六《桂萼传》

方献夫，字叔贤，南海人。……（张）璁、（桂）萼与杨一清构，献夫因灾异进和衷之说，且请收召谪戍削籍余宽、马明衡辈，而倍取进士之数。

——《明史》卷一百九十六《方献夫传》

席书，字文同，遂宁人。……时（嘉靖三年，1524）执政者费宏、石珤、贾咏，书心弗善也，乃力荐杨一清、王守仁入阁。

——《明史》卷一百九十七《席书传》

霍韬，字渭先，南海人。……张璁、桂萼之罢政也，韬谓言官陆粲等受杨一清指使，两疏力攻一清，夺其职，而璁、萼召还。

——《明史》卷一百九十七《霍韬传》

黄绾，字宗贤，黄岩人，……绾与（张）璁辈深相得。璁欲用为吏部侍郎，且令典试南京，并为杨一清所抑，又以其南音不令与经筵。绾大恚，上疏丑诋一清而不斥其名。帝心知其为一清也，以浮词责之。

——《明史》卷一百九十七《黄绾传》

王琼，字德华，太原人。……而其督三边也，人以比杨一清云。

——《明史》卷一百九十八《王琼传》

赞曰：杨一清、王琼俱负才略，著绩边陲。有人伦鉴，锄奸定难因以成功。亦俱任智数。

——《明史》卷一百九十八末

胡世宁，字永清，仁和人。……正德九年（1514），……世宁……自投锦衣狱。狱中三上书言宸濠逆状，卒不省。系岁余，言官程启充、徐文华、萧鸣凤、邢寰等交章救，杨一清复以危言动钱宁，乃谪戍沈阳。居四年，宸濠果反。世宁……寻擢右佥都御史巡抚四川。道闻世宗即位，……因荐……林俊、杨一清……可辅弼。

——《明史》卷一百九十九《胡世宁传》

刘天和，字养和，麻城人。……锢诏狱久不释，吏部尚书杨一清疏救，法司奏当赎杖还职，中旨谪金坛丞。

——《明史》卷二百《刘天和传》

吴廷举，字献臣，……杨一清荐其才，擢江西右参政。

——《明史》卷二〇一《吴廷举传》

廖纪，字时陈，东光人。……三边总督杨一清召还内阁，（张）璁等欲起王琼，纪推彭泽、王守仁，帝不允。

——《明史》卷二〇二《廖纪传》

闻渊，字静中，鄞人。……杨一清为吏部，调渊稽勋员外郎。

——《明史》卷二〇二《闻渊传》

孙应奎，字文宿，洛阳人。……嘉靖四年（1525）入为兵科给事中，上疏言："……今大学士杨一清虽练达国体，而雅性尚通，难以独任。……"其意特右（张）璁。而帝因其奏，慰留一清，戒谕璁、（桂）萼。

——《明史》卷二〇二《孙应奎传》

李中，字子庸，吉水人，正德九年（1514）进士。杨一清为吏部，数召中应言官试，不赴。

——《明史》卷二〇三《李中传》

陈九畴，字禹学，曹州人。……嘉靖三年（1524），速檀满速儿复以二万余骑围肃州，……九畴上言："番贼敢入犯者，以我纳其朝贡，纵商贩，使得稔虚实也。……今即不能如汉武兴大宛之师，亦当效光武绝西域之计。……"事下，总制杨一清颇采其议。……吏部尚书桂萼等欲缘九畴以倾（彭）泽，因请许通贡，而追治九畴激变状。大学士一清言事已前决。帝不听，逮下诏狱。

——《明史》卷二〇四《陈九畴传》

马录，字君卿，信阳人。……（嘉靖）五年（1526）出按山西，而妖贼李福达狱起。……命取福达等至京下三法司讯，……帝怒，将亲讯，以杨一清之言而止，仍下廷鞫。……帝以罪不及录，怒甚。……录不胜刑，自诬故入人罪。……乃戍广西南丹卫，遇赦不宥。帝意犹未慊，语杨一清等曰："与其僇及后世，不若诛止其身，从《舜典》'罚弗及嗣'之意。"一清曰："祖宗制律具有成法，录罪不中死律。若法外用刑，吏将缘作奸，人无所措手足矣。"帝不得已，从之。

——《明史》卷二〇六《马录传》

郑洛书，字启范，莆田人。……李福达狱起，帝将亲鞫之，洛书曰："陛下操独断之威，使法官尽得罪，虽有张释之、于定国不获抗辨于人主之前，何以使刑罚中。"帝怒，将罪之，杨一清力解而止。

——《明史》卷二〇六《郑洛书传》

陆粲，字子余，长洲人。……既而詹事霍韬力诋粲，谓杨一清嗾之。（刘）希简言："璁、萼去位由圣断。且使犬谓之嗾，韬以言官比之犬，侮朝廷。"而帝竟纳韬言，召璁还，夺一清官，下希简诏狱，释还职，谪粲贵州都镇驿丞。

——《明史》卷二〇六《陆粲传》

刘世扬，字实甫，闽人。……复偕同官赵汉等陈修省八事。中言："……给事中郑一鹏坐论杨一清再杖削职，一清败，一鹏宜复官。"

——《明史》卷二〇六《刘世扬传》

杨言，字惟仁，鄞人。……杨一清召入内阁，言请留之三边。

——《明史》卷二〇七《杨言传》

余珊，字德辉，桐城人。……嘉靖四年（1525）二月应诏陈十渐，其略曰："……窃见今日之为辅弼第一人者，徒以奸佞，伴食怙恩。……愿亟去其人，更求才兼文武如前大学士杨一清，老成厚重如今大学士石珤者，并置左右，庶弊政可除，天下可治。"

——《明史》卷二〇八《余珊传》

彭汝实，字子充，嘉定州人。……奸人王邦奇之讦杨廷和、彭泽也，汝实言："邦奇先后两疏，始为惶骇之语，终杂鄙亵之辞。中所引事，多颠倒淆惑，至谓费宏、石珤夜入杨一清门。今不闻召问一清，一清又久不为白，何也？"

——《明史》卷二〇八《彭汝实传》

杨爵，字伯珍，富平人。……（嘉靖）七年（1528）三月，灵宝县黄河清，帝遣使祭河神。大学士杨一清、张璁等屡疏请贺，御史鄞人周相抗疏言："河未清，不足亏陛下德。今好谀喜事之臣张大文饰之，佞风一开，献媚者将接踵。愿罢祭告，止称贺，诏天下臣民毋奏祥瑞，水旱蝗蝻即时以闻。"帝大怒，下相诏狱拷掠之，复杖于廷，谪韶州经历。而诸庆典亦止不行。

——《明史》卷二〇九《杨爵传》

黄尊素，字真长，余姚人。……（天启五年，1625）汪文言初下狱，（魏）忠贤即欲罗织诸人。已，知为尊素所解，恨甚。其党亦以尊素多智虑，欲杀之。会吴中讹言尊素欲效杨一清诛刘瑾，用李实为张永，授以秘计。

——《明史》卷二百四十五《黄尊素传》

马理，字伯循，三原人。……杨一清督学政，见理与吕柟、康海文，大奇之，曰："康生之文章，马生、吕生之经学，皆天下士也。"……正德九年（1514）举进士。一清为吏部尚书，即擢理稽勋主事。

——《明史》卷二百八十二《儒林传一·马理传》

潘府，字孔修，上虞人。成化末进士。……谒选，得长乐知县，教民行《朱子家礼》。……迁南京兵部主事，陈军民利病七事。父丧除，补刑部。……以便养乞南，改南京兵部，迁武选员外郎。尚书马文升知其贤，超拜广东提学副使。……以母老乞休，不待命辄归。已而吏部尚书杨一清及巡按御史吴华屡荐其学行，终不起。

——《明史》卷二百八十二《儒林传一·潘府传》

何景明，字仲默，信阳人。……正德改元，刘瑾窃柄。……瑾诛，用李东阳荐，起故秩，直内阁制敕房。李梦阳下狱，众莫敢为直，景明上书吏部尚书杨一清救之。

——《明史》卷二百八十六《文苑传二·何景明传》

文徵明，长洲人，初名璧，以字行，更字徵仲，别号衡山。……世宗立，……杨一清召入辅政，徵明见独后。一清亟谓曰："子不知乃翁与我友邪？"徵明正色曰："先君弃不肖三十余年，苟以一字及者，弗敢忘，实不知相公与先君友也。"一清有惭色，寻与璁谋，欲徙徵明官。徵明乞归益力，乃获致仕。

——《明史》卷二百八十七《文苑传三·文徵明传》

刘瑾，兴平人。……当是时，瑾权擅天下，威福任情。……复创罚米法，尝忤瑾者，皆摘发输边。……故……都御史杨一清……等数十人，悉破家，死者系其妻孥。……（正德）五年（1510）四月，安化王寘鐇反，檄数瑾罪。瑾始惧，匿其檄，而起都御史杨一清、太监张永为总督，讨之。初，与瑾同为八虎者，当瑾专政时，有所请多不应，……又欲逐永，永以谲免。及永出师还，欲因诛瑾，一清为画策，永意遂决。

——《明史》卷三〇四《宦官传一·刘瑾传》

张永，保定新城人。……及寘鐇反，命永及右都御史杨一清往讨。……师出，寘鐇已擒，永遂率五百骑抚定余党。还次灵州，与一清言，欲奏瑾不法事。一清曰："彼在上左右，公言能必入乎？不如以计诛之。"因为永画策，永大喜，语详《一清传》。……永欲身自封侯，引刘永诚、郑和故事风廷臣，内阁以非制格之。永意沮，乃辞免恩泽。吏部尚书杨一清言宜听永让，以成其贤，事竟已。……世宗立，御史萧淮奏谷大用、丘聚辈蛊惑先帝，党恶为奸，并及永。诏永闲住。……嘉靖八年（1529），大学士杨一清等言，永功大，不可泯，乃起永掌御用监，提督团营。

——《明史》卷三〇四《宦官传一·张永传》

张綵，安定人。弘治三年（1490）进士。授吏部主事，历文选司郎中。綵议论便利，善伺权贵指。……杨一清总制三边，亦荐綵自代。

——《明史》卷三〇六《阉党传·张綵传》

鞑靼，即蒙古，故元后也。……武宗嗣位（1505），……冬，敌入镇夷所，指挥刘经死之。复自花马池毁垣入，掠隆德、静宁、会宁诸处，关中大扰，以杨一清为总制。时正德元年（1506）春也。刘瑾用事，监军皆阉人，一清不得职去，文贵、才宽相继受事。

——《明史》卷三百二十七《外国传八·鞑靼传》

哈密，东去嘉峪关一千六百里，汉伊吾庐地。……世宗嗣位（1521），……用陈九畴为甘肃巡抚。……当是时，番屡犯边城，当局者无能振国威，为边疆复仇雪耻，而一二新进用事者反借以修怨。由是，封疆之狱起。……（陈）九畴报捷时，言满速儿、牙兰已毙炮石下，二人实未死。帝固疑之。览鄂等议，益疑边臣欺罔，手诏数百言，切责九畴，欲置之死，而戒首辅杨一清勿党庇，遂遣官逮九畴。尚书金献民、侍郎李昆以下，坐累者四十余人。

——《明史》卷三百二十九《西域传一·哈密卫传》

西番，即西羌，……西宁即古湟中，……嘉靖二年（1523），尚书金献民西征，议遣官招抚，许为藩臣，如先朝设安定、曲先诸卫故事。兵部行总制杨一清计度，一清意在征讨，言寇精骑不过二三千，余皆胁从番人，然怨之入骨，时欲报仇，可用为间谍，大举剿绝。议未定，王宪、王琼相继来代，皆以兵寡饷诎，议竟不行。

——《明史》卷三百三十《西域传二·西番诸卫传》

张志淳

张志淳（1459—1538）①，字进之，号南园，云南永昌（今保山）人。成化二十年（1484）进士。弘治间，任吏部文选司主事、吏部郎中。正德二年（1507），升太常寺少卿，提督四夷馆。时刘瑾用事，凡迁官者皆有重赂以谢内官武臣，动以千百，文官谢礼之厚自志淳始。四年（1509），升南京工部右侍郎。五年（1510）改户部，九月，坐刘瑾党人致仕。自后回乡家居，以图籍自娱。嘉靖十七年（1538）五月卒，赐祭葬如例。志淳博览经史，喜为歌诗，著有《南园集》《南园漫录》《南园续录》《西铭通》《永昌二芳记》等。其中，《南园漫录》收入《四库全书》，《永昌二芳记》为《四库全书》存目。其子张含、张合皆以文行称重于世。

张志淳《谥法》二卷。

——《明史》卷九十七《艺文志二·史部·故事类》

---

① 按：张志淳生年，一说1457年，一说1458年。考李时《明故通议大夫南京户部右侍郎张公墓志铭》，志淳生于天顺戊寅（二年）十二月二十二日，换作公历是1459年1月26日，则其生年以1459年为是。

张志淳《南园漫录》十卷、《续录》十卷。

——《明史》卷九十八《艺文志三·子部·小说家类》

曹元，字以贞，大宁前卫人。……当刘瑾时，廷臣党附者甚众。瑾诛，言官交劾。……南京……工部张志淳。……于是……志淳……致仕。

——《明史》卷三〇六《阉党传·焦芳传附曹元传》

杨南金

杨南金，生卒年不详，字本重，号两依，别号用章，云南邓川（今洱源）人。弘治十二年（1499）进士，授江西泰和知县。民有"三不动"之谣，即"刁诈胁不动，财利惑不动，权豪挠不动"。正德元年（1506）八月，擢陕西道试监察御史。三年（1508）正月，以拂逆党撰斥为民。五年（1510），起用复江西道监察御史。六年（1511）引疾致仕，耕居十二年。嘉靖元年（1522）三月再起用，升任湖广按察司佥事。二年（1523）升任江西参议，冬，致仕。巡抚云南都御史王启为其立高节坊，杨九思撰文记之。二十八年（1549），云南按察司副使胡尧时重修。一生刚正不阿，安贫乐道，身心端洁，政务循良。与杨慎有唱和。所纂《邓川州志》、所著《禅乡集》等皆佚，惟《阿土官署大理府篆记略》《土著变》《旧志序》等诗文载于明清州志中。

（正德）三年（1508）春正月辛亥，大计外吏，中旨罢翰林学士吴俨、御史杨南金。

——《明史》卷十六《武宗本纪》

有罪人溺水死，乃坐御史匡翼之罪。尝求学士吴俨贿，不得，又听都御史刘宇谗，怒御史杨南金，乃以大计外吏奏中，落二人职。

——《明史》卷三〇四《刘瑾传》

多士宁

多士宁，生年不详，卒年有1572年、1576年、1577年三说。云南陇川宣抚司宣抚使。万历初，缅甸东吁王莽瑞体侵占陇川，欲诱降多士宁，士宁不从，为其书记、妹婿岳凤之子襄乌毒杀。岳凤遂夺印投缅，代士宁为宣抚使。莽瑞体死，子莽应里嗣位，岳凤向其称臣，诱败官军，把多士宁母胡氏及亲族六百多人献给莽应里，并全部杀害，多氏宗族几乎灭绝。万历十年（1582）冬，缅甸入侵永昌、腾越，次年春，刘綎、邓子龙各率劲旅进讨，岳凤不能敌，遂降。十二年（1584）九月，献俘于朝，磔岳凤于市。次年，复铸陇川宣抚司印，多士宁之子思顺袭陇川宣抚使。多士宁拒绝投降缅甸，全族被难，事迹可传。

万历初，缅甸莽瑞体叛，来招陇川宣抚多士宁，士宁不从。其记室岳凤者，江西抚州人，黠而多智，商于陇川，士宁信任之，妻以妹。凤曲媚士宁，阴夺其权，与三宣六慰各土舍罕拔等歃血盟，诱士宁往摆古，归附缅酋。阴使其子曩乌鸩士宁并杀其妻女，夺印投缅，受缅伪命，代士宁为宣抚。及瑞体死，子应里嗣，凤父子臣服之。诱败官军，献士宁母胡氏及亲族六百余人于应里，尽杀之，多氏之宗几尽。

初，凤之附于缅也，为瑞体招诸部，拒中国，伤官军，逆势浸成，缅深倚之。久之，以缅不足恃。而邓川土知州何钰，凤友婿也，初使人招凤，凤执使献缅。及是，钰复开示百方，与之盟誓。时官军亦大集，诸将刘綎、邓子龙各率劲师至，环壁四面。凤惧，乃令妻子及部曲来降。綎责令献金牌、符印及蛮莫、猛密地。乃以送凤妻子还陇川为名，分兵趋沙木笼山，先据其险，而自领大兵驰入陇川。凤度无可脱，遂诣军门降。綎复率兵进缅，缅将先遁，留少兵陇川，綎攻之，凤子曩乌亦降。綎乃携凤父子往攻蛮莫，蛮莫贼知凤降，驰报应里，发兵图陇川。綎乘机掩杀，贼窘，乞降，缚缅人及象马来献。遂招抚孟养贼，贼将乘象走，追获之。复移师围孟琏，生擒其魁，陇川平。献俘于朝，帝为告谢郊庙，时万历十二年（1584）九月也。逾年复铸陇川宣抚司及孟定府印，升孟密安抚为宣抚司。添设安抚司二，曰蛮莫，曰耿马；长官司二，曰孟琏，曰孟养；千户所二，一居姚关，一居孟淋砦，皆名之曰镇安；并铸印记，建大将行署于蛮莫。从云南巡抚刘世曾之议也。于是，多士宁之子思顺袭陇川宣抚使。

——《明史》卷三百十四《土司传五·云南土司传二·麓川》

刘綎，字省吾，都督显子。……（万历）十年（1582）冬，缅甸犯永昌、腾越，巡抚刘世曾请济师。明年春，擢綎游击将军，署腾冲守备事。缅甸去云南远，自其酋莽瑞体以兵服诸番，势遂强，数扰边境。江西人岳凤者，商陇川，骁桀多智，为宣抚多士宁记室。士宁妻以妹。凤诱士宁往见瑞体，潜与子曩乌鸩杀之，并杀其妻子，夺金牌印符，受瑞体伪命，代士宁为宣抚。瑞体死，子应里嗣。凤结耿马贼罕虔、南甸土舍刀落参、芒市土舍放正堂，与应里从父猛别、弟阿瓦等，各率象兵数十万攻雷弄、盏达、干崖、南甸、木邦、老姚、思甸诸处，杀掠无算。窥腾越、永昌、大理、蒙化、景东、镇沅、元江。已，陷顺宁，破盏达，又令曩乌引缅兵突猛淋。指挥吴继勋等战死。邓川土官知州何钰，凤僚婿也，使使招之，凤縶献应里。

当是时，车里、八百、孟养、木邦、孟艮、孟密、蛮莫皆以兵助贼，贼势益盛。黔国公沐昌祚闻警，移驻洱海，巡抚刘世曾亦移楚雄。大征汉土军数万，令参政赵睿壁蒙化，副使胡心得壁腾冲，陆通霄壁赵州，佥事杨际熙壁永昌，与监军副使傅宠、姜忻督参将胡大宾等分道进击。大小十余战，积级千六百有奇，猛别、落参皆殪。参将邓子龙击斩罕虔于姚关。应里趣凤东寇姚关，北据湾甸、芒市。会綎至军，军大振。凤惧，乃令妻子及部曲来降。綎责令献金牌印符及蛮莫、孟密地。乃以送凤妻子还陇川为名，分兵趋沙木笼山，据其险，而已驰入陇川境。凤度四面皆兵，遂诣军门降。綎复率兵进缅，缅将先遁，留少兵陇川。綎攻之，凤子曩乌亦降。綎乃携凤父子往攻蛮莫，乘胜掩击。贼窘，缚缅人及象马来献，蛮莫平。遂招抚孟养贼，贼将乘象走，追获之。复移师围孟琏，生擒其魁。云南平，献俘于朝。

——《明史》卷二百四十七《刘綎传》

木邦土舍罕拔求袭不得，怒投于缅，潞江宣抚线贵闻之，亦入缅。（莽）瑞体自以起孤微，有兵众，威加诸部，中国复禁绝之，遂谋内侵，乃命线贵趣召陇川土官多士宁。士宁言中国广大，诫勿妄动，瑞体稍稍寝。未几，士宁为其下岳凤所杀，干崖宣抚刀怕举亦死。罕拔乃请瑞体入干崖，干崖举，则陇川可坐定也。瑞体子应里桀黠多智，言于瑞体曰："陇川、干崖虽无主，远难猝取。孟养思个近在肘腋，又吾世仇，万一乘虚顺流下，祸不测。"瑞体深然之，因借木邦兵一万取干崖，而自率兵侵孟养。既至，屡为思个所败，思个亦退保孟伦，相持久之。而陇川书记岳凤欺其主幼，私赍重赂投缅，结为父子。蛮莫土目思哲亦迎附瑞体，调缅兵万余，出入于迤西界上，以牵制思个。复征木邦罕拔兵，会岳凤于陇川，袭孟密。万历元年（1573），缅兵至陇川，入之。岳凤遂尽杀士宁妻子族属，受缅伪命，据陇川为宣抚。乃与罕拔、思哲盟，必下孟密，奉瑞体以拒中国。

——《明史》卷三百十五《土司传六·云南土司传三·缅甸》

李元阳

李元阳（1497—1580），字仁甫，世居点苍山十八溪之中，因号中溪。云南太和(今大理)人。嘉靖五年(1526)进士,选翰林院庶吉士,获读中秘书。六年(1527),出补江西分宜知县。十年(1531),服阕,补江苏江阴知县。十三年(1534),升户部主事。十四年(1535),改授江西道监察御史。十五年(1536),以御史巡按福建。在闽期间,校刻《通典》《十三经注疏》《史记题评》《班马异同》等书。十八年(1539),改任荆州知府,识拔张居正。二十年(1541),因奔父丧去职,遂里居不出。此后四十年,李元阳潜心学术,与杨慎交往甚密,是杨门七子之一。著有《中溪家传汇稿》《心性图说》《大理府志》《云南通志》等。

李元阳《云南通志》十八卷、《大理府志》十卷。

——《明史》卷九十七《艺文志二·史部·地理类》

蔡烈,字文继,龙溪人。……嘉靖十二年(1533)诏举遗佚,知府陆金以烈应,以母老辞。巡按李元阳檄郡邑建书院,亦固辞。

——《明史》卷二百八十二《儒林传一·蔡烈传》

孙继鲁

孙继鲁(1498—1547),字道甫,号松山。其先浙江钱塘人,高祖维贤以太学生言事谪戍云南右卫(今昆明),遂家于此。嘉靖二年(1523)进士,出知湖广澧州,因事改国子助教,以经学著。历官户部郎中,河南卫辉、江苏淮安、贵州黎平知府,有政声。十九年(1540),由黎平知府升湖广按察司副使、提调学政。二十一年(1542),升为山西布政使司左参政,二十三年(1544)升为按察使,持法严明,被称为"孙青天"。次年升为陕西右布政使。二十六年(1547)正月,升为都察院右副都御史巡抚山西。总督翁万达建议撤去山西境内的边防军队,合力守卫大同以外的边境,孙继鲁上书反对,兵部赞同继鲁。世宗正重用翁万达,对于孙继鲁引证往事议论君上的作为十分不满,而夏言也嫌恶继鲁,世宗便将继鲁逮捕下锦衣卫狱。狱中,与陕西侍御杨爵取破碗书壁唱和百余首,名曰《破碗集》,中有"为国为民意已深,谏章一上泪沾襟。男儿至死心无愧,留取芳名播古今"等语,其志可见。九月十六日,疽发于项而死。隆庆元年(1567),复孙继鲁原职,赐谥清愍,赠兵部左侍郎。

孙继鲁,字道甫,云南右卫人。嘉靖二年(1523)进士。授澧州知州。坐事,改国子助教。历户部郎中,监通州仓。历知卫辉、淮安二府。织造中官过淮，继鲁与之忤。诬逮至京，大学士夏言救免。继鲁不谢，言不悦。改补黎平。擢湖广提学副使，进山西参政。数绳宗藩。暨迁按察使，宗藩百余人拥马发其装，敝衣外无长物，乃载酒谢过。迁陕西右布政使。

二十六年（1547）擢右副都御史，代杨守谦巡抚山西。继鲁耿介，所至以清节闻，然好刚使气。总督都御史翁万达议撤山西内边兵，并力守大同外边，帝报可。继鲁抗章争，言："紫荆、居庸、山海诸关，东枕溟渤；雁门、宁武、偏头诸关，西据黄河。天设重险，以藩卫国家，岂可聚师旷野，洞开重门以延敌。夫紫荆诸关之拱护京师，与雁门诸关之屏蔽全晋，一也。今议者不撤紫荆以并守宣府，岂可独撤雁门以并守大同耶？况自偏头、宁武、雁门东抵平刑关为山西长边，自右卫双沟墩至东阳河、镇口台为大同长边，自丫角山至双沟百四十里为大同紧边，自丫角山至老牛湾百四十里为山西紧边，论长边则大同为急，山西差缓，论紧边则均为最急。此皆密迩河套，譬之门阃。山西守左，大同守右。山西并力守左尚不能支，又安能分力以守大同之右。近年寇不敢犯山西内郡者，以三关备严故也。使三关将士远离堡戍，欲其不侵犯难矣。全师在外，强寇内侵，即紫荆、倒马诸关不将徒守哉！"万达闻之不悦，上疏言："增兵摆边，始于近岁，与额设守边者不同。继鲁乃以危言相恐，复遗臣书，言往岁建云中议，宰执几不免。近年撤各路兵，督抚业蒙罪。其诋排如此。今防秋已逼，乞别调继鲁，否则早罢臣，无误边事。"兵部是继鲁言。帝不从，下廷议。廷臣请如万达言。帝方倚万达，怒继鲁腾私书，引往事议君上。而夏言亦恶继鲁，不为地，遂逮下诏狱。疽发于项，瘐死。

继鲁为巡抚仅四月。山西人习其前政，冀有所设施，遽以非罪死，咸为痛惜。宗藩有上书讼其冤者，即前夺视其装者也。穆宗即位，赠兵部左侍郎，赐祭葬，荫一子，谥清愍。

——《明史》卷二〇四《孙继鲁传》

赞曰：世宗威柄自操，用重典以绳臣下，而弄权者借以行其私。于是阘冗废职之徒事败伏辜，而出力任事之臣亦中危法受戮，边臣不得自展布，而武备隳矣。陈九畴、翟鹏、孙继鲁、曾铣皆可用之才，或谪或死，不以其罪。

——《明史》卷二〇四末

夏言，字公谨，贵溪人。……言既失帝意，（严）嵩日以柔佞宠。……严嵩遂代言入阁。……至（嘉靖）二十四年（1545），帝微觉嵩贪恣，复思言，遣官赍敕召还，尽复少师诸官阶，亦加嵩少师，若与言并者。……言以废弃久，务张权。文选郎高简之戍，唐龙、许成名、崔桐、王用宾、黄佐之罢，王杲、王暐、孙继鲁之狱，皆言主之。

——《明史》卷一百九十六《夏言传》

翁万达，字仁夫，揭阳人。……万达精心计，善钩校，墙堞远近，濠堑深广，曲尽其宜。……议掣山西兵并力守大同，巡抚孙继鲁沮之。帝为逮继鲁，悉纳万达言。

——《明史》卷一百九十八《翁万达传》

那鉴

那鉴（？—1553）。嘉靖二十五年（1546），杀侄元江土知府那宪夺印，一并收取因远驿印记。巡抚应大猷奏报朝廷，命镇巡官发兵剿灭。二十九年（1550），那鉴密约交蛮武文渊密谋作乱，肆意劫掠，并用计杀害左布政徐樾。三十二年（1553），明廷又调集土汉兵七万，进剿元江，那鉴惧而自杀。

元江，古西南夷极边境，……洪武十五年（1382）改元江府。十七年（1384），土官那直来朝贡象，以那直为元江知府，……嘉靖二十五年（1546），土舍那鉴杀其侄土知府那宪，夺其印，并收因远驿印记。巡抚应大猷以闻，命镇巡官发兵剿之。二十九年（1550），那鉴惧，密约交蛮武文渊谋乱。抚按官胡奎、林应箕，总兵官沐朝弼以闻，请以副使李维、参政胡尧时督兵剿之，制可。那鉴益纵兵攻掠村寨。沐朝弼与巡抚石简调武定、北胜、亦佐等土、汉兵，分五哨。调兵既集，朝弼与简驻临安，分部进兵。破木龙寨，降甘庄，贼势渐蹙。那鉴遣经历张维及生儒数人诣南羡监督王养浩所乞降。时左布政徐樾以督饷至南羡，樾迂阔，闻维言，谓鉴诚计穷，乃约翼日令鉴面缚出城来降。左右咸谓夷诈不可信，樾不听，如期亲率百人往城下受降。鉴纵象马夷兵突出冲之，樾及左右皆死。巡按赵炳然以闻，并参朝弼、简及养浩等失事罪。帝降敕切责，褫简职，养浩等各住俸，克期捕贼赎罪。朝弼与简乃督集五哨兵，环元江而壁。令南羡哨督兵渡江攻城，选路通哨、甘庄哨各精卒二千佐之。那鉴知二哨精卒悉归南羡，潜遣兵象乘虚冲路通哨。官兵不意贼至，仓猝烧营走。监督郝维岳奔入甘庄哨，甘庄亦大溃，督哨李维亦遁，惟余南羡逼城而军。武定女土官瞿氏、宁州土舍禄绍先、广南侬兵头目陆友仁咸恨那鉴戕主夺嫡，誓死不退。督哨王养浩因激奖之，翼日鼓噪攻城，贼大败，闭门不出。官兵围之，鉴乞降。……

三十二年（1553），象贤至镇，调集土、汉兵七万人，广集粮运，克期分哨进剿元江，为必取计。那鉴惧，伏药死。象贤檄百户汪辅入城，抚谕其众，擒其贼首，及戕土官那宪之阿捉，杀布政徐樾之光龙、光色等，皆斩首以献。鉴子恕输所占那旐、封銮等村寨，并出所掠镇沅府印，纳象十二只，输粮岁通赋。象贤命官民推那氏当立者，众举前土官那端从孙从仁。象贤疏言其状，请废恕，贷其死，命从仁暂统其众，加汪辅以千户职，从之。万历十三年（1585）以元江土舍那恕招降车里功，许袭祖职，赏银币。

——《明史》卷三百十四《土司传五·云南土司传二·元江》

嘉靖三十年（1551），元江土舍那鉴叛。诏（沐）朝弼与都御史石简讨之，分五军薄其城。城垂拔，以瘴发引还。诏罢简，将再出师。鉴惧仰药死，乃已。

——《明史》卷一百二十六《沐英传附沐朝弼传》

鲍象贤，歙人。由进士授御史，历云南副使。……屡迁右副都御史，巡抚陕西，代石简抚云南。初，元江土舍那鉴杀知府那宪以叛，布政使徐樾往招降被杀。简攻之未克，坐樾事罢，而象贤代之。乃集土、汉兵七万以讨，鉴惧，仰药死，择那氏后立之。

——《明史》卷一百九十八《毛伯温传附鲍象贤传》

（徐）樾，字子直，贵溪人。举进士。历官云南左布政使。元江土酋那鉴反，诈降。樾信之，抵其城下，死焉。

——《明史》卷二百八十三《王畿传附徐樾传》

嘉靖中……复调其（刀宁息）子刀仁，亦率兵千人，征那鉴，克鱼复寨。初，镇沅印为那氏所夺，至是得印以献，命给之。

——《明史》卷三百十三《土司传四·云南土司传一·镇沅》

安铨（附凤朝文、凤继祖、阿克）

安铨，寻甸土舍。寻甸土知府安氏，成化时改流，降安氏为马头。嘉靖六年（1527）冬，寻甸知府马性鲁征差发银，安铨抗限不纳，马性鲁遂将其拘捕入狱。安铨妻凤氏是武定土司凤朝文之妹，去监狱送饭时被下狱毒打。安铨出狱后，聚众反抗，自称知府，攻陷寻甸、嵩明，杀指挥王升、唐功，千户郭彬、赵俸等，马性鲁弃城走。巡抚欧阳重调土兵进剿，令凤朝文率武定土兵屯禄劝厂江。七年（1528），凤朝文亦反，杀同知以下官吏，劫夺府州印信，与安铨合攻云南省城，滇中大扰。朝廷以伍文定为兵部尚书兼右都御史提督云、贵、川湖等处军务，调四镇土汉官兵讨伐。朝文取道霑益，拟奔东川，在汤郎箐被肢解而死。安铨逃回寻甸老巢，被官兵攻破，欲往芒部，为土舍禄庆所执，安凤之乱平。安铨、凤朝文皆被斩首示众，其财产被没收，家属戍守边疆。

凤朝文兄朝明，正德十五年（1520）死，子诏尚幼，乃由朝明妾瞿氏代政。嘉靖十二年（1533），凤诏奉命征蒙自、嵋峨，卒于军前，瞿氏以其母亲的身份承袭土知府之职。十六年（1537），命瞿氏掌印。四十二年（1563），瞿氏以年老，推举凤诏的妻子索林取代自己。索林袭职后，有失于侍奉婆婆的礼节，瞿氏大怒，遂收养异姓子继祖入凤氏宗族，并欲废除索林，以继祖继承。索林谋诛继祖，不料事情泄露，继祖遂大举发兵围攻府衙，劫掠和曲、禄劝等州县。索林抱印逃到省城，巡抚曹忭下令收印，逮捕其身边的郑竑，令瞿氏暂时处理府事，同时宽免凤继祖，责令其改过自新。四十五年（1566），武定新城完工，巡抚吕光洵派郑竑回府恢复常业，凤继祖执而杀之，并率众攻打新城，终因寡不敌众，逃亡东川，为土官斩杀。

凤继祖被诛后，武定改流，但凤氏仍得任经历之官。凤继祖有侄阿克，又名凤腾霄，徙居金沙江外，郑举等诱惑阿克作乱，直接攻陷武定，大肆劫掠，又接连攻克元谋、罗次等城。后得官印，退入武定，立阿克为知府。万历三十六年（1608），阿克、郑举等被生擒，送至京师，被处以磔刑。武定平定，全部设置流官。

武定，南诏三十七部之一。……嘉靖七年（1528），土舍凤朝文作乱。杀同知以下官吏，劫州印，举兵与寻甸贼安铨合犯云南府，抚臣以闻。时安铨未平，朝文复起，滇中大扰。诏以右都御史伍文定为兵部尚书，提督云、贵、川、湖军务，调四镇土汉官军讨贼。五月，黔国公沐绍勋疏言："臣奉命会同巡抚等调发官军，分道剿抚。诸贼抗逆，执留所遣官军二人，所调集各土舍，又重自疑畏。臣谨以便宜榜示，先给冠带，待后奏请承袭，众始感奋。于二月进兵，击斩强贼十余人，贼奔回武定。乞敕部授臣方略，俾获便宜行事，并宥各土舍往罪，凡有功者，俱许承袭，作其敌忾之气。"帝纳之，赐敕奖励。贼既败归，其党稍散。初，朝文绐其众，谓武定知府凤诏母子已毙，朝廷且尽剿武定蛮众。至是，凤诏同其母率众自会城往，蛮民相顾错愕，咸投凤诏降。朝文计无所出，绝普渡而走，官兵追及，复败之。朝文率家奴数人，取道霑益州，奔至东川之汤郎箐，为追兵所及，磔死。铨众犹盛，遁据寻甸故巢，列寨数十。官兵分哨夹攻之，诸寨先后破，乃并力攻拔其必古老巢。铨奔东川，入芒部，为土舍禄庆所执，贼平。是役也，生擒渠贼千余人，斩首二千九百余级，俘获男妇千二百余，抚散蛮党二万有奇，夺器械牛马无算。捷闻，铨、朝文皆枭示，籍其产，家属戍边。

十六年（1537）命土知府瞿氏掌印。……四十二年（1563），瞿氏老，举凤诏妻索林自代。比索林袭，遂失事姑礼。瞿氏大恚，乃收异姓儿继祖入凤氏宗，挟其甥婿贵州水西土舍安国亨、四川建昌土官凤氏兵力，欲废索林，以继祖嗣。不克，乃具疏自称为索林囚禁，令继祖诣阙告之。继祖归，诈称受朝命袭职，驱目兵逼夺府印。索林抱印奔会城，抚按官谕解之。索林归武定，视事如故，而复听继祖留瞿氏所，于是妇姑嫌隙益甚。索林谋诛继祖，事泄，继祖遂大发兵围府，行劫和曲、禄劝等州县，杀伤调至土官王心一等兵。索林复抱印走云南，巡抚曹忭下令收印，逮其左右郑竑系狱，令瞿氏暂理府事；贷继祖，责其自新。

……四十五年（1566）筑武定新城成，巡抚吕光洵遣郑竑回府复业。郑竑者，前为索林谋杀继祖者也。继祖执而杀之，纠众攻新城。……镇巡官促诸道兵并进，逼继祖东山寨，围之。继祖惧，携泽及索林走照姑。已，复杀泽。官军追之急，由直勒渡过江，趋四川，依东川妇家阿科等。巡按刘思问以状闻，敕云南、四川会兵讨贼。

初，继祖之走东川也，土官凤氏与之通。已而见滇、蜀官军与土舍禄绍先等兵皆会，乃背继祖，发卒七千人来援，继祖益穷。贼帅者色赴绍先营降，斩继祖以献。

……

万历三十五年（1607），继祖侄阿克久徙金沙江外，贼党郑举等诱阿克作乱，阴结江外会川诸蛮，直陷武定，大肆劫掠。连破元谋、罗次诸城，索府印。会流官知府携印会城，不能得。贼以无印难号召，劫推官，请冠带、印信。镇抚以兵未集，惧，差人以府印授之。贼退入武定，立阿克为知府。镇抚调集土兵，分五路进剿，克复武定，元谋、罗次、禄丰、嵩明等州县，擒阿克及其党至京师，磔于市。武定平，遂悉置流官。

——《明史》卷三百十四《土司传五·云南土司传二·武定》

（万历）三十五年十二月（1608年初），金沙江蛮阿克叛，陷武定，攻围云南，别陷嵩明、禄丰。

三十六年（1608）九月甲午，四川巡抚都御史乔璧星奏擒阿克于东川，贼平。

——《明史》卷二十一《神宗本纪二》

……（沐）绍勋嗣。寻甸土舍安铨叛，都御史傅习讨之，败绩。武定土舍凤朝文亦叛，与铨连兵攻云南，大扰。世宗遣尚书伍文定将大军征之。未至，而绍勋督所部先进，告土官子弟当袭者，先予冠带，破贼后当为请。众多奋战，贼大败。朝文绝普渡河走，追斩之东川。铨还寻甸，列砦数十，官军攻破之，擒铨于芒部。先后擒贼党千余人，俘斩无算。时嘉靖七年（1528）也。

——《明史》卷一百二十六《沐英传附沐绍勋传》

隆庆初，（沐朝弼）平武定叛酋凤继祖，破贼巢三十余。

——《明史》卷一百二十六《沐英传附沐朝弼传》

（沐）昌祚初以都督佥事总兵官镇守，久之嗣公爵。……以病，命子叡代镇。武定土酋阿克叛，攻会城，胁府印去。叡被逮下狱，昌祚复理镇事。

——《明史》卷一百二十六《沐英传附沐昌祚传》

（嘉靖）五年（1526）闻（杨）廷和疾，驰至家。廷和喜，疾愈。还永昌，闻寻甸安铨、武定凤朝文作乱，率僮奴及步卒百余，驰赴木密所与守臣击败贼。

——《明史》卷一百九十二《杨慎传》

伍文定，字时泰，松滋人。……（嘉靖）六年（1527）召拜兵部右侍郎。其冬擢右都御史，代胡世宁掌院事。云南土酋安铨反，败参政黄昭道，攻陷寻甸、嵩明。明年，武定土酋凤朝文亦反，杀同知以下官，与铨合兵围云南。

——《明史》卷二百《伍文定传》

欧阳重，字子重，庐陵人。……嘉靖六年（1527）春拜右佥都御史，巡抚应天。会寻甸土酋安铨、凤朝文反，廷议以重谙滇事，乃改云南。初，武定土知府凤诏母子坐事留云南，朝文绐其众，言谓已戮，官军将尽灭其部党，以故诸蛮悉从为乱，攻围会城。重督兵击败之，而遣诏母子还故地。其党愕，相率归之。朝文计穷，绝普渡河走。追兵至，歼焉。铨逃寻甸故巢。官军攻破其砦，执铨，贼尽平。

——《明史》卷二〇三《欧阳重传》

谭纶，字子理，宜黄人。……（嘉靖）四十四年（1565）冬，起故官，巡抚陕西。未上而大足民作乱，陷七城。诏改纶四川，至已破灭。云南叛酋凤继祖遁入会理，纶会师讨平之。

——《明史》卷二百二十二《谭纶传》

（万历）三十六年（1608），云南阿克反，起（刘）綎讨贼总兵官。未至，贼已平，寝前命。

——《明史》卷二百四十七《刘綎传》

苏梦旸，万历间，为云南禄丰知县。三十五年十二月（1608年初），武定贼凤腾霄反，围云南府城，转寇禄丰。梦旸率民兵出城力战，贼退去。明年元旦，方朝服祝厘，贼出不意袭陷其城，执之去，不屈死。……当禄丰之未陷也，贼先犯嵩明州，吏目韦宗孝出御而败，合门死之。……有龙旌者，赵州人，由岁贡生为嵩明州学正。贼薄城，被执，骂贼死。赠国子博士。

——《明史》卷二百九十《忠义传二·苏梦旸传》

云南，滇国也。……及承平久，文网周密，凡事必与太监抚、按、三司会议后行，动多掣肘，土官子孙承袭有积至二三十年不得职者。土官复慢令玩法，无所忌惮；待其罪大恶极，然后兴兵征剿，致军民日困，地方日坏。大学士杨一清等因武定安铨之乱，痛切陈之。

——《明史》卷三百十三《土司传四·云南土司传一·云南》

景东部皆僰种，性淳朴，习弩射，以象战。历讨铁索、米鲁、那鉴、安铨、凤继祖诸役，皆调其兵及战象。

——《明史》卷三百十三《土司传四·云南土司传一·景东》

嘉靖中征安铨，调镇沅兵千人，命刀宁息领之。

——《明史》卷三百十三《土司传四·云南土司传一·镇沅》

寻甸，古滇国地，……嘉靖六年（1527），安铨作乱，乃土舍之失职者也，侵掠嵩明、木密、杨林等处。巡抚傅习檄守巡官讨之，大败，贼遂陷寻甸、嵩明，杀指挥王昇、唐功等，知府马性鲁弃城走。时武定凤朝文叛，铨与之合，久之伏诛，事详前传。

——《明史》卷三百十四《土司传五·云南土司传二·寻甸》

严清

严清（1524—1590），字公直，号寅所，云南后卫（今昆明）人，祖籍浙江嘉兴。嘉靖二十三年（1544）进士。历任四川富顺知县、直隶邯郸知县、保定知府、陕西参政、四川按察使、右布政使，有政声。隆庆二年（1568），以右佥都御史巡抚四川。时陕西盗贼流窜入境，巡按御史王廷瞻弹劾严清放纵盗贼，大学士赵贞吉进言勿罢严清，然未得允许，仍将严清解官听调，严清遂不出。万历二年（1574），起用为山西巡抚，未赴任，改为贵州。历任两京大理卿，累升为刑部尚书。张居正当国，各部尚书不附者只有严清。张居正卒后，查抄冯保家廷臣送礼名册，独无严清之名。时吏部尚书梁梦龙罢，遂以严清接替。才半年，即因病辞官。十五年（1587），特诏起补兵部尚书，然因病不能赴任，三年后卒。赠太子太保，谥恭肃。著有《冰玉堂集》。严清居官廉洁，不阿权贵，实心任事，深得民心，是有明一代云南杰出的廉吏。

严清，字公直，云南后卫人。嘉靖二十三年（1544）进士。除富顺知县。公廉恤民，治声大起。忧归，补邯郸。入为工部主事，历郎中。董作京师外城，修九陵，吏无所侵牟，工成加俸。连丁内外艰。服除，补兵部，擢保定知府。故事，岁籍民充京师库役，清罢之。振荒弭盗，人以比前守吴岳。历迁易州副使，陕西参政，四川按察使、右布政使。并以清望，荐章十余上。

隆庆二年（1568）以右佥都御史巡抚贵州。未上，改四川。清久宦川中，僚吏惮其风采，相率厉名行，少墨败者。郡县卒岁团操成都，清罢之。番人入贡，裁为定额。痛绝强宗悍吏，毁者亦众。陕西贼流入境，巡按御史王廷瞻劾清纵寇。大学士赵贞吉言："贼起郧、陕，贻害川徽，即有罪，当罪守土臣，不宜专责巡抚。臣蜀人，深知清约已爱人，省事任怨。今蜀地岁荒民流，方倚清如父母，奈何弃之。任事臣欲为国家利小民，必得罪豪右。论者不察，动以深文求之。顷海瑞既去，若清复罢，是任事之臣皆不免弹击，惟全躯保位为得计矣。"疏奏，不允，命解官听调。清遂不出。

万历二年（1574）起抚山西。未赴，改贵州。历两京大理卿，三迁刑部尚书。张居正当国，尚书不附丽者独清。居正既卒，籍冯保家，得廷臣馈遗籍，独无清名，神宗深重焉。会吏部尚书梁梦龙罢，即以清代。日讨故实，辨官材，自丞佐下皆亲署，无一幸进者。中外师其廉俭，书问几绝。甫半岁，得疾归。帝数问阁臣："严尚书病愈否？"十五年（1587），兵部缺尚书。用杨博故事，特诏起补。遣使趣行，而清疾益甚，不能赴。又三年卒。赠太子太保，谥恭肃。

清初拜尚书，不能具服色，束素犀带以朝。或嘲之曰："公释褐时，七品玳瑁带犹在耶？"清笑而已。

——《明史》卷二百二十四《严清传》

孙鑨，字文中。……（万历）二十一年（1593）大计京朝官，力杜请谒。……考功郎中赵南星亦自斥其姻。……帝以鑨不引罪，夺其俸，贬南星三官，……鑨遂乞休，且白南星无罪。于是……员外郎陈泰来，……交章讼南星冤，而泰来词尤切。其略曰："……夫以吏部议留一二庶僚为结党，则两都大僚被拾遗者二十有二人，而阁臣议留者六，詹事刘虞夔以锡爵门生而留，独可谓之非党耶？且部权归阁，自高拱兼摄以来，已非一日。尚书自张瀚、严清而外，……莫不奔走承命。……"

——《明史》卷二百二十四《孙鑨传》

陈有年，字登之，余姚人。……故事，吏部尚书未有以他官起者。屠滽掌都察院，杨博、严清掌兵部，皆用原衔领之。

——《明史》卷二百二十四《陈有年传》

赞曰：古者冢宰统百官，均四海，即宰相之任也。后代政柄始分，至明中叶，旁挠者众矣。严清诸人，清公素履，秉正无亏，彼岂以进退得失动其心哉。

——《明史》卷二百二十四末

魏允贞，字懋忠，南乐人。……治行最，征授御史。吏部尚书梁梦龙罢。允贞言："铨衡任重。往者会推之前，所司率受指执政或司礼中官，以故用非其人。"帝纳其言，特用严清，中外翕服。

——《明史》卷二百三十二《魏允贞传》

赵重华

赵重华（1556—？），云南太和（今大理）人。据朱国祯《涌幢小品》卷二十《万里寻亲》条载：重华父廷瑞，少读书，能文章，习术数。补弟子员，屡次省试不第，遂优游山水。尝游中州，登泰山，过阙里。在浙江，与侯一元（号二谷）、陈善（号敬亭）交游。到湖州访茅坤（号鹿门），时万历三年（1575），年已六十，在江湖已有十三年。又五年，乃匿锡山道中。此时，重华已然年长，葬母、嫁姊妹后，遂向知府请路条出，并题壁曰："少小违亲十五年，思亲不见日凄然。从今即与家人诀，不睹亲颜誓不还。"又在背后写明"万里寻亲"。另用数千张纸写上其父年龄、相貌、籍贯，张贴在所经过的州县城市。重华西去武当山，过太子岩，上有字迹，云："嘉靖四十四年十二月二十二日,云南大理府人赵廷瑞朝山至此。"重华见此,大哭,遂在后面写道:"万历六年十二月二十二日,云南大理府赵廷瑞之子重华踪父至此。"后来,终于在无锡南禅寺找到父亲。父子相见,相对恸哭。住了几天,便回云南。这就是赵重华万里寻亲的故事。

关于太子岩记月日,《明史》作"十二月十二日",与《涌幢小品》异。师范《滇系·典故系八》据《涌幢小品》而录。袁嘉毂《滇绎》卷三《赵重华》条云"太和赵廷瑞字重华","字"当为"子"。

赵重华,云南太和人。七岁时,父廷瑞游江湖间,久不返。重华长,谒郡守请路引,榜其背曰"万里寻亲"。别书父年貌、邑里数千纸,所历都会州县遍张之。西祷武当山,经太子岩,岩阴有字曰:"嘉靖四十四年十二月十二日(1566年1月3日),赵廷瑞朝山至此。"重华读之,恸曰:"吾父果过此,今吾之来月日正同,可卜相逢矣。"遂书其后曰:"万历六年十二月十二日(1579年1月8日),赵廷瑞之子重华,寻父至此。"久之竟无所遇。过丹阳,盗攫其资,所遗独路引。且行且乞,遇一老僧呼问其故,笑曰:"汝父客无锡南禅寺中。"语讫忽不见。重华急趋至寺,果其父,出路引示之,相与恸哭。留数日,乃还云南。

——《明史》卷二百九十七《孝义传二·赵重华传》

者继荣

者继荣(?—1585),罗雄州(今罗平)土知州。父浚,嘉靖时袭职,杀营长而夺其妻,生子继荣。者浚年老且仅有继荣一子,乃以继荣袭职。万历九年(1581),调罗雄兵征缅,继荣将出征,恐浚为祸患,遂将其杀害;且继荣荒淫无道,不容于众。有妖道王道、张道认为继荣有特异之相,奉其为主,煽聚党徒起兵,惟继荣表弟隆有义不从。十三年(1585)冬,继荣分派党徒四处抢劫,师宗、陆凉等府州都遭受祸患。巡抚刘世曾传檄征召各路进军,命刘綎等分路讨伐。刘綎连续攻破三座营寨,斩杀王、张两道士,并将逃亡士兵追至阿拜江,隆有义部下斩杀继荣,最终平定叛乱,改土归流。

无何,罗雄变起。罗雄者,曲靖属州也,者氏世为知州。嘉靖时,者浚嗣职,杀营长而夺其妻,生子继荣。浚年老无他子,继荣得袭职,遂弑浚。妖僧王道、张道以继荣有异相,奉为主。用符术炼丁甲,煽聚徒党,独外弟隆有义不从。(万历)十三年(1585)冬,继荣分党四剽,广西师宗、陆凉诸府州咸被患。巡抚刘世曾檄调汉土军，属监司程正谊、郑璧等分御之。会（刘）綎解官至霑益，世曾喜，令与裨将刘绍桂、万鳌分道讨。綎直捣继荣寨，拔之，获其妻妾数人，继荣逸去。綎连克三砦，斩王道、张道，追亡至阿拜江。隆有义部卒斩继荣首以献，贼尽平。……初，綎破继荣，有论其私财物者，功不录。

——《明史》卷二百四十七《刘綎传》

曲靖，隋恭、协二州地。……嘉靖中，罗雄知州者濬杀营长，夺其妻，生子继荣，稍长即持刀逐濬。濬欲置之死，以其母故不忍。及濬请老，以继荣代袭，继荣遂逐濬。濬诉之镇巡官，命迎濬归。继荣阳事之，实加禁锢。万历九年（1581）调罗雄兵征缅。继荣将行，恐留濬为难，遂弑濬。时霑益土知州安世鼎死，妻安素仪署州事，亦提兵赴调。继荣与之合营，通焉，且倚霑益兵力为助。师过越州，留土官资氏家，淫乐不进。知州越应奎白于兵备，将擒之，继荣走，遂聚众反。攻破陆凉鸭子塘、陡陂诸寨。筑石城于赤龙山，据龙潭为险，广六十里。名己所居曰"龙楼凤阁"，环以群寨，实诸军士妻女其中。十三年（1585），巡抚刘世曾乃檄诸道进兵。适刘綎破缅解官回，世曾以兵属綎。綎遂驰赴普鲊营，直捣赤龙寨，斩贼渠帅，继荣遁去。綎复连破三寨，降其众一万七千人，追奔至阿拜江，斩继荣，贼平。世曾请筑城，改设流官，乃以何倓为知州，者继仁为巡检。未几，蛮寇必大反，杀继仁，执倓。参将蔡兆吉等讨定之，乃改罗雄州曰罗平，设千户所曰定雄。

——《明史》卷三百十三《土司传四·云南土司传一·曲靖》

猛廷瑞

猛廷瑞（？—1597），一作"勐廷瑞"，顺宁末代土知府。自幼豪放任性。万历时，大侯州奉（一作"俸"）敕、奉学兄弟不和。奉学倚仗岳父猛廷瑞，与兄奉敕交战不休。二十五年（1597），被诬与奉学反。神宗以为奉学罪在不赦，责令猛廷瑞擒献自赎。廷瑞不得已，斩奉学以献。参将吴显忠觊觎廷瑞财富，又进一步捏造廷瑞有造反的情况，巡抚陈用宾、巡按张应扬遂会同奏报，得旨大剿。廷瑞献印献子，以听候命令，却不得允。吴显忠率兵入廷瑞寨，掠取猛氏十八代所储蓄的赀财数百万，诱骗廷瑞到省城将其拘捕，向朝廷献捷。廷瑞所统领的十三寨颇为义愤，遂聚兵造反，被官兵剿灭。二十六年（1598），顺宁改流，结束了猛氏土知府在顺宁的统治。四十二年（1614），巡按毛勘上书为猛廷瑞昭雪，赠中宪大夫资治少尹，民间立猛公祠祭祀。中华人民共和国成立后，罗筱池、杨香池根据猛廷瑞的史实，编写成滇剧《双冤案》。又，顺宁猛氏好学，嘉靖末至万历初的土知府猛寅尝纂《顺宁府志》，购经史子集，建万卷楼以藏。

顺宁府，本蒲蛮地，名庆甸。……顺宁与大侯接境。万历中，大侯土舍奉赦、奉学兄弟不相能。奉学倚妻父土知府猛廷瑞，与兄赦日构兵。巡抚陈用宾檄参将李先著、副使邵以仁勘处。以仁袭执廷瑞，因请改顺宁为流官。先著被檄，极言不可讨，被谤语，逮下狱瘐死。然廷瑞实无反谋，以参将吴显忠觊其富，诬以助恶，索金不应，遂逸于巡按张应扬，转告巡抚陈用宾。廷瑞大恐，不得已斩奉学以献。显忠益诬其阴事，傅以反状，抚按会奏，得旨大剿。廷瑞出，献印献子以候命，不从。显忠帅兵入其寨，尽取猛氏十八代蓄货数百万，诱廷瑞至会城执之，献捷于朝。于是所部十三寨尽愤，始聚兵反，官兵悉剿除之，并杀其子。以仁超擢右都御史，荫子。未几坐大辟，系狱，应扬亦病卒。人以为天道云。

——《明史》卷三百十三《土司传四·云南土司传一·顺宁府》

湾甸，蛮名细睒。……万历十一年（1583），土官景宗真率弟宗材导木邦叛贼罕虔入寇姚关，宗真死于阵，擒宗材斩之。景真子幼，贷死，降为州判官。后从讨猛廷瑞有功，复旧职。

——《明史》卷三百十四《土司传五·云南土司传二·湾甸》

大侯，蛮名孟祐，百夷所居。……万历中，土目奉学婿于顺宁知府猛廷瑞，后巡抚陈用宾诬奏廷瑞与学反状，廷瑞斩奉学首以献，学兄赦守大侯如故。

——《明史》卷三百十四《土司传五·云南土司传二·大侯》

包见捷

包见捷（？—1622）[①]，字汝钝，号太瀛，云南临安卫（今建水）人。万历十七年（1589）进士，改庶吉士。二十一年（1593）授户科给事中，屡迁户科都给事中。二十六年（1598），李本立奏请采珠广东，神宗命内监李敬偕往，

[①] 按：包见捷卒年，一般认为是1621年。考《明熹宗实录》卷十六，天启元年十一月丁卯（三十日）："吏部尚书周嘉谟封印乞归，上传令左侍郎包见捷署。……见捷等亦疏催嘉谟视事。"本日已是公元1622年1月11日。卷十九，天启二年二月癸未："赠原任吏部左侍郎包见捷工部尚书，予祭葬如例。"则包见捷卒于1622年无疑。

包见捷立请罢之，不纳。千户李仁请求征收湖口商船的税，主簿田应璧请求出卖两淮没收到官府的剩余的盐，神宗派内监李道、鲁保前往办理，包见捷等极陈利害，神宗不听，且下旨不许再渎。李道、鲁保具有节制相关官员的权力，包见捷上书陈说许多不方便的地方，神宗亦不答复。彼时，矿监、税监遍布各地，民不聊生，包见捷屡谏其害，神宗心里记恨。二十七年（1599）三月，包见捷等又上疏言矿市之害，神宗怒，谪包见捷为贵州布政司都事。不久，包见捷托病辞去。三十四年（1606），起用为兴业知县。四十三年（1615）七月，由户部山东司主事升为尚宝司少卿。八月，主考广东。四十六年（1618）正月，由太仆寺少卿升右佥都御史巡抚江西。次年十一月引疾乞归，不允。泰昌元年（1620）八月，升任吏部侍郎。天启元年（1621）年七月，荫包见捷子嘉麒入国子监读书。卒，赠工部尚书，予祭葬如例。著有《云南通志草》，刘文徵纂天启《滇志》即取为蓝本。又有《缅略》，收入师范《滇系》、王崧《云南备征志》。

包见捷，云南临安卫人。万历十七年（1589）进士。改庶吉士，授户科给事中，屡迁都给事中。

奸人李本立请采珠广东，帝命中官李敬偕往。见捷极言其害，不听。时小人蜂起言利。千户李仁①请税湖口商舟，命中官李道往。主簿田应璧请卖两淮没官余盐，令税使鲁保兼理。见捷等并力争。顷之，令道、保节制有司。见捷又陈不便者数事。皆不报。益都知县吴宗尧劾税使陈增不法，见捷因请尽罢矿税。无已，先撤增还。未几，天津税使王朝死，见捷请勿遣代。忤旨，切责。以马堂代朝。见捷又劾堂、保及浙江刘忠。帝不纳，益遣高寀、暨禄、李凤榷税于京口、仪真、广东，并专敕行事。又以奸人阎大经言，命高淮征税辽东。见捷等累请停罢，至是言："辽左神京肩臂，视他镇尤重。奸徒敢为祸首，陛下不惩以三尺，急罢开采，则辽事必不可为，而国步且随之矣。"辽东抚按及山海主事吴钟英相继争。皆不纳。

时中外争矿税者无虑百十疏，见捷言尤数，帝心衔之。居数日，又率司官极论，乃谪见捷贵州布政司都事，余停俸一年。大学士沈一贯、给事中赵完璧等先后论救，完璧等亦坐停俸。见捷寻引疾去。

三十四年（1606）起兴业知县。累迁太仆少卿。久之，以右佥都御史巡

---

① 按：李仁，《明神宗实录》卷三百二十四，万历二十六年七月丙戌条作"朱仁"。

抚江西。光宗即位，召拜吏部右侍郎①。明年卒官。

——《明史》卷二百三十七《包见捷传》

万历二十六年（1598），以鸿胪寺主簿田应璧奏，命中官鲁保鬻两淮没官余盐。给事中包见捷极陈利害。不听。

——《明史》卷八十《食货志四·盐法》

隆庆六年（1572）诏云南进宝石二万块，广东采珠八千两。神宗立，停罢。既而以太后进奉，诸王、皇子、公主册立、分封、婚礼，令岁办金珠宝石。复遣中官李敬、李凤广东采珠五千一百余两。给事中包见捷力谏。不纳。至（万历）三十二年（1604）始停采。

——《明史》卷八十二《食货志六·珠池》

王元翰

王元翰（1565—1633），字伯举，号聚洲，云南宁州（今华宁）人。万历二十九年（1601）进士，选翰林院庶吉士。历任吏科给事中、工科右给事中。力持清议，屡陈朝廷弊病。三十六年（1608），云南武定阿克之乱平，元翰上《滇患孔殷维桑虑切疏》《滇民不堪苛政疏》，指出阿克之变，实"由百姓苦于有司之剥削"；朝廷兴矿税，剥削无休止，民间怨气日积，乱败纷至，应"罢榷税，复金额"，方可转危为安。三十七年（1609）二月，云南道御史郑继芳弹劾王元翰贪婪不法，元翰奏辩，而刘文炳、王绍徽等一起攻击之，南京给事中金士衡、御史刘兰等合词申救而不得明断，且元翰被视为东林党人。三月，元翰拜疏辞朝。六月，以擅自去官，降刑部检校。三十九年（1611）大计，以"浮躁浅露"降一级调外任，遂南游，四十一年（1613）归滇家居。天启时，累迁刑部主事（一说工部主事），后被削籍。崇祯元年（1628）四月，以品望年力可用酌起。二年（1629）五月，吏部起用王元翰，不许，自是寄寓南京，六年（1633）卒。著有《未焚草》《凝翠集》《王谏议疏草》《王谏议尺牍》等。今人孙秋克有《王元翰年谱》，较全面而切实地展现了王氏一生行实，包括宦海沉浮、文学创作、平生交游等。

王元翰，字伯举，云南宁州人。万历二十九年（1601）进士。选庶吉士。三十四年（1606）改吏科给事中。意气陵厉，以谏诤自任。时廷臣习偷惰，

---

① 按：吏部右侍郎，"右"字，《明光宗实录》卷三，泰昌元年八月戊申条作"左"。

法度尽弛。会推之柄散在九列科道。率推京卿，每署数倍旧额。而建言诸臣，一斥不复。大臣被弹，率连章诋讦。元翰悉疏论其非。

寻进工科右给事中，巡视厂库，极陈惜薪司官多之害。其秋上疏，极言时事败坏，请帝昧爽视朝，廷见大臣，言官得随其后，日陈四方利病。寻复陈时事，言："辅臣，心膂也。朱赓辅政三载，犹未一觌天颜，可痛哭者一。九卿强半虚悬，甚者阖署无一人。监司、郡守亦旷年无官，或一人绾数符。事不切身，政自苟且，可痛哭者二。两都台省寥寥几人。行取入都者，累年不被命。庶常散馆亦越常期。御史巡方事竣，遣代无人。威令不行，上下胥玩，可痛哭者三。被废诸臣久沦山谷。近虽奉诏叙录，未见连茹汇征。苟更阅数年，日渐销铄。人之云亡，邦国殄瘁，可痛哭者四。九边岁饷缺至八十余万，平居冻馁，脱巾可虞；有事怨愤，死绥无望。塞北之患未可知也。京师十余万兵，岁縻饷二百余万，大都市井负贩游手而已。一旦有急，能驱使赴敌哉？可痛哭者五。天子高拱深居，所恃以通下情者，只章疏耳，今一切高阁。慷慨建白者莫不曰'吾知无济，第存此议论耳'。言路惟空存议论，世道何如哉？可痛哭者六。权税使者满天下，致小民怨声彻天，降灾召异。方且指殿工以为名，借停止以愚众。是天以回禄警陛下，陛下反以回禄剥万民也。众心离叛，而犹不知变，可痛哭者七。郊庙不亲，则天地祖宗不相属；朝讲不御，则伏机隐祸不上闻。古今未有如此而天下无事者。且青宫辍讲，亦已经年，亲宦官宫妾，而疏正人端士，独奈何不为宗社计也？可痛哭者八。"帝皆不省。

武定贼阿克作乱。元翰上言："克本小丑，乱易平也。至云南大害，莫甚贡金、榷税二事。民不堪命，至杀税使，而征榷如故。贡金请减，反增益之。众心愤怒，使乱贼假以为名。贼首纵扑灭，虐政不除，滇之为滇，犹未可保也。"俄言："矿税之设，本为大工。若捐内帑数百万金，工可立竣，毋徒苦四方万姓。"疏皆不报。寻两疏劾贵州巡抚郭子章等凡四人，言："子章曲庇安疆臣，坚意割地，贻西南大忧。且尝著《妇寺论》，言人主当隔绝廷臣，专与宦官宫妾处，乃相安无患。子章罪当斩。"不纳。

先是，廷推阁臣。元翰言李廷机非宰相器。已而黄汝良推吏部侍郎，全天叙推南京礼部侍郎。汝良，廷机邑人；天叙，朱赓同乡也。元翰极论会推之弊，讥切政府，二人遂不用。至是，将推两京兵部尚书萧大亨、孙鑛为吏部尚书。元翰亦疏论二人，并言职方郎申用懋为大亨谋主，太常少卿唐鹤征为鑛谋主，亦当斥。寻因灾异，乞亟罢赓、大亨及副都御史詹沂。且言："近更有二大变。大小臣工志期得官，不顾嗤笑，此一变也。陛下不恤人言，甚至天地谴告，亦悍然弗顾，此又一变也。有君心之变，然后臣工之变因之。在今日，挽天地洪水寇贼之变易，挽君心与臣工之变难。"又言："陛下三十年培养之人才，半扫除于申时行、王锡爵，半禁锢于沈一贯、朱赓。"因荐邹元标、顾宪成等十余人。无何，又劾给事中喻安性、御史管橘败群丛秽，皆不报。掌厂内官王道不法，疏暴其罪，亦弗听。

元翰居谏垣四年，力持清议。摩主阙，挂贵近，世服其敢言。然锐意搏击，毛举鹰鸷，举朝咸畏其口。吏科都给事中陈治则与元翰不相能。御史郑继芳，其门人也，遂劾元翰盗库金，克商人赀，奸赃数十万。元翰愤甚，辨疏诋继芳北鄙小贼，语过激。于是继芳党刘文炳、王绍徽、刘国缙等十余疏并攻之，而史记事、胡忻、史学迁、张国儒、马孟祯、陈于廷、吴亮、金士衡、高节、刘兰辈则连章论救。帝悉不省。元翰乃尽出其筐箧，舁置国门，纵吏士简括，恸哭辞朝而去。吏部坐擅离职守，谪刑部检校。后孙丕扬主京察，斥治则、国缙等，亦以浮躁坐元翰，再贬湖广按察知事。

方继芳之发疏也，即潜遣人围守元翰家。及元翰去，所劾赃无有，则谓寄之记事家。两党分争久不息。而是时劾李三才者亦指其贪，诸左右元翰者又往往左右三才，由是臣僚益相水火，而朋党之势成矣。

天启初，累迁刑部主事。魏忠贤乱政，其党石三畏劾之，削籍。庄烈帝即位，复官。将召用，为尚书王永光所尼。元翰乃流寓南都，十年不归。卒，遂葬焉。

——《明史》卷二百三十六《王元翰传》

王图，字则之，耀州人。……叶向高独相久，图旦夕且入阁，忌者益众。适将京察，恶东林及李三才、王元翰者，设词惑丕扬，令发单咨是非，将阴为钩党计。图急言于丕扬，止之。群小大恨。

——《明史》卷二百十六《王图传》

李廷机，字尔张，晋江人。……廷机遇事有执，尤廉洁，帝知之。然性刻深，亦颇偏愎，不谙大体。……时内阁止朱赓一人。给事中王元翰等虑廷机且入辅，数阴诋之。（万历）三十五年（1607）夏，廷推阁臣，廷机果与焉。……帝雅重廷机，命以礼部尚书兼东阁大学士入参机务。廷机三辞始视事。元翰及给事中胡忻攻之不已，帝为夺俸，以慰廷机。

——《明史》卷二百十七《李廷机传》

朱赓，字少钦，浙江山阴人。……（万历）三十四年（1606），（沈）一贯、（沈）鲤去位，赓独当国，年七十有二矣。朝政日弛，中外解体。……赓以老，屡引疾，阁中空无人。……赓力疾请付廷推，乃用于慎行、李廷机、叶向高，而召王锡爵于家，以为首辅。给事中王元翰、胡忻以廷机之用，赓实主之，疏诋廷机并侵赓。

——《明史》卷二百十九《朱赓传》

孙丕扬，字叔孝，富平人。……久之，起南京吏部尚书，辞不就。及吏部尚书李戴免，帝难其代，以侍郎杨时乔摄之。时乔数请简用尚书。帝终念丕扬廉直，（万历）三十六年（1608）九月召起故官。屡辞，不允。明年四月始入都，年七十有八矣。三十八年（1610）大计外吏，黜陟咸当。……先是，南北言官群击李三才、王元翰，连及里居顾宪成，谓之东林党。而祭酒汤宾尹谕德顾天埈各收召朋徒，干预时政，谓之宣党、昆党；以宾尹宣城人，天埈昆山人也。御史徐兆魁、乔应甲、刘国缙、郑继芳、刘光复、房壮丽，给事中王绍徽、朱一桂、姚宗文、徐绍吉、周永春辈，则力排东林，与宾尹、天埈声势相倚，大臣多畏避之。至是，继芳巡按浙江，有伪为其书抵绍徽、国缙者，……及明年三月大计京官。丕扬与侍郎萧云举、副都御史许弘纲领其事，考功郎中王宗贤、吏科都给事中曹于汴、河南道御史汤兆京、协理御史乔允升佐之。故御史康丕扬、徐大化，故给事中钟兆斗、陈治则、宋一韩、姚文蔚，主事郑振先、张嘉言及宾尹、天埈、国缙咸被察，又以年例出绍徽、应甲于外。群情翕服，而诸不得志者深衔之。当计典之初举也，兆京谓明时将出疏要挟，以激丕扬。丕扬果怒，先期止明时过部考察，特疏劾之。旨下议罪，而明时辨疏复犯御讳。帝怒，褫其职。其党大哗。谓明时未尝要挟兆京，只以劾图一疏实之，为图报复。于是刑部主事秦聚奎力攻丕扬，为宾尹、大化、国缙、绍徽、应甲、嘉言辨。时部院察疏犹未下，丕扬奏趣之，因发聚奎前知绩溪、吴江时贪虐状。帝方向丕扬，亦褫聚奎职。由是党人益愤，谓丕扬果以伪书故斥绍徽、国缙，且二人与应甲尝攻三才、元翰，故代为修隙，议论汹汹。

——《明史》卷二百二十四《孙丕扬传》

杨时乔，字宜迁，上饶人。……（万历）三十一年（1603）冬，召拜吏部左侍郎。时李戴已致仕，时乔至即署部事。绝请谒，谢交游，止宿公署，苞苴不及门。……明年（三十五年，1607）大计外吏。……时（沈）一贯已罢，言路争击其党。而李廷机者，一贯教习门生也，阁臣阙，众多推之；惟给事中曹于汴、宋一韩，御史陈宗契持不可。时乔卒从众议。未几，又推黄汝良、全天叙为侍郎，诸攻一贯者，益不悦。给事中王元翰、胡忻遂交劾时乔。时乔疏辨，力求罢。

——《明史》卷二百二十四《杨时乔传》

金士衡，字秉中，长洲人。……士衡举万历二十年（1592）进士，授永丰知县，擢南京工科给事中。……给事中王元翰言军国机密不宜抄传，诏并禁章奏未下者。由是中朝政事，四方寂然不得闻。士衡力陈其非便。疏多不行。……寻擢南京通政参议。时元翰及李三才先后为言者所攻，士衡并为申雪。三十九年（1611）大计京官。掌南察者，南京吏部侍郎史继偕，齐、楚、浙人之党也，与孙丕扬北察相反，凡助三才、元翰者悉斥之。士衡亦谪两浙盐运副使，不赴。

——《明史》卷二百三十六《金士衡传》

叶向高，字进卿，福清人。……向高在相位，务调剂群情，辑和异同。然其时党论已大起，御史郑继芳力攻给事中王元翰，左右两人者相角。向高请尽下诸疏，敕部院评曲直，罪其论议颠倒者一二人，以警其余。帝不报。诸臣既无所见得失，益树党相攻。未几，又争李三才之事，党势乃成。

——《明史》卷二百四十《叶向高传》

当（魏）忠贤盛时，其党争搏击清流，献谄希宠。最著者，石三畏、……三畏，交河人。……及忠贤得志，三畏谄附之，遂授御史。……追论京察三变，力诋李三才……王元翰……十五人，而荐乔应甲、徐兆魁等十三人。于是三才等生者除名，死者追夺。

——《明史》卷三〇六《阉党传·石三畏传》

杨以成

杨以成（1566—1622），字太和，云南路南（今石林）人。万历中，由贡生任贵阳通判，管理毕节卫事。升同知，仍治毕节。天启二年（1622），安邦彦围贵阳，殉难，死难家属共十三人。五年（1625）正月，赠按察司佥事。崇祯元年（1628）四月，赠光禄卿。其详细事迹，见杨绳武、孙鹏所作传。

杨以成，云南路南人。万历中，由贡生授贵阳通判，理毕节卫事。秩满，进同知，仍治毕节。邦彦围贵阳，以成具蜡书乞援于云南巡抚沈儆炌。书发而贼已至，战却之。贼来益众，以成遣吏怀印间道趋省，身督吏民拒守。会援兵至，贼方夜逃，而卫吏阮世爵为内应，城遂陷。以成仓皇投缳，贼絷之去。乃为书述贼中情形，置竹筒中，遣弟以恭赴云南告变。至散纳溪，贼搜得其书，并以成杀之，家属死者十三人。赠按察佥事，赐葬。

——《明史》卷二百九十《忠义传二·徐朝纲传附杨以成传》

郑鼎，字尔调，龙溪人。……崇祯元年（1628），（杨）以成子举人兴南，……援（徐）朝纲例，请加恤，并赠光禄卿，世荫锦衣千户，予祭葬，有司建祠立坊，（杨）以恭亦附祀。

——《明史》卷二百九十《忠义传二·徐朝纲传附郑鼎传》

徐朝纲

徐朝纲（？—1622），云南晋宁人，万历二十八年（1600）举人。天启元年（1621），授安顺推官。次年，安邦彦反，攻安顺，朝纲殉难，子天凤甫第进士，即奔丧归。五年（1625）正月，赠光禄寺少卿，荫一子入监读书。六年（1626）十月，户部主事、朝纲子天凤奏："臣父徐朝纲于天启元年（1621）以贵州安顺府推官署府印。会安贼发难，力与兵民死守，不幸有土司温如璋、教官周国光开门延敌，臣父独力难支，急系府印向臣母诀别，出城督战。众寡不敌，为贼逻执，胁臣父降。臣父仰天骂贼，贼逼印信，臣父曰：'吾头可断，印不可得。'贼怒甚，刀斧交飞，臣父骂不绝口而死。臣母登楼自缢，臣嫂举火聚苇，阖门焚烁，拉十岁女儿跃入烈焰中，抱臣母身一处焚死。婢仆李二等十一人，并无噍类。臣侄徐应魁年才十六，独披甲持戈，溃围突出，遍寻臣父，为贼斋粉。臣时会试在京，久乃闻讣，茧足重跰，昼伏夜行八十日，抵父死所，从骨莽肉林中收父遗骸，从瓦砾灰烬中拾母嫂诸侄之残骨。查四川兴文县张振德阖家死难，蒙恩祭葬，立祠与谥，妻钱氏等一体旌表。臣父一门四世，臣死忠，妻死节，媳死姑，孙死祖，仆婢死主，从来未有之激烈也。"遂再赠光禄寺卿，改荫锦衣卫千户世袭，赐祭葬，建祠立坊，其妻媳孙男孙女义仆等，俱旌表，祔葬祔祠。《明史》记徐氏事，当本于天凤奏。

徐朝纲，云南晋宁人。万历二十八年（1600）举于乡。天启元年（1621），授安顺推官，至即署府事。明年，安邦彦反，来攻城，朝纲督兵民共守。土官温如璋等开门迎贼，朝纲奋怒督战，贼执之，逼降，不屈。索其印，骂曰："死贼奴，吾头可断，印不可得！"贼怒，刀斧交下而死。其妻闻之，登楼自缢。长子妇急举火焚舍，挈十岁女跃烈焰中死。孙应魁，年十六，持矛溃围出城觅其祖，遇贼被杀。婢仆从死者十一人。

五年（1625）正月恤殉难诸臣，赠朝纲光禄少卿，荫子入国学。子天凤甫第进士，即奔丧归，服阕，授户部主事。疏言："臣家一门，臣死忠，妻死节，妇死姑，孙死祖，婢仆死主。此从来未有之节烈，乞如张振德例，再加优恤。臣母、臣嫂，一体旌表。"帝深嘉之，再赠光禄卿，改荫锦衣世千户，赐祭葬，立祠建坊，诸从死者皆附祀。

——《明史》卷二百九十《忠义传二·徐朝纲传》

傅宗龙（附袁善）

傅宗龙（？—1641），字仲纶，号括苍，云南昆明人。万历三十八年（1610）进士，任四川铜梁知县，调巴县，入为户部主事。泰昌元年（1620），授山东道御史。天启元年（1621）九月，巡盐两浙。二年（1622），安邦彦反，包围贵阳。傅宗龙请求发放帑金接济云南将士；开发建昌，打通由蜀入滇道路；设偏沅巡抚等，熹宗多有采纳。又上疏请求亲往征讨，然因病回家，未能前去。四年（1624），巡按贵州兼监军，率云南阿迷州土司普名声等部士兵解贵阳之围。五年（1625），与蔡复一计谋，讨平乌粟、螺蛳、长田等部落，大败平越贼寇，十月上奏屯守方略。六年（1626），败安邦彦，斩老虫添，威名大震。四月，加太仆少卿兼山东道监察御史，仍管贵州巡按监军事务，后丁忧归。崇祯三年（1630），起任原官，不久即拜兵部右侍郎兼佥都御史，总督蓟、辽、保定军务，后因小故夺官。十年（1637），巡抚四川。十二年（1639），因杨嗣昌举荐，入朝任兵部尚书，后以违旨抗议下狱两年。十四年（1641）春，杨嗣昌死，以兵部尚书陈新甲荐被释，任兵部侍郎兼右佥都御史，总督陕西三边军务，专职征讨李自成。九月，率川、陕兵二万出关，十九日被俘而死。复官兵部尚书，加太子少保，谥忠烈，后避崇祯烈皇帝谥，改为忠壮。李根源辑有《傅忠壮公文集》一卷、《诗集》一卷，收入《明滇南五名臣遗集》。

又有昆明人袁善，字复虚。历官松潘参将，不久罢归。天启初，为巡抚沈儆炌起用，带兵援救嵩明，大破禄千钟，后又多次立功。天启二年（1622）八月，以原衔管云南武寻游击将军事。三年（1623）六月，加副总兵职衔，护傅宗龙赴贵州，通黔滇道，随后又在霑益打败安效良。天启七年（1627），论功加都督同知。崇祯初,卒于任。

傅宗龙,字仲纶,昆明人。万历三十八年(1610)进士。除铜梁知县,调巴县,行取,入为户部主事。久之,授御史。

天启元年(1621),辽阳破,帝下募兵之令,宗龙请行。一月余,得精卒五千。明年,安邦彦反,围贵阳,土寇蜂起。请发帑金济滇将士,开建昌,通由蜀入滇之路,别设偏沅巡抚,罢湖广退怯总兵薛来胤。帝多采纳之。又上疏自请讨贼,言:"为武定、寻甸患者,东川土酋禄千钟。为霑益、罗平患者,贼妇设科及其党李贤辈。攻围普安,为滇、黔门户患者,龙文治妻及其党尹二。困安南,据关索岭者,沙国珍及罗应魁辈。困乌撒者,安效良。臣皆悉其生平,非臣敌。臣愿以四川巡按兼贵州监军,灭此群丑。"帝大喜,下所司议。会宗龙以疾归,不果行。

四年(1624)正月,贵州巡抚王三善为降贼陈其愚所绐,败殁。其夏即家起宗龙巡按其地,兼监军。初,部檄滇抚闵洪学援黔,以不能过盘江而止。宗龙既被命,洪学令参政谢存仁、参将袁善及土官普名声、沙如玉等以兵五千送之。宗龙直渡盘江,战且行,寇悉破。乃谢遣存仁、善①,以名声等土兵七百人入贵阳,擒斩其愚。军民大快。宗龙尽知黔中要害及土酋逆顺,将士勇怯。巡抚蔡复一倚信之,请敕宗龙专理军务,设中军旗鼓,裨将以下听赏罚,可之。宗龙乃条上方略,又备陈黔中艰苦,请大发饷金,亦报可。初,三善令监军道臣节制诸将,文武不和,进退牵制。宗龙反其所为,令监军给刍粮,核功罪,不得专进止。由是诸将用命,连破贼汪家冲、蒋义寨,直抵织金。

五年(1625)正月,总理鲁钦败绩于陆广河。宗龙上言:"不合滇、蜀,则黔不能平贼;不专总督任,则不能合滇、蜀兵。请召还朱燮元,以复一兼督四川,开府遵义,而移蜀抚驻永宁,滇抚驻霑益,黔抚驻陆广,沅抚驻偏桥,四面并进,发饷二百万金给之。更设黔、蜀巡抚。"帝以复一新败,令解官,即以燮元代,而命尹同皋抚蜀,王瑊抚黔,沅抚闵梦得移镇,一如宗龙议。

陆广败后,诸苗复蠢动。复一、宗龙谋,讨破乌粟、螺蛳、长田诸叛苗,大破平越贼,毁其砦百七十,贼党渐孤。宗龙乃条上屯守策,言:

蜀以屯为守,黔则当以守为屯。盖安酋土地半在水外,仡佬、龙仲、蔡苗诸杂种,缓急与相助。贼有外藩,我无边蔽,黔兵所以

---

① 按:"乃谢遣存仁、善","谢"字衍。

分力愈诎。臣谓以守为屯者，先发兵据河，夺贼所恃。然后抚剿诸种，随渡口大小，置大小寨，深沟高垒，置烽墩炮台。小渡则塞以木石，使一粟不入水内，一贼不出水外，贼无如我何。又令沿河兵习水战，当贼耕耨时，频出奇兵，渡河扰之。贼不敢附河而居，而后我可以议屯也。

　　屯之策有二：一曰清卫所原田，一曰割逆贼故壤，而以卫所之法行之。盖黔不患无田，患无人。客兵聚散无常，不能久驻，莫若仿祖制，尽举屯田以授有功。因功大小，为官高下，自指挥至总、小旗，畀以应得田为世业，而禁其私卖买。不待招徕，户口自实。臣所谓以守为屯者如此。然兵当用四万八千人，饷当岁八十余万，时当阅三年，如此而后贼可尽灭也。

部议从之。

　　复一卒，王瑊代，事悉倚办。宗龙乃渐剪水外逆党，将大兴屯田。邦彦惧，谋沮之。六年（1626）三月大举渡河入寇。宗龙击破邦彦赵官屯，斩老虫添，威名大著。当是时，大帅新亡，全黔震动，燮元远在蜀，瑊拥虚位，非宗龙，黔几殆。诏加太仆少卿。忧归。

　　崇祯三年（1630）起故官。用孙承宗荐，擢右佥都御史，巡抚顺天。未几，拜兵部右侍郎兼佥都御史，总督蓟、辽、保定军务。

　　用小故夺官矣。居久之，十年（1637）十月流寇大入蜀，陷蜀三十余州县，帝拊髀而思宗龙曰："使宗龙抚蜀，贼安至是哉！"趣即家起宗龙。宗龙至蜀，代王维章与总兵罗尚文御却贼。十二年（1639）五月以杨嗣昌荐，召为兵部尚书，去蜀。宗龙自定黔乱后，凡十有四年，辄起用，用不久辄迁去。八月至京，入见帝。宗龙为人伉直任气，不能从谀承意。帝愤中枢失职，嗣昌以权诡得主知。宗龙朴忠，初入见，即言民穷财尽。帝颇然之，顾恳言不已①，遂怫然曰："卿当整理兵事尔。"既退，语嗣昌曰："何哉？宗龙善策黔，而所言卑卑，皆他人唾余，何也？"自是所奏请，多中格。

　　熊文灿既罢，宗龙乃言："向者贼流突东西，嗣昌故建分剿之策。今则流突者各止其所，臣请收势险节短之效。总理止辖楚、豫，秦督兼辖四川，凤督兼辖安庆，各率所辖抚镇，期十二月成功。"因荐湖广巡抚方孔炤堪代文

---

① 按："顾恳言不已"，据乾隆四年武英殿刻本，"恳"字下应有一"恳"字。

灿。帝不用，用嗣昌督师。

嗣昌既督师，上章请兵食，不悉应，劾中枢不任。宗龙亦劾嗣昌徒耗敝国家，不能报效，以气凌廷臣。会蓟辽总督洪承畴请用刘肇基为团练总兵官，中官高起潜又揭肇基怔忪，宗龙不即覆。帝遂发怒，责以抗旨，令对状。奏上，复以戏视封疆下吏。法司拟戍边，不许，欲置之死。在狱二年矣，十四年（1641）春，嗣昌死，尚书陈新甲荐其才，帝未有以应也，良久曰："朴忠，吾以夙负用之，宜尽死力。"遂释之出狱，以兵部右侍郎兼右佥都御史代丁启睿，总督陕西三边军务。

当是之时，李自成有众五十万，自陷河、洛，犯开封，罗汝才复自南阳趋邓、淅，与合兵。帝命宗龙专办自成。议尽括关中兵饷以出，然属郡旱蝗，已不能应。

九月四日以川、陕兵二万出关，次新蔡，与保督杨文岳兵会。贺人龙、李国奇将秦兵，虎大威将保兵，共结浮桥，东渡汝，合兵趋项城。五日，两军毕渡，走龙口。自成、汝才亦结浮桥于上流，将趋汝宁。觇两督兵至，尽伏精锐于林中，阳驱诸贼自浮桥西渡。人龙使后骑觇贼，还报曰："贼向汝矣，结浮桥将渡矣。"宗龙、文岳夜会诸将于龙口，诘朝将战。

六日，两军并进，中道一骑驰而告曰："贼毕渡矣。"复进，一骑驰而告曰："贼半渡矣，三分渡其二矣。"宗龙、文岳曰："驱之。"走三十里，至于孟家庄，日卓午。人龙、大威曰："马力乏矣，诘朝而战，止兵为营。"诸军弛马甲，植戈鐏，散行墟落求刍牧。贼觇之，尘起于林中，伏甲并出搏我兵。人龙有马千骑不战，国奇以麾下兵迎击之，不胜。秦兵、保兵俱溃，人龙、大威奔沈丘，国奇从之，三帅师溃。宗龙、文岳合兵屯火烧店，贼以步兵攻其营。诸军鸣大炮，震死贼百余。日暮，贼引去。宗龙军西北，文岳军东南，画堑而守。保兵宵溃，保督副将挟文岳骑而驰，夜奔于项城。宗龙复分秦兵立营于东南，诸将分壁当贼垒。

九日，檄人龙、国奇还兵救，二帅不应。宗龙曰："彼避死，宜不来，吾岂避死哉！"语其麾下曰："宗龙老矣，今日陷贼中，当与诸军决一死战，不能效他人卷甲走也。"召神校李本实，即文岳壁穿堑筑垒以拒贼。贼亦穿壕二重以围之。

十一日，秦师食尽，宗龙杀马骡以享军。明日，营中马骡尽，杀贼取其尸分啖之。十八日，营中火药、铅子、矢并尽。宗龙简士卒，夷伤死丧之余，有众六千。夜半，潜勒诸军突贼营，杀千余人，溃围出。诸军星散，宗龙徒步率诸军且战且走。十九日，日卓午，未至项城八里，贼追及之，执宗龙，呼于门曰："秦督围随官丁也，请启门纳秦督。"宗龙大呼曰："我秦督也，不幸堕贼手，左右皆贼耳。"贼唾宗龙。宗龙骂贼曰："我大臣也，杀则杀耳，岂能为贼赚城以缓死哉！"贼抽刀击宗龙，中其脑而仆，斫其耳鼻死城下。事闻，帝曰："若此，可谓朴忠矣。"复官兵部尚书，加太子少保，谥忠壮，荫子锦衣世百户，予祭葬。

人龙、国奇兵溃归陕，贼遂屠项城。分兵屠商水、扶沟，遂攻叶县。

——《明史》卷二百六十二《傅宗龙传》

（崇祯）十二年十二月丙午（1640年1月16日），下兵部尚书傅宗龙于狱。

十四年（1641）五月庚辰，……释傅宗龙于狱，命为兵部侍郎，总督陕西三边军务，讨李自成。……九月丁丑，傅宗龙帅师次新蔡，与总督保定侍郎杨文岳军会。己卯，遇贼，贺人龙师溃，宗龙被围，文岳走陈州。……壬辰，傅宗龙溃围出，趋项城，被执死之。

——《明史》卷二十四《庄烈帝本纪二》

蔡复一，字敬夫，同安人。……（天启）五年（1625）正月，（鲁）钦等旋师渡河。贼从后袭击，诸营尽溃，死者数千人。时复一为总督，而朱燮元亦以尚书督四川、湖广、陕西诸军，以故复一节制不行于境外。钦等深入，四川、云南兵皆不至。复一自劾，因论事权不一，故败。巡按御史傅宗龙亦以为言，廷议移燮元督河道，令复一专督五路师。……复一候代，仍拮据兵事，与宗龙计，剿破乌粟、螺虾、长田及两江十五砦叛苗，斩七百余级。

——《明史》卷二百四十九《蔡复一传》

沈儆炌，字叔永，归安人。……（万历）四十七年（1619）以右副都御史巡抚云南。……安邦彦反，诸土目并起。……儆炌起故参将云南人袁善，令率守备金为贵、土官沙源等驰救嵩明，大破之。贼转寇寻甸，复大败去。乃请复善故官，与诸将分讨贼，数有功。（天启元年，1621）会儆炌迁南京兵部右侍郎，而代者闵洪学至，乃以兵事委之去。……洪学既至，亦任用袁善。贼陷普安，围安南，善攻破之，通上六卫道。王三善之殁，六卫复梗，善护御史傅宗龙赴黔，道复通。已而败安效良于霑益，又败贼于炎方、马龙。（天启）七年（1627），御史朱泰祯核上武定、嵩明、寻甸破贼功，大小百三十三战,斩四千六百余级,请宣捷告庙,从之。魏忠贤等并进秩,荫子。善加都督同知,世荫锦衣指挥佥事。崇祯初,卒官。

——《明史》卷二百四十九《蔡复一传附沈㴶炌传》

周鸿图,字子固,即墨人。……天启六年(1626)春,巡抚王瑊及御史傅宗龙使监胡从仪及都司张云鹏军,分道搜山,所向摧破。

——《明史》卷二百四十九《蔡复一传附周鸿图传》

杨嗣昌,字文弱,武陵人。……先是,京师被兵,枢臣皆坐罪。……及是(崇祯十二年二月),亡七十余城,而帝眷嗣昌不衰。嗣昌乃荐四川巡抚傅宗龙自代。……(崇祯十二年,1639)八月,傅宗龙抵京,嗣昌解部务,还内阁。

——《明史》卷二百五十二《杨嗣昌传》

范复粹,黄县人。……(崇祯)十三年(1640)六月,……复粹为首辅。……明年加少傅兼太子太傅,改建极殿。……帝疾初愈,大赦天下,命复粹录囚,自尚书傅宗龙以下,多所减免。

——《明史》卷二百五十三《范复粹传》

陈新甲,长寿人。……(崇祯)十三年(1640)正月召代傅宗龙为兵部尚书。……十四年(1641)三月,贼陷洛阳、襄阳,福、襄二王被难,镌新甲三秩视事。……杨嗣昌卒于军中,新甲举丁启睿往代,议者尤其失人。然傅宗龙、孙传庭并以微罪系狱,新甲于召对时称其才,退复上章力荐,两人获用,亦新甲力也。……(十五年,1642)三月,松山、锦州相继失,……言官劾(张)若麒者,悉及新甲。新甲屡乞罢,皆不从。……当是时,闯贼蹂躏河南,开封屡被围,他郡县失亡相踵。总督傅宗龙、汪乔年出关讨贼,先后陷殁,贼势愈张。……初,新甲以南北交困,遣使与大清议和,私言于傅宗龙。宗龙出都日,以语大学士谢升。升后见疆事大坏,述宗龙之言于帝。帝召新甲诘责,新甲叩头谢罪。

——《明史》卷二百五十七《陈新甲传》

丁启睿,永城人。……(崇祯)十三年(1640)用督师杨嗣昌荐,擢兵部右侍郎兼右佥都御史,代郑崇俭总督陕西三边军务讨贼。明年,嗣昌死,加启睿兵部尚书,改称督师,代嗣昌尽督陕西、湖广、河南、四川、山西及江南、北诸军,仍兼总督陕西三边军务,赐剑、敕、印如嗣昌。启睿自谪河西副使,数迁皆在陕西,然实庸才。……闻傅宗龙将入关督秦师,启睿曰"三边已置总督矣",乞帝更敕书,乃更敕书宗龙办自成。九月,宗龙败殁于项城,启睿不能救。……从父魁楚,……(崇祯)七年(1634)擢兵部右侍郎,代傅宗龙总督蓟、辽、保定军务。

——《明史》卷二百六十《丁启睿传》

郑崇俭,字大章,乡宁人。……(崇祯)十二年(1639)正月擢兵部右侍郎,代洪承畴总督陕西三边军务。……先是,尚书傅宗龙议令崇俭兼督蜀军,而嗣昌亦檄秦军入蜀。崇俭乃以十三年(1640)二月率(贺)人龙、(李)国奇会(左)良玉大败贼于玛瑙山,获首功千三百三十有三,降贼将二十有五人,获马骡、甲仗无算。

——《明史》卷二百六十《郑崇俭传》

邵捷春,字肇复,侯官人。……起四川副使,以(崇祯)十年(1637)秋抵成都。时秦贼已入蜀,巡抚王维章、总兵侯良柱悉众北拒,……会维章罢,傅宗龙代,命捷春监军,偕总兵罗尚文击贼。……十二年(1639)五月,宗龙入掌中枢,即擢捷春右佥都御史代之。

——《明史》卷二百六十《邵捷春传》

汪乔年,字岁星,遂安人。……(崇祯)十四年(1641)擢右佥都御史,巡抚陕西。时李自成已破河南,声言入关。乔年疾驱至商、洛,不见贼。贼围开封,而三边总督傅宗龙亦至陕,议抽兵括饷,则关中兵食已尽,无以应。宗龙、乔年握手欷歔而别。未几,宗龙败殁于项城,乔年流涕叹曰:"傅公死,讨贼无人矣。"已,又闻诏擢乔年兵部右侍郎,总督三边军务,代宗龙。部檄踵至,趣出关。

——《明史》卷二百六十二《汪乔年传》

杨文岳,字斗望,南充人。……(崇祯)十四年(1641)正月,李自成陷洛阳,犯开封。……九月会陕西总督傅宗龙于新蔡,与贼遇,大溃于孟家庄,再溃于火烧店。部将挟文岳夜入于项城。明日奔陈州,宗龙遂覆没。

——《明史》卷二百六十二《杨文岳传》

孙传庭,字百雅,代州振武卫人。……(崇祯十一年,1638)十月,京师戒严,召传庭及(洪)承畴入卫,擢兵部右侍郎兼右佥都御史,代总督卢象升督诸镇援军,赐剑。当是时,传庭提兵抵近郊,与嗣昌不协,……明年,帝移传庭总督保定、山东、河南军务。既解严,疏请陛见。……嗣昌又劾其托疾,非真聋。帝遂发怒,斥为民,……传庭长系待决,举朝知其冤,莫为言。在狱三年，……而是时，闯王李自成者，已攻破河南矣，犯开封，执傅宗龙，杀唐王，兵散而贼益横。

——《明史》卷二百六十二《孙传庭传》

赞曰：流贼蔓延中原，所恃以御贼者独秦兵耳。傅宗龙、孙传庭远近相望，倚以办贼。

——《明史》卷二百六十二末

猛如虎，本塞外降人，家榆林，积功至游击。……（崇祯十四年，1641）十一月，李自成覆傅宗龙兵，乘势来攻。如虎与刘光祚凭城固守，用计杀贼精卒数千。

——《明史》卷二百六十九《猛如虎传》

光祚，字鸿基，榆林卫人。……（崇祯）十四年（1641），……及傅宗龙败殁于项城，南阳震恐。光祚适经其地，唐王邀与共守，城陷遂死。

——《明史》卷二百六十九《猛如虎传附刘光祚传》

虎大威，榆林人。……（崇祯）十四年（1641）正月，李自成围开封。……七月，自成及张献忠、罗汝才攻邓州，大威从（杨）文岳击破之，斩首千余级。陕西总督傅宗龙出关讨贼，文岳、大威会之。

——《明史》卷二百六十九《虎大威传》

鲁钦，长清人。……自平越至兴隆、清平二卫，苗二百余寨盘踞其间，以长田之天保、阿秧为魁。（安）邦彦初反，授二酉都督，使通下六卫声息。是年（天启五年，1625）春，寇石阡、余庆。……盛夏兴师，将士冒暑雨，冲岚瘴，剧寇尽除，土人谓二百年所未有。（蔡）复一既奏功，未报而卒。监军御史傅宗龙复以为言，乃命钦总理如故……

——《明史》卷二百七十《鲁钦传》

刘肇基，字鼎维，辽东人。……（崇祯）十二年（1639）冬，蓟辽总督洪承畴请用为署总兵官，分练宁远诸营卒。兵部尚书傅宗龙稍持之，帝怒，下宗龙狱，擢肇基都督佥事任之。

——《明史》卷二百七十二《刘肇基传》

贺人龙，米脂人。……（崇祯十四年，1641）九月，总督傅宗龙统人龙、（李）国奇军出关，次新蔡，遇贼孟家庄。将战，人龙先走，国奇战不胜，亦走，宗龙遂殁。

——《明史》卷二百七十三《左良玉传附贺人龙传》

周延儒，字玉绳，宜兴人。……（崇祯）十四年（1641）二月诏起延儒。九月至京，复为首辅。寻加少师兼太子太师，进吏部尚书、中极殿大学士。……既入朝，悉反（温）体仁辈弊政。……释在狱傅宗龙等，……中外翕然称贤。

——《明史》卷三〇八《奸臣传·周延儒传》

李自成，米脂人，……（崇祯）十四年（1641）正月攻河南，……自成初为（高）迎祥裨将，至是势大盛。帝以故尚书傅宗龙为陕西总督，使专办自成，别敕保定总督杨文岳会师。宗龙驰入关，与巡抚汪乔年调兵，兵已发尽，乃檄河南大将李国奇、贺人龙兵隶部下，亟出关。文岳率虎大威军俱至新蔡，与自成遇。人龙卒先奔，国奇、大威继之，宗龙、文岳以亲军筑垒自固。夜，文岳兵溃奔陈州，宗龙与贼持数日，食尽，突围走，被执死。自成陷叶县，杀副将刘国能，遂围左良玉于郾城。乔年代宗龙总督，出关，次襄城，自成尽锐攻之，乔年与副将李万庆皆死。

——《明史》卷三〇九《流贼传·李自成传》

泰昌元年（1620），……时诸土司皆桀骜难制，乌撒、东川、乌蒙、镇雄诸府地界，复相错于川、滇、黔、楚之间，统辖既分，事权不一，往往轶出为诸边害。……于是安效良以乌撒首附逆于（安）邦彦，……又见黔师出陆广，滇师出霑益，水、乌之势已成骑虎，遂合永宁、水西诸部三十六营，直抵霑益，对垒城下五日。副总兵袁善、宣抚使沙源等督将士力战，出奇兵破之，效良败死。

——《明史》卷三百十一《土司传二·四川土司传一·乌蒙乌撒东川镇雄四军民府》

崇祯间，巡按御史傅宗龙由滇入黔，招普兵以行。时滇中最勍称沙普兵，亦曰昂兵。

——《明史》卷三百十三《土司传四·云南土司传一·广西》

镇远，……领长官司二：曰偏桥，曰邛水十五洞。……天启五年（1625），巡抚傅宗龙奏："苗寇披猖，地方受害，乞敕偏沅抚臣移镇偏桥，勿复回沅，凡思、石、偏、镇等处俾练兵万余人，平时以之剿苗，大征即统为督臣后劲，庶苗患宁而西贼之气亦渐夺矣。"报可。

——《明史》卷三百十六《土司传七·贵州土司传·镇远》

段伯炌

段伯炌，字绍午，万历三十一年（1603）举人，为镇宁知州。据《明实录》、乾隆《晋宁州志》载，天启初，土司安邦彦围城，伯炌誓死固守，加按察司佥事职衔，仍管本州事。分巡镇宁道，驻安庄。时安邦彦大举来攻，伯炌与游击胡从仪大破之，安邦彦逃走。不久，讨伐把蜡屯，威声大震，安庄六卫由是安堵。天启六年（1626），伯炌升迁，将离任，巡抚王瑊、巡按傅宗龙合词上请，略谓若使段氏久任，可保数十年无事，朝廷从之，命伯炌仍管镇宁道监军，驻镇安庄。当时贵州十二卫比较安定，实有赖于伯炌。祀乡贤。

（天启六年十月，1626）（周）鸿图擢副使，分巡新镇道；……当是时，鸿图驻平越，辖下六卫，参议段伯炌驻安庄，辖上六卫。千余里间，奸宄屏息，两人力也。

——《明史》卷二百四十九《蔡复一传附周鸿图传》

伯炌，云南晋宁人。由乡举为镇宁知州。力拒安邦彦，超擢佥事，分巡镇宁。邦彦寇普定，偕（胡）从仪击破之，由此擢参议。

——《明史》卷二百四十九《蔡复一传附段伯炌传》

胡平表

胡平表，生卒年不详，号不波，云南临安府阿迷州（今开远）人，万历三十四年（1606）举人。据《明实录》《阿迷州志》以及朱燮元《恢复重庆纪略》载，天启元年（1621）九月，永宁宣抚使奢崇明将樊龙杀巡抚、道府、总兵等官二十余员，攻陷重庆。平表时为忠州判官，缒城得脱，以大义请石砫女土官秦良玉发兵征讨。良玉为平表所感，遣兵直趋重庆，平表监军。恰好朝廷升平表为新郑知县，巡抚朱燮元上奏请求留用，遂改作重庆推官，监军兼副总兵。次年五月，重庆围解。五年（1625）九月，因功升任四川监军事兼管屯田事务。六年（1626）正月，迁贵州参议，分守贵宁。崇祯元年（1628）六月，叙川功，加二级，仍荫子锦衣卫正千户世袭。七月，户部主事瞿式耜疏荐胡平表在四川功劳，宜以边道加衔太仆寺卿，使得专任练兵，俟其定插之后论功升秩。未久，平表升贵州右布政使。九月，加太仆寺卿。四年（1631）大计，坐不谨落职。五年（1632）四月，再降二级用。十三年（1640）因杨嗣昌荐，任武昌通判监标下军事。次年，嗣昌卒，罢官归。

胡平表，云南临安人。万历中举于乡，历忠州判官。天启元年（1621）

秋，樊龙陷重庆，平表缒城下，诣石砫土官秦良玉乞师，号泣不食饮者五昼夜。良玉为发兵。巡抚朱燮元檄平表监良玉军。会擢新郑知县，燮元奏留之，改重庆推官，监军兼副总兵，尽护诸军将。战数有功，擢四川监军佥事，兼理屯田。迁贵州右参议。崇祯元年（1628），总督张鹤鸣言："平表偏州小吏，慷慨赴义。复新都，解成都围，连战白市驿、马庙，进据两岭，俘斩无算。夺二郎关，擒贼帅黑蓬头，追降樊龙，遂克重庆。用六千人败奢、安二酋十万兵。请以本官加督师御史衔，赐之专敕，必能枭逆贼首献阙下。"部议格不行，乃进秩右参政，分守贵宁道，荫子锦衣世千户。久之，擢贵州布政使。四年（1631）大计，坐不谨落职。十三年（1640），督师杨嗣昌荐之，诏以武昌通判监标下军事。嗣昌卒，乃罢归。

——《明史》卷二百四十九《朱燮元传附胡平表传》

瞿式耜，字起田，常熟人。……式耜尝颂贵宁参政胡平表杀贼功，请优擢。其后平表为贵州布政使，坐不谨罢。

——《明史》卷二百八十《瞿式耜传》

朱家民

朱家民（1570—1643）①，字同人，号天民、任宇，云南曲靖人，祖籍南直江都（今江苏扬州）。幼颖异，有神童之称。万历三十四年（1606）举人，任涪州知州。升潮州府同知，防海备倭。四十六年（1618）丁外艰。天启二年（1622）升贵阳知府。时土司安邦彦反，贵阳被围，即召兵解围。次年，加按察司副使职衔，夺情管监军事，大小百战，身先士卒。六年（1626）十月，升贵州布政使司右参政，照旧监军。崇祯四年（1631），升为贵州按察使，迁左布政使，皆以廉惠称。致仕归。家民操履纯洁，生平以范仲淹、王守仁为法。卒后赠荣禄大夫。著有《端俗约言》。

朱家民，字同人，曲靖人。万历三十四年（1606）举于乡，为涪州知州。天启二年（1622）官贵阳知府。奉（王）三善命，乞援兵于四川，又借河南兵，共解其围。乃抚伤残，招流移，宽徭赋，远迩悦服。丁父忧，夺情，擢安普监军副使，加右参政。崇祯时，就迁按察使、左布政，以平寇功，加俸

---

① 按：家民生于隆庆三年十二月十六日（1570年1月21日），卒于崇祯十五年十二月十二日（1643年1月31日）。参彭竹兵《明代曲靖籍贵州布政使朱家民碑文考释》，《珠江源晚刊》2023年11月13日第WK4版。

一级。久之，致仕归，卒。自邦彦始乱，云、贵诸土酋尽反，攻陷安南等上六卫，云南路断。其后路虽通，群苗犹出没为患。家民率参将许成名等讨平盘江外阿野、鲁颇诸砦，于是相度盘江西坡、板桥、海子、马场诸要害，筑石城五，宿兵卫民。又于其间筑六城，廨舍庐井毕备。群苗慑息，行旅晏然。盘江居云、贵交，两山夹峙，一水中绝，湍激迅悍，舟济者多陷溺。家民仿澜沧桥制，冶铁为絙三十有六，长数百丈，贯两崖之石而悬之，覆以板，类于蜀之栈，而道始通。

——《明史》卷二百四十九《王三善传附朱家民传》

王三善，字彭伯，永城人。……天启元年（1621）十月擢右佥都御史，代李橒巡抚贵州。时奢崇明已陷重庆。明年二月，安邦彦亦反，围贵阳。橒及巡按御史史永安连章告急，趣三善驰援。三善始驻沅州，调集兵食。已次镇远，再次平越，去贵阳百八十里，方遣知府朱家民乞兵四川。兵未至，不敢进。疏请便宜从事，给空名部牒，得随才委任。帝悉报可。

——《明史》卷二百四十九《王三善传》

段高选

段高选（1580—1621）①，字让予，云南剑川人。万历四十七年（1619）进士，任四川巴县知县。到任后，其父母亦挈家抵。天启元年（1621），樊龙据重庆，时高选在演武场，挺身抗敌，被害。闻事变后，家人相继殉义。三年（1623）五月，赠尚宝司卿，荫一子本卫试百户世袭。崇祯元年（1628），高选长子暄（一作"昍"）上奏，略云："天启辛酉（1621）年，本省典试场事甫毕，即闻逆贼奢寅领张彤、樊龙、樊虎统兵过境，臣父星夜驰回，随巡抚徐可求至演武场点验，讵意突谋不轨，无端索饷，杀死巡抚。臣父见其逆形已著，祸发叵测，密令吏役梁允成等将印潜送县衙，遂挺身抗敌冲锋骂贼，即刀戟在前而义不反顾。贼索印于臣父，至加砺刃于颈而不少挫，仍仰天大骂曰：'吾身可杀，印不可夺。'贼怒甚，乱刀齐下，碎体分肢，而臣父遂为刀下之鬼矣。贼犹索印未已，拥入县衙，臣祖母刘氏、庶母徐氏烈烈自矢，视死如归，抱臣幼妹泥金姐、小姐投于池水，甘心殉节。臣幼弟段旸惊惶立毙，臣祖父生员段汝元以胁降，不从，几膏贼斧，奄奄未久，相继云亡，它

---

① 按：段高选生年，陈祚隆《段恭节公传》云生于嘉靖壬辰（1532），显误。若是万历壬辰年（1592），似亦可能。今姑取一般说法，即高选生于1580年，万历庚辰。

如义仆段黑子挺身求臣父子尸骸，又遭屠戮而被害，更惨矣。父母妻子方顷刻而立断生魂，儿女童仆不朝夕而并登鬼录，幸臣母施氏潜身投缳一线之脉逃出，锋敌之余，俾得今日哀控于圣明之前耳。"五月十八日，朝廷以段高选阖门尽节，忠义可风，加赠光禄卿，世荫锦衣千户，其祖、父、母等一体旌表附祠，义仆并与优恤。十五年（1642），赐谥恭节。今剑川有段高选墓、昭忠祠，前者是县文物保护单位，后者在2006年被国务院列为"全国重点文物保护单位"。此外，段氏姻戚陈祚隆撰《段恭节公传》记事略详，王锡衮撰《段恭节公祠堂碑记》表彰段氏节烈，高选孙绳祖辑《段恭节公昭忠纪实》收录各类祭文和杂作，皆可参阅。

张振德，字季修，昆山人。……天启元年（1621）方赴成都与乡闱事，而（奢）崇明部将樊龙杀巡抚徐可求，副使骆日升、李继周等。重庆知府章文炳、巴县知县段高选皆抗节死，贼遂据重庆。……高选，云南剑川县人。万历四十七年（1619）进士。适在演武场，闻变，立遣吏归印于署，历声叱贼。贼魁戒其下勿杀，而高选骂不绝声，遂遇害。父汝元，母刘，侧室徐及一子一女，闻变，皆自尽。仆冒死觅主尸，亦被害。初赠尚宝卿，世荫百户。崇祯元年（1628），子暄援振德例，叩阍请优恤，赠光禄卿，世荫锦衣千户，建祠奉祀。汝元等亦获旌。十五年（1642）复以谥请，赐谥恭节。时先后殉难者，灌县知县左重，……崇祯十二年（1639），重子廷皋援高选例乞恩，命如其请。

——《明史》卷二百九十《忠义传二·张振德传附段高选传》

普名声（附吾必奎）

普名声（？—1632），阿迷州人（今开远）。父维藩，万历四十二年（1614）被宁州土司禄氏所杀。名声幼生长于军中，长大后奉命袭父为土巡检。名声收拾旧部，勇于攻战，天启二年（1622）加土守备衔。五年（1625），准名声子祚远袭土知州。崇祯四年（1631），普名声反。御史赵洪范与巡抚王伉征讨，围阿迷州城。名声惧怕，一面派人约请投降，一面暗中以重贿向元谋土官吾必奎求援。时官军已调吾必奎随征，必奎与名声刚交战，即佯装败走，官军随即溃败，布政使周士昌战死。朝廷以挑起事端治王伉罪，名声则接受安抚。但名声更为放肆，当事者以为患。不久，广西知府张继孟路过阿迷，用计毒死名声。吾必奎闻名声死讯，遂反，连陷武定、禄丰、楚雄等城，黔国公沐天波征召宁州土官禄永命、石屏土目龙在田等会合进剿。顺治二年（1645），吾必奎伏诛。

普维藩者，与宁州禄氏构兵，师歼焉。维藩子名声，幼育于官，既长，有司俾继父职。名声收拾旧部，勇于攻战，从讨奢安有功，仍授土知州，渐骄恣。崇祯五年（1632），御史赵洪范按部，名声不出迎。已，出戈甲旗帜列数里。洪范大怒，谋之巡抚王伉，请讨，得旨。官军进围州城，名声恐，使人约降，而阴以重贿求援于元谋土官吾必奎。时官军已调必奎随征，必奎与名声战，兵始合，佯败走。官军望见，遂大溃，布政使周士昌战死。朝廷以起衅罪伉，逮治，而名声就抚。然骄恣益甚，当事者颇以为患。已而广西知府张继孟道出阿迷，以计毒杀之。必奎闻名声死，遂反，连陷武定、禄丰、楚雄诸城。宁州土官禄永命、石屏州土目龙在田，俱与必奎、名声从征著名，至是，黔国公沐天波檄之统兵，合剿擒必奎。名声妻万氏，本江西寄籍女，淫而狡。名声死后，改嫁王弄山副长官沙源之子定洲。名声有子曰服远，与万氏分寨居，定洲诱杀服远，并其地。天波檄定洲取必奎，定洲不欲行，遂反，详前传。

——《明史》卷三百十三《土司传四·云南土司传一·临安》

朱燮元，字懋和，浙江山阴人。……（崇祯）四年（1631），阿迷州土官普名声作乱，陷弥勒州曲江所，又攻临安及宁州，远近震动。巡抚王伉、总兵官沐天波不能御，伉逮戍。燮元遣兵临之，遂就抚。

——《明史》卷二百四十九《朱燮元传》

秦良玉，忠州人，嫁石砫宣抚使马千乘。……（佺）拱明值普名声之乱，与贼斗死，赠恤如制。

——《明史》卷二百七十《秦良玉传附佺翼明传》

杨畏知，宝鸡人。崇祯中，历官云南副使，分巡金、沧。乙酉（1645）秋，武定土官吾必奎反，连陷禄丰、广通诸县及楚雄府。畏知督兵复楚雄，驻其地。必奎伏诛……

——《明史》卷二百七十九《杨畏知传》

初，名声之乱，有杨于陛者，剑州人。举于乡。历官武定府同知。巡抚（王）伉令监纪军事，兵败被执，死之。赠太仆少卿，建祠曰精忠。

——《明史》卷二百九十《忠义传二·何天衢传附杨于陛传》

张继孟，字伯功，扶风人。……出为广西知府。土酋普名声久乱未靖，继孟设计歼之,一方遂安。

——《明史》卷二百九十五《忠义传七·张继孟传》

尹梦鳌

尹梦鳌(？—1635),云南太和(今大理)人,万历四十三年(1615)举人。崇祯时任颍州知州。八年(1635)正月,李自成军围颍州,乃偕通判赵士宽帅民固守,后身被数刃,投城下乌龙潭死,兄弟子侄七人皆死于此役。赠光禄少卿。

尹梦鳌,云南太和人。万历时举于乡。崇祯中知颍州。八年(1635)正月方谒上官于凤阳,闻流贼大至,立驰还。贼已抵城下,乃偕通判赵士宽率民固守。城北有高楼瞷城中,诸生刘廷传请先据之,梦鳌以为然。而廷传所统皆市人,不可用。贼遂据楼以攻,且凿城,颓数丈,城上人皆走,止之不可。梦鳌持大刀,独当城坏处,杀贼十余人,身被数刃。贼众毕登,遂投城下乌龙潭死,弟侄七人皆死之。……后给事中林正亨录上其状,赠梦鳌光禄少卿……

——《明史》卷二百九十二《忠义传四·尹梦鳌传》

(崇祯)八年(1635)正月,……贼燔寿州,陷颍州,知州尹梦鳌、州判赵士宽战死,杀故尚书张鹤鸣。

——《明史》卷三〇九《流贼传·李自成传》

何天衢

何天衢(？—1640),字升宇,云南临安府阿迷州(今开远)人。有勇略,为普名声招为头目,使其驻扎三乡。崇祯三年(1630),普名声反,计划出兵三路,到昆明会战,命何天衢自维摩罗平入。何天衢不听,反率众归附朝廷。当时普名声已攻陷弥勒,闻知何天衢已归附,遂急撤两路兵返回。巡抚王伉将何天衢事迹上报,授守备,后与署维摩州同知李嗣泌屡立战功。普名声死后,其妻万氏领兵屡攻天衢,为天衢击败,天衢升至参将。十三年(1640),升副总兵。万氏招赘沙定洲为婿,增加南安兵,又厚赂黔国公的管事人,叫他诋毁何天衢。何天衢请兵饷皆无人理会,城中粮尽,举家自焚死。

何天衢,字升宇,阿迷州人。有勇略,土酋普名声招为头目,使驻三乡。崇祯三年(1630),名声反,谋出三路兵,至昆明会战。令天衢自维摩罗平入,以炮手三百人助之。天衢慨然曰："此大丈夫报国秋也，吾岂为逆贼用哉！"坑杀炮手数十人，率众归附，署维摩州同知李嗣泌开城纳之。名声已陷弥勒，闻大惧，急撤两路兵归。巡抚王伉上其事，授为守备。后数与嗣泌进剿有功。

及名声死，妻万氏代领其众，屡攻天衢。天衢屡挫之，录功，进参将。十三年（1640）擢副总兵。万氏赘沙定洲为婿，益以南安兵，且厚赂黔国公用事者，令毁天衢。天衢请兵饷皆不应，贼悉力攻之，食尽，举家自焚死。

——《明史》卷二百九十《忠义传二·何天衢传》

赵兴基

赵兴基（？—1642），字鹤天，云南太和（今大理）人。崇祯初，由举人任庐州通判。十五年（1642），张献忠攻陷舒城，遣其部下分别劫掠周边城邑，很快就到了庐州城下，赵兴基与知府郑履祥、合肥知县潘登贵等分守各门。五月，张献忠派人装扮成儒生入城，夜半举炮，城中大扰，兴基时守水西门，力战受伤死，郑履祥、潘登贵担心遭到惩罚，遂推脱给兴基。总督史可法察觉其中有冤并上报，将郑、潘治罪，赠兴基河南佥事。

赵兴基，云南太和人。崇祯初，以乡举通判庐州。贺一龙、左金王等五部据英、霍二山，暑入秋出以为常。督师杨嗣昌遣监军佥事杨卓然招之，受侮而返。十四年（1641）六月袭陷英山，知县高在仓抗贼死。十二月（1642年1月）陷潜山，知县李胤嘉、典史沈所安素苛急，奸民导贼执之，并不屈死。所安子亦死焉。

十五年（1642），张献忠为左良玉所败，走与诸部合，遂以三月攻舒城。逾月城陷，改为得胜州，据之。遣其党分掠旁邑，游骑日抵庐州城下。兴基与知府郑履祥、经历郑元绶、合肥知县潘登贵、指挥同知赵之璞、里居参政程楷分门守。监司蔡如蘅贪戾，民不附，贼谍满城中不能知。五月，提学御史徐之垣以试士至，献忠遣其徒伪为诸生，袭儒冠以入，夜半举炮，城中大扰。之垣、如蘅及履祥、登贵并缒城走。兴基时守水西门，闻变，挺刃下戍楼与斗，斩数人，被创死。元绶、楷共守南薰门，元绶力斗死，楷不屈死。之璞守东门，巷战死。

贼乘势连陷含山、巢县、庐江及无为、六安，又陷太湖。知县杨春芳、典史陈知训、教谕沈鸿起、训导娄懋履并死焉。

庐州城池高深。八年（1635）春，贼百方力攻，知府吴太朴坚守不下。

后屡犯，终不得志，至是以计得之。履祥、登贵惧罪，委之兴基。总督史可法察其冤以闻，乃治守令罪，而赠兴基河南佥事，楷光禄卿，元绶亦赠恤。

方贼攻舒城，县令适以忧去，里居编修胡守恒与游击孔廷训督民兵共守。会游击纵所部淫掠，士民遂叛降贼。城将陷，悍卒杀守恒。事闻，赠少詹事，谥文节。

——《明史》卷二百九十三《忠义传七·赵兴基传》

周二南

周二南（？—1645），字汝为，云南蒙化（今巍山）人。初以选贡任长沙通判，擢岳州知府。当时长沙备受摧残，二南不避危险，尽力安抚，士民坚决要求其留任，于是以新职衔回长沙。顺治二年（1645）夏，大顺军刘体仁等迫近长沙，意与何腾蛟联络，但城中军民不知实情，非常恐惧。二南遂请求前往侦察，以一千人护行，大顺军以为他是前来迎战，遂在浏阳官渡射杀了他，从行的人也全部死难。周氏事迹，陶汝鼐《周二南传》、王夫之《永历实录》亦可参阅。

蔡道宪，字元白，晋江人。崇祯十年（1637）进士。为长沙推官。……十六年（1643）五月，张献忠陷武昌，长沙大震。……贼果以八月陷岳州，直犯长沙。……时知府堵胤锡入觐未返，通判周二南摄攸县事，城中文武无几。贼薄城，士民尽窜。……二南，字汝为，云南人。由选贡为长沙通判，尽职业，与道宪深相得。擢岳州知府，士民固留，乃以新秩还长沙，后亦死。

——《明史》卷二百九十四《忠义传六·蔡道宪传附周二南传》

顺治二年（1645）五月，大兵下南都。……李自成毙于九宫山，其将刘体仁、郝摇旗等以众无主，议归腾蛟。率四五万人骤入湘阴，距长沙百余里。城中人不知其来归也，惧甚。（黄）朝宣即引兵还燕子窝。（傅）上瑞请腾蛟出避，腾蛟曰："死于左，死于贼，一也，何避焉。"长沙知府周二南请往侦之，以千人护行。贼谓其迎敌也，射杀之，从行者尽死。

——《明史》卷二百八十《何腾蛟传》

木增

木增（1587—1646），字长卿，号生白，又号华岳。丽江第十三代土知府，万历二十六年（1598）袭任。万历后期，多次平定丽江及周边叛乱，并输银助饷。三十四年（1606），封中奉大夫。天启二年（1622）八月，以病告替入山，加云南布政使司左参政职衔致仕。四年（1624），木增退隐，子木懿袭职。五年（1625）九月，以捐资助饷，加云南布政使司右参政。崇祯四年（1631），加广西布政使司右布政，封通奉大夫。十三年（1640），加四川布政使司左布政。十七年（1644），封太仆寺正卿。《明史》称："云南诸土官，知诗书好礼守义，以丽江木氏为首云。"然《明史》载木氏，惟记木增武功而已。实际上，丽江木氏土司具有深厚的汉文化修养，好诗书。木公性好读书赋诗，著有《雪山始音》等，杨慎为选诗一百一十四首，编为《雪山诗选》；其曾孙木青能诗工书，著有《玉水清音》；木增是木青之子，博学通禅理，著有《云薖淡墨》《山中逸趣》《芝山云薖集》等。三人皆是明代有一定影响的诗人。木氏家有万卷楼藏书，多宋明善本；亦刻书，尤以木增所刻为多，尝请毛氏汲古阁代刻（杨胜祥《丽江土官木氏刻书考述》，《图书资讯学刊》2023年第2期）；木增信奉佛教，在鸡足山捐修悉檀寺，请徐霞客修《鸡足山志》，更曾组织刊刻全套藏文《大藏经·甘珠尔》一百零八部，今西藏拉萨大昭寺还存有木增所赠的全套《大藏经》。此外，木增与本省及中原文人学士如苍雪、担当、钱谦益、徐霞客、董其昌等皆有交往。总之，木增在政治、军事、文化上皆有杰出贡献。

丽江，南诏蒙氏置丽水节度。……（万历）三十八年（1610），知府木增以征蛮军兴，助饷银二万余两，乞比北胜土舍高光裕例，加级。部覆赐三品服色，巡按御史劾其违越，请夺新恩，从之。四十七年（1619），增复输银一万助辽饷。泰昌元年（1620），录增功，赏白金表里，其子懿及舍目各赏银币有差。天启二年（1622），增以病告，加授左参政致仕。五年（1625），特给增诰命，以旌其忠。云南诸土官，知诗书好礼守义，以丽江木氏为首云。

——《明史》卷三百十四《土司传五·云南土司传二·丽江》

梁永，御马监监丞也。……是年（万历三十四年，1606），杨荣为云南人所杀。初，荣妄奏阿瓦、猛密诸番愿内属，其地有宝井，可岁益数十万，愿赐敕领其事。帝许之。既而荣所进不得什一，乃诬知府熊铎侵匿，下法司。又请诏丽江土知府木增献地听开采。巡按御史宋兴祖言："太祖令木氏世守兹土，限石门以绝西域，守铁桥以断土蕃，奈何自撤藩蔽，生远人心。"不报。

——《明史》卷三〇五《宦官传二·梁永传附杨荣传》

北胜，……洪武十五年（1382）改为州，隶鹤庆府，后属澜沧卫。……

万历四十八年（1620），北胜州土同知高世懋死，异母弟世昌袭。其族侄兰妄称世昌奸生，讼之官，不听。世昌惧逼，走丽江避之。寻还至澜沧，宿客舍，兰围而纵火，杀其家七十余人，发其祖父墓，自称钦授把总，大掠。丽江知府木增请讨之，谓法纪弁髦，尾大不掉，不治将有隐忧。上官嘉其义，调增率其部进剿，获兰枭之。

——《明史》卷三百十四《土司传五·云南土司传二·北胜》

杨绳武

杨绳武（1597—1642），字念尔，号翠屏，云南弥勒人。崇祯四年（1631）进士，选翰林院庶吉士，改御史，巡按河南。十一年（1638）冬，以杨嗣昌荐，超擢右佥都御史，巡抚顺天。十四年（1641）九月，因洪承畴被困松山，遂以绳武为兵部右侍郎兼右佥都御史，总督关蓟辽津通州等处。冬，范志完代之，绳武乃总督辽东宁远诸军，出关救援松、锦，加衔督师。次年正月，卒于官，赠兵部尚书，荫锦衣世袭百户。谥庄介，后避崇祯帝谥，改为文毅。著有《翠屏诗集》。李根源辑文一篇（即《杨以成传》）、诗五首为《杨文毅文集》，收入《明滇南五名臣集》。

康熙《云南通志》卷二十一《广西府人物传》有杨绳武传，较《明史》为详：一记绳武巡盐河东，浚盐池，完逋课，设粥济民，平白莲教乱；二记巡按河南，擒土寇郭三海，然《明史》先说为龙在田所擒，又说为左良玉所杀，皆不及绳武，未知孰是；三记巡抚顺天，总督蓟辽，治兵有法；四记绳武带病督师援救松、锦，行至丰润（今属河北）卒，年四十有六；五记卒后赠光禄大夫、太子少傅、兵部尚书，荫一子，世袭锦衣千户，与《明史》亦有异。康熙《志》或有所本，姑记之备考。

范志完，虞城人。……（崇祯）十四年（1641）冬，超擢右佥都御史，巡抚山西。其座主周延儒当国，遂拜志完兵部右侍郎兼右佥都御史，总督蓟州、永平、山海、通州、天津诸镇军务，代杨绳武。

绳武者，云南弥勒人也。由庶吉士改授御史。（崇祯）十一年（1638）冬，用杨嗣昌荐召见，吐言如流，画地成图。帝伟之，遂超擢右佥都御史，巡抚顺天。洪承畴困松山，遂擢绳武总督，寻以志完代之，而令绳武总督辽东宁远诸军，出关救松、锦，加衔督师。

明年正月，绳武卒官，赠兵部尚书，荫锦衣世袭百户。遂进志完左侍郎，督师出关如绳武，而以张福臻督蓟镇，驻关内。

——《明史》卷二百五十九《赵光抃传附范志完传》

左良玉，字昆山，临清人。……（崇祯）九年（1636）二月，贼败于登封郜城镇，走石阳关，与伊、嵩之贼合。故总兵（汤）九州由嵩县深入，与良玉夹剿。良玉中道遁归，九州乘胜穷追四十里，无援败殁，良玉反以捷闻。……七月，良玉兵抵开封，由登封之唐庄深入击贼，自辰麈至申，贼不支西走。陈永福方败贼于唐河，贼至田家营，良玉渡河击之，斩获颇众。九月，巡抚杨绳武劾良玉避贼^①，责令戴罪自赎。

——《明史》卷二百七十三《左良玉传》

耿廷箓

耿廷箓，临安府河西（今云南通海）人。天启四年（1624）举人。崇祯年间，任耀州知州。十五年（1642）夏，疏陈时政，擢山西佥事，改监宣府军。十七年（1644），北京失陷，廷箓逃亡南京。十一月，以张献忠扰乱四川，南明弘光朝廷以廷箓加南京太仆寺少卿，赴云南调沙定洲军，由建昌入川，征讨张献忠。次年三月，以廷箓为右佥都御史巡抚四川，未赴任，而沙定洲叛乱，四川也全部丧失，就没有成行。后李定国攻掠临安，途经河西，廷箓闻讯赴水死。其妻杨氏被捉，不屈而死。

耿廷箓，临安河西人。天启四年（1624）举于乡。崇祯中，知耀州，有能声。十五年（1642）夏，疏陈时政，言："将多不若将良，兵多不若兵练，饷多不若饷核。"又言："诸臣恩怨当忘，廉耻当励。小怨必报，何不大用于断头饮血之元凶；私恩必酬，何不广用于鹄面鸠形之赤子。"优旨褒纳。擢山西佥事，改监宣府军。

十七年（1644），京师陷，走南都。十一月以张献忠乱四川，命加太仆少卿赴云南监沙定洲军，由建昌入川讨贼。明年三月，四川巡抚马乾罢，即拜廷箓右佥都御史代之。未赴，而定洲作乱，蜀地亦尽失，遂止不行。后李定国掠临安，过河西，廷箓闻之赴水死。妻杨被执，亦不屈死。

——《明史》卷二百九十五《忠义传七·耿廷箓传》

---

① 巡抚杨绳武劾良玉避贼：据《崇祯实录》卷九，崇祯九年八月壬申朔"唐王聿键率护军千人勤王，汝南道周以典止之，不听。至裕州，巡按御史杨绳武以闻命劝阻还国"，则"巡抚"应是"巡按"。

王锡衮

王锡衮(？—1647),字龙藻,号昆华、仲山,云南禄丰人。天启二年(1622)进士,选庶吉士。丁父忧,服阕,补任检讨,历升侍读、詹事府詹事。崇祯四年(1631),任会试同考官。五年(1632),升任国子监司业。七年(1634),上疏言历年边事之失策。十三年(1640),升礼部右侍郎,掌翰林院事教习馆员,纂修玉牒、实录总裁,次年以左侍郎掌部事,后调吏部左侍郎。十六年(1643),丁母忧。唐王朱聿键登基后,拜礼部尚书兼东阁大学士,锡衮即至省募兵。南明隆武二年(清顺治三年,1646),锡衮在赴福州途中,被沙定洲劫持,囚在贡院(今云南大学东陆校区)。十一月,在广东肇庆即位的永历帝复申前命,锡衮因被囚而不能至。十二月初十日(1647年1月15日),王锡衮作《风节亭恭纪》,揭露沙定洲罪行。南明永历元年(清顺治四年,1647)四月十九日,沙定洲杀王锡衮于贡院。两年后,永历赐谥忠节,复谥文毅。李根源辑《王忠节集》,收入《明滇南五名臣集》。今王武科编有《王文毅公集》。

王锡衮,禄丰人。天启二年(1622)进士。改庶吉士,授检讨。崇祯中,累官少詹事。十三年(1640)擢礼部右侍郎。

明年秋,尚书林欲楫出视孝陵,锡衮以左侍郎掌部事。帝禁内臣干预外政,敕礼官稽先朝典制以闻。锡衮等备列诸监局职掌,而不及东厂。提督内臣王德化言:"东厂之设,始永乐十八年(1420),《国朝典汇》可据。礼官覆议不及,请解臣职,停厂不设。"锡衮等言:"《典汇》虽载此条,但系下文笺注。臣等以正史无文,故不敢妄引。"帝不听。锡衮复抗疏,请罢厂,亦不允。二月,帝再耕藉田。锡衮因言频岁旱蝗,三饷叠派,请量除加征,严核蠹饷,俾农夫乐生。又以时方急才,请召还故侍郎陈子壮、顾锡畴,故祭酒倪元璐、文安之,且乞免黄道周永戍。给事中沈胤培请增天下解额,锡衮因言南畿、浙江人文更盛,宜倍增。又言举人不第,有三十年不谒选者,宜定制,数科不售,即令服官。从之。

欲楫还朝,锡衮调吏部尚书。李日宣下狱,遂掌部事。帝性纯孝,尝以秋夜感念圣母孝纯太后,遂欲终身蔬食。锡衮疏谏,帝嘉其寓爱于规,进秩一等。寻解部务,直讲筵。(崇祯)十六年(1643)忧归。

唐王立,拜礼部尚书兼东阁大学士。永明王立,申前命。皆不至。土酋沙定洲作乱,执至会城,诡草锡衮疏上永明王,言定洲忠勇,请代黔国公镇云南。疏既行，以稿示之。锡衮大恨，诉上帝祈死。居数日，竟卒。

——《明史》卷二百七十九《王锡衮传》

李日宣，字晦伯，吉水人。……（崇祯）十五年（1642）五月会推阁臣，日宣等以……王锡衮、……名上。

——《明史》卷二百五十四《李日宣传》

文安之，夷陵人。……永明王以瞿式耜荐，与王锡衮并拜东阁大学士，亦不赴。

——《明史》卷二百七十九《文安之传》

马士英，贵阳人。……（崇祯）十五年（1642）六月，凤阳总督高斗光以失五城逮治。礼部侍郎王锡衮荐士英才，（周）延儒从中主之，遂起兵部右侍郎兼右佥都御史，总督庐、凤等处军务。

——《明史》卷三〇八《奸臣传·马士英传》

席上珍

席上珍（？—1647），云南姚安人，崇祯中举人。光明磊落，崇尚节义。南明永历元年（清顺治四年，1647），孙可望、李定国等入云南，席上珍与姚州知州何思、大姚举人金世鼎据守姚安城。孙可望遣张虎攻陷姚安，上珍被抓到昆明斩首。

席上珍，姚安人。崇祯中，举于乡。磊落尚节义，闻孙可望、李定国等入云南，与姚州知州何思、大姚举人金世鼎据姚安城拒守。可望遣张虎攻陷之，世鼎自杀，上珍、思被执至昆明。可望呵之，上珍厉声曰："我大明忠臣，肯为若屈耶！"可望怒，命引出斩之，大骂不绝，遂磔于市。思亦不屈死。

——《明史》卷二百九十五《忠义传七·席上珍传》

马乾

马乾（？—1647），号乐水，云南昆明人。崇祯六年（1633）举人，任四川广安知州，摄夔州府事。张献忠攻城，马乾固守，解围后，以功擢川东兵备佥事，张献忠破成都，巡抚龙文光死，蜀人推其摄巡抚事。击退农民军，复重庆。后张献忠死，孙可望等南奔，清兵追至重庆，马乾战败而死。

马乾者，昆明人。举崇祯六年（1633）乡试，为四川广安知州。夔州告警，巡抚邵捷春檄乾摄府事。张献忠攻围二十余日，固守不下。督师杨嗣昌兵至，围始解。擢川东兵备佥事。成都陷，巡抚龙文光死，蜀人共推乾摄巡抚事。贼陷重庆，留其将刘廷举戍守。乾击走之，复其城。督师王应熊劾乾淫掠，夺职提讯。会蜀地大乱，诏命不至，乾行事如故。乃传檄远近，协力讨贼。廷举既败去，贼遣刘文秀等以数万众来攻，乾固守。曾英等援兵至，贼败还。及献忠死，其党孙可望等南奔，大清兵追至重庆，乾战败而死。

——《明史》卷二百九十五《忠义传七·马乾传》

王应熊，字非熊，巴县人。……（顺治元年，1644）劾四川巡抚马乾纵兵淫掠，革职提问。

——《明史》卷二百五十三《王应熊传》

樊一蘅，字君带，宜宾人。……顺治元年（1644），……会巡抚马乾复重庆，松潘副将朱化龙、同知詹天颜击斩贼将王运行，复龙安、茂州。

——《明史》卷二百七十九《樊一蘅传》

高其勋

高其勋，字懋功，云南马龙人。初袭马龙所千户，以武举人成为黔国公标下中军。吾必奎反，擢参将，守武定。沙定洲来攻，高其勋竭力守御月余，城陷，服毒死。大理陈正、楚雄王承宪亦死于沙定洲攻城时。据《明史》载，沙定洲围大理时，举人高拱极、杨士俊，诸生尹梦旗、冯大成、杨宪等皆殉难，兹不备录。

高其勋，字懋功。初袭千户，后举武乡试，为黔国公标下中军。吾必奎反，擢参将，守御武定。及沙定洲再反，分兵来攻。固守月余，城陷，衣冠望北拜，服毒死。

时有陈正者，世为大理卫指挥，未嗣职。沙贼陷城，督众巷战，手馘数贼而死。

王承宪者，袭祖职为楚雄卫指挥，擢游击，为副使杨畏知前锋。定洲来攻，凡守御备悉，畏知深倚之。贼去复至，承宪偕土官那篱等出城冲击，贼皆披靡，俄为流矢所中死。弟承琪力战死，一军尽殁。

——《明史》卷二百九十五《忠义传七·高其勋传附陈正、王承宪传》

孔师程

孔师程，云南昆明人。因从军而得官。大西军入滇，纠合晋宁、呈贡等州县，起兵抵抗。李定国大军至，师程逃走，晋宁知州冷阳春、呈贡知县夏祖训皆死。晋宁举人段伯美，秀才余继普、耿希哲协助冷阳春守城，均殉难。此外，富民贡生李开芳一家、楚雄举人杜天祯、临安进士廖履亨等或自尽，或被杀。

有孔师程者，昆明人，以从军得官。至是纠合晋宁、呈贡诸州县，起兵拒贼。定国率众奄至，师程遁，晋宁知州石阡冷阳春、呈贡知县嘉兴夏祖训并死之。晋宁举人段伯美，诸生余继善、耿希哲助阳春城守，亦殉难。

贼陷富民，贡生李开芳妻及二子俱赴井死。开芳走至松花坝自经，其友王朝贺掩埋讫，亦自经。在籍知县陈昌裔不受伪职，为贼杖死。

楚雄举人杜天祯，初佐杨畏知拒沙贼，频有功。后畏知督兵击可望败绩，天祯闻之即自尽。

临安之陷，进士廖履亨赴水死。

——《明史》卷二百九十五《忠义传七·席上珍传附孔师程传》

张朝纲

张朝纲，云南广通人，贡生。崇祯间任浑源州同知，后解职归。孙可望等入滇，至广通，朝纲与妻冯氏自缢死。子耀葬亲毕，亦自缢死。

张朝纲，广通人，由贡生授浑源州同知，解职归。可望等兵至，与其妻冯并缢死，子诸生耀葬亲讫，亦缢死。

——《明史》卷二百九十五《忠义传七·徐道兴传附张朝纲传》

沙定洲

沙定洲（？—1648），云南蒙自人。父沙源骁勇有将才，万历年间因军功任王弄（今文山薄竹镇）副长官，又因征建水功，得赏安南长官司废地，累加至宣抚使，时称"沙兵"。定洲是其次子。阿迷土司普名声死后，其妻万氏改嫁沙定洲，两土司合一，势力大增。南明弘光元年（清顺治二年，1645），武定土司吾必奎叛乱，黔国公沐天波调沙定洲等部进剿，沙定洲颇有怨言，不愿出征。时有奸徒余锡朋夸黔府富有，沙定洲颇为垂涎，遂于十二月初一日（1646年1月17日），以入城辞行为由，率兵焚掠黔府，沐天波逃往楚雄。沙定洲盘踞昆明，全滇震动。南明永历元年（清顺治四年，1647）正月，沙定洲攻楚雄，不能克。二月，张献忠余部孙可望、李定国等入贵州，诈称沐天波之妻焦夫人弟入滇报仇，与沙定洲战于曲靖草泥关（一作"革泥关"），大败之。沙定洲退回阿迷，屯兵于洱革龙（在今文山），暂借安南的援助以巩固自己。南明永历二年（清顺治五年，1648）四月初，李定国趁沙定洲同万氏等人在下属营地宴饮，率兵围营，双方对抗数日后，沙定洲乃率众出降。八月，李定国将沙定洲、万氏等数百人解回昆明处死。孙可望于是占据云南，沐天波最终死于缅甸。

驯至神宗之世，朝廷惰偷，封疆败坏日甚一日。缅、莽之叛，皆土官之失职者导之。虽稍奏肤功，而滇南丧败，卒由土官沙定洲之祸。

沙定洲者，王弄山长官司沙源之子也。源骁勇有将材，万历中，数从征调有功，巡抚委以王弄副长官事。继以征建水功，以安南长官司废地界之。后征东川、水西、马龙山等处，全云南会城，称首功，累加至宣抚使，时号沙兵。定洲，其仲子也。

崇祯中，元谋土知州吾必奎叛。总兵官沐天波剿之，调定洲从征。定洲不欲行，出怨言。会奸徒饶希之、余锡朋者通天波金，无以偿。锡朋常出入土司家，夸黔府富盛。定洲心动，阴结都司阮韵嘉诸人为内应。既定洲入城辞行，天波以家讳日不视事，定洲噪而入，焚劫其府。天波闻变，由小窦遁。时宁州土司禄永命在城，方巷战拒贼，从官周鼎止天波，留讨贼。天波疑鼎为定洲诱己，杀之，其母妻皆走城北自焚死。定洲据黔府，盘踞会城。劫巡抚吴兆元，使题请代天波镇滇，传檄州县，全滇震动。禄永命与石屏州龙在田俱引所部去。

天波走楚雄，金沧副使杨畏知奉调驻城中，谓天波曰："公何不走永昌，使楚得为备，而公在彼掎角，首尾牵制之，上策也。"天波从之。定洲至楚雄，城闭不得入，乃去。遣其党王翔、李日芳等，攻陷大理、蒙化。畏知乘间檄城外居民尽入城，筑阵浚隍，调土、汉兵守之。定洲闻禄永命等各固守，不敢至永昌，恐畏知截其归路，急还兵攻楚雄。畏知坐城楼，贼发巨炮击之，烟焰笼城橹，众谓畏知已死，而畏知端坐自如，贼相惊谓神。畏知伺贼间，辄出奇兵杀贼甚众。贼引去，攻石屏不下，还攻宁州，禄永命战死。贼计迤东稍稍定，乃复攻楚雄。分兵为七十二营，环城掘濠，为久困计。

会张献忠死，其部将孙可望率余众由遵义入黔，称黔国焦夫人弟来复仇。民久困沙兵，喜其来，迎之。定洲解楚雄围，迎战于草泥关，大败，遁阿迷。可望破曲靖及交水，俱屠之。遂由陆凉、宜良入云南城，分遣李定国徇迤东诸府。……而李定国之徇临安者，定洲部目李阿楚拒战甚力。定国穴地置炮，炮发城陷，遂入。……当时皆意定国破临安，必袭阿迷，取定洲，乃仅掠临安子女而回，所过无不屠灭。……

始定洲归，屯兵洱革龙，且借安南援自固。会可望与定国不协，声其罪，杖之百，责以取定洲自赎。定国既至，定洲土目杨嘉方迎定洲就其营宴。定国侦知之，率兵围营，相拒数日，乃出降。遂械定洲及妻万氏数百人回云南，剥其皮市中。可望遂据滇，而天波卒走死于缅甸。

——《明史》卷三百十三《土司传四·云南土司传一·云南》

　　鲁府宗室寿鍪，家兖州。崇祯中为云南通判，有声绩。永明王由榔在广西，以为右佥都御史，使募兵。值沙定州①乱，兵不能集。

——《明史》卷一百十六《诸王传一·太祖诸子传一·鲁王檀传附朱寿鍪传》

　　（沐启元）子天波嗣。十余年而土司沙定洲作乱，天波奔永昌。乱定，复归于滇。……初，沙定洲之乱，天波母陈氏、妻焦氏自焚死。

——《明史》卷一百二十六《沐英传附沐昌祚传》

　　必奎伏诛，而阿迷土官沙定洲继乱，据云南，黔国公沐天波走楚雄。巡抚吴兆元不能制，许为奏请镇云南。定洲遂西追天波，畏知说天波走永昌，而己以楚雄当定洲。定洲至，畏知复绐之曰："若所急者，黔国尔，今已西。待尔定永昌还，朝命当已下，予出城以礼见。今顺逆未分，不能为不义屈也。"定洲恐失天波，与盟而去。分兵陷大理、蒙化。畏知乘间清野缮堞，征邻境援兵，姚安、景东俱响应。定洲闻，不敢至永昌，还攻楚雄，不能下。畏知伺贼懈，辄出击，杀伤多。乃引去，还攻石屏、宁州、嶍峨，皆陷之。复西攻楚雄，迄不能下。明年，孙可望等入云南，定洲还救，大败，遁归阿迷，可望等遂据会城。

——《明史》卷二百七十九《杨畏知传》

龙在田

　　龙在田（？—1652），云南石屏人。初龙朋里长，万历四十六年（1618）充保长。天启二年（1622），平安效良等乱，升土守备。五年（1625），加坐营都司。七年（1627）擢土巡检。崇祯二年（1629）与吾必奎收复乌撒。八年（1635），率所领部队响应朝廷诏令，赴湖广、河南进击农民起义军，因功升副总兵。十一年（1638）九月，在双沟大败贺一龙、李万庆，升都督同知。次年三月，在固始大败义军，后遭嫉罢官归乡。十五年（1642）筑龙朋城，上疏请援中

---

① 按：沙定州，应是"沙定洲"。

原,被兵部搁置。南明弘光元年(清顺治二年,1645)八月,吾必奎反,在田奉黔国公沐天波命与宁州土知州禄永命协助征讨,擒获吾必奎。不久,阿迷土司沙定洲作乱,占据省城,沐天波奔楚雄,在田不敢攻击。南明永历元年(清顺治四年,1647),定洲攻打石屏,不能克,改为攻打宁州,随即陷嶍峨,龙在田逃往大理。时大西军余部孙可望等到贵州,在田遂邀其入滇平乱,并劝沐天波与大西军合作扶明抗清。沙定洲乱平,龙在田归乡。南明永历六年(清顺治九年,1652),病卒于家。墓在今石屏县龙朋镇核桃园村前龙氏家族墓地中。

龙在田,石屏州土官舍人也。天启二年(1622),云南贼安效良、张世臣等为乱。在田与阿迷普名声、武定吾必奎等征讨,数有功,得为土守备。新平贼剽石屏,安效良攻霑益,在田俱破走之。巡抚闵洪学上其功,擢坐营都司。

崇祯二年(1629)与必奎收复乌撒。八年(1635),流贼犯凤阳,诏征云南土兵。在田率所部应诏,击贼湖广、河南,频有功,擢副总兵。总理卢象昇檄讨襄阳贼,至则象昇已奉诏勤王,命属熊文灿。十年(1637)三月击擒大盗郭三海。十一年(1638)九月大破贺一龙、李万庆于双沟,进都督同知。明年三月大破贼固始,斩首三千五百有奇。张献忠之叛也,文灿命在田驻谷城,遏贼东突。诸将多忌在田,谗言日兴。及文灿被逮,在田亦罢归,还至贵州,击平叛贼安陇壁。

十五年(1642)夏,中原盗益炽。在田上疏曰:"臣以石屏世弁,因流氛震陵,奋激国难,捐赀募精卒九千五百,战象四,战马二千,入楚、豫破贼。贼不敢窥江北陵寝,滇兵有力焉。五载捷二十有八,忌口中阻,逼臣病归。自臣罢,亲藩辱,名城屡陷。臣妄谓讨寇必须南兵。盖诸将所统多乌合,遇寇即逃,乏饷即噪。滇兵万里长驱,家人父子同志,非若他军易溃也。且一岁中,秋冬气凉,贼得驰骋。春夏即入山避暑,养锐而出,故其气益盛。夫平原战既不胜,山蹊又莫敢撄,师老财殚,荡平何日。滇兵轻走远跳,善搜山。臣愿整万众,力扫秦、楚、豫、皖诸寇,不灭不止。望速给行粮,沿途接济。臣誓捐躯报国,言而不效,甘伏斧锧。"帝壮之,下兵部议,寝不行。

逾二载,乙酉(清顺治二年,1645)八月,吾必奎叛。黔国公沐天波檄在田及宁州土知州禄永命协讨,击擒之。未几,沙定洲作乱,据云南府,在田不敢击。明年,定洲攻在田不下,移攻宁州,寻陷嶍峨,在田走大理。又明年,孙可望等至贵州,在田说令攻定洲,定洲迄破灭。在田归,卒于家。

——《明史》卷二百七十《龙在田传》

熊文灿，贵州永宁卫人。……（崇祯十一年，1638）九月，文灿次襄阳，贼分踞郧、襄诸险。诸将请战，文灿议分兵。……乃……以通判孔贞会监副将龙在田军，战于双沟，大破之，斩首二千余级。

——《明史》卷二百六十《熊文灿传》

宋一鹤，宛平人。……巡按御史禹好善以一鹤知兵，荐之，授兵部员外郎，寻擢天津兵备佥事，改饬汝南兵备，驻信阳。……一鹤先后剿剧贼，斩首七百有奇。从副将龙在田破贼固始，一鹤毒杀其贼千人。

——《明史》卷二百六十三《宋一鹤传》

（崇祯）十一年（1638）正月，……张献忠假官旗号袭南阳，……未几，请降，良玉知其伪，力请击之，（熊）文灿不许。九月，文灿剿郧、襄诸贼，良玉与（陈）洪范及副将龙在田击破之双沟营，斩首二千余级。

——《明史》卷二百七十三《左良玉传》

胡一青（附赵印选）

胡一青，云南临安（今建水）人。据王夫之《永历实录》本传，一青本名一清，南明隆武中，改名一青。赵印选，其中表兄弟。南明弘光元年（清顺治二年，1645），御史陈苃巡按云南，募滇兵入卫，岁余，得五六千人，以胡绍虞为总统，印选为副，一青为偏裨，寻南京陷落。南明永历元年（清顺治四年，1647），印选帅一青屯安福。清兵围吉安，一青率骑援救解围。冬，吉安陷落，江西巡抚万元吉、陈苃相继死。一青、印选无所听命，欲解甲归滇，转战至永州，入何腾蛟部，奏授印选、一青各副总兵，屯永州待调，不久湖南陷落。时永历帝居武冈，何腾蛟入见，印选、一青率军随至，奉敕入见，赐号御滇营，皆授总兵官都督同知，挂将军印。南明永历二年（清顺治五年，1648），桂林溃败，文渊阁大学士兼兵部尚书瞿式耜等入城坚守，并向何腾蛟请援。腾蛟派印选、一青援救，一青陷阵杀敌，大败清将线国安，清兵逃亡湖北。一青遂与印选等，接连收复全州、永州、衡州。何腾蛟列上其功，封印选新兴侯、一青兴宁伯。转战三年，一青所将滇兵死伤过半，遂又在楚粤间募新兵万余人，印选募兵近两万人。印选以总统论功，封开国公；一青晋爵卫国公。南明永历四年（清顺治七年，1650）十一月，孔有德攻榕江，印选仓促撤军，护送其妻逃往柳州；一青亦弃垒而去，桂林遂陷。印选老悖狂惑，军队解散，遂卒。李定国军南宁，一青导其攻云南，但终不愿与定国合作。后为清军所困，乃披薙为僧，率其属耕种而食，数年后，为线国安所杀（一说一青为农，得善终）。

张居正，字叔大，江陵人。……（曾孙）同敞有文武材，意气慷慨。……大将王永祚等久围永州，大兵赴救，胡一青率众迎敌，战败。

——《明史》卷二百十三《张居正传附张同敞传》

万元吉，字吉人，南昌人。……顺治三年（1646）三月，（杨）廷麟将朝王，元吉代守吉安。初，崇祯末，命中书舍人张同敞调云南兵，至是抵江西，两京已相继失，因退还吉安。廷麟留与共守，用客礼待之。其将赵印选、胡一青频立功，而元吉约束甚严，诸将渐不悦。……（唐）王闻赣围久，……使尚书郭维经来援。……元吉部将汪起龙率师数千，云南援将赵印选、胡一青率师三千，大学士苏观生遣兵如之。

——《明史》卷二百七十八《万元吉传》

堵胤锡，字仲缄，无锡人。……顺治六年（1649），……胤锡与胡一青守衡州，战败走桂阳。

——《明史》卷二百七十九《堵胤锡传》

吴贞毓，字元声，宜兴人。……拥立永明王，……进东阁大学士，……时顺治八年（1651），大兵南征，势日迫。王召诸臣议，……亡何，开国公赵印选、卫国公胡一青殿后军，战败奔还。请王速行，急由水道走土司，抵濑湍。

——《明史》卷二百七十九《吴贞毓传》

何腾蛟，字云从，贵州黎平卫人。……顺治四年（1647）六月，……（永明）王召腾蛟图（刘）承胤，腾蛟无兵，命以云南援将赵印选、胡一青兵隶之。……承胤伏千骑袭腾蛟，印选卒力战，尽歼之，腾蛟乃还驻白牙。八月，……王将返桂林，而城中止焦琏军，腾蛟率印选、一青入为助。而南安侯郝永忠忽拥众万余至，与琏兵欲斗，会宜章伯卢鼎兵亦至，腾蛟为调剂，桂林以安。乃遣琏、永忠、鼎、印选、一青分扼兴安、灵川、永宁、义宁诸州县。……（顺治五年，1648）二月，……大兵知桂林有变，直抵北门。腾蛟督琏、一青等分三门拒守，大兵乃还全州。……大兵在湖南者姑退，腾蛟遂取全州。复遣保昌侯曹志建、宜章侯卢鼎、新兴侯焦琏、新宁侯赵印选攻永州，围城三月，大小三十六战，十一月朔克之。

——《明史》卷二百八十《何腾蛟传》

（顺治）五年（1648）二月，……（瞿）式耜家亦被掠，家人矫腾蛟令箭，乃出城。日中，赵印选诸营自灵川至，亦大掠，城内外如洗。永忠走柳州，印选等走永宁。明日，式耜息城中余烬，安抚远近。焦琏及诸镇周金、汤兆佐、胡一青等各率所部至，腾蛟军亦至。……（顺治七年，1650）九月，全州破。开国公赵印选居桂林，卫国公胡一青守榕江，与宁远伯王永祚皆惧不出兵，大兵遂入严关。十月，一青、永祚入桂林分饷，榕江无戍兵，大兵益深入。十一月五日，式耜檄印选出，不肯行，再趣之，则尽室逃。一青及武陵侯杨国栋、绥宁伯蒲缨、宁武伯马养麟亦逃去。

——《明史》卷二百八十《瞿式耜传》

薛大观

薛大观（？—1658），字尔望，云南昆明人。诸生。能文章，重然诺，以气节重。孙可望、李定国等入滇，不附。李定国迎永历帝入滇，仍不附，遂携全家隐居城北黑龙潭。南明永历十二年（清顺治十五年，1658），清军入滇，永历帝亡缅，率子、媳等投黑龙潭殉节。同日，次女随夫避兵山中，赴火而死。戴名世为作传，记事较详；康熙时督学吴存义为撰墓表，表彰薛氏正气。清末，李根源常率讲武堂学生往黑龙潭拜谒薛氏墓，以激励他们的志气。入民国，李根源又主持建设薛尔望先生祠堂，袁嘉榖题"明忠义薛尔望先生故里"碑。薛氏墓今在黑龙潭公园。

初，由榔之走缅甸也，昆明诸生薛大观叹息曰："不能背城战，君臣同死社稷，顾欲走蛮邦以苟活，不重可羞耶！"顾子之翰曰："吾不惜七尺躯，为天下明大义，汝其勉之！"之翰曰："大人死忠，儿当死孝。"大观曰："汝有母在。"时其母适在旁，顾之翰妻曰："彼父子能死忠孝，吾两人独不能死节义耶？"其侍女方抱幼子，问曰："主人皆死，何以处我？"大观曰："尔能死，甚善。"于是五人偕赴城北黑龙潭死。次日，诸尸相牵浮水上，幼子在侍女怀中，两手坚抱如故。大观次女已适人，避兵山中，相去数十里，亦同日赴火死。

——《明史》卷二百七十九《吴贞毓传附薛大观传》

那嵩

那嵩（？—1659），字维岳，云南元江人。世袭土知府，掌他郎寨。重气节，读书不倦。筑楼藏书万卷其中，与丽江木氏、顺宁猛氏藏书楼鼎立天南。永历奔缅甸，过元江，与子焘迎候拜谒，供奉恭谨。永历入缅后，李定国抵猛猛，兼有孟艮、木邦等地，号召诸土司兴兵，那嵩起兵响应，受总督衔，其余土司也多响应，与那嵩呈掎角之势，以牵制吴三桂西进。顺治十六年（1659）十一月，吴三桂兵围元江，那嵩率子焘及家人登楼自焚，士民多巷战死。清平云南后，赐谥烈愍，其族人在县南文笔山麓为建衣冠冢。民国时，元江县知事刘达武为撰墓表，袁嘉毂为作别传。

有那嵩者，沅江①土官也。世为知府。嵩嗣职，循法无过。王走缅甸，过沅江，嵩与子焘迎谒，供奉甚谨，设宴皆金银器。宴毕，悉以献，曰："此行上供者少，聊以佐缺乏耳。"后李定国号召诸土司兵，嵩即起兵应之。已而城破，登楼自焚，阖家皆死，其士民亦多巷战死。

——《明史》卷二百七十九《吴贞毓传附那嵩传》

李定国，字鸿远，陕西延安人。……桂王入缅甸，定国次孟艮，如木邦，从文选谋，分屯边境。……未几，复移驻孟连。……孟艮酋惧定国兼并，攻定国，定国击破之，遂据其地。号召诸土司起兵，元江土司那嵩应定国，三桂讨焉，嵩自焚死。

——《清史稿》卷二百二十四《李定国传》

卓罗，满洲正白旗人，巴笃理子也。……（顺治）十六年（1659）正月，……明桂王奔缅甸，定国屯孟艮，以印劄招元江土司那嵩。十月，卓罗与噶布什贤噶喇昂邦白尔赫图等共击之，克其城，那嵩自焚死。

——《清史稿》卷二百三十六《卓罗传》

白尔赫图，初由噶布什贤壮达授兵部副理事官。……（顺治）十五年（1658），从信郡王多尼征贵州，屡陷阵，进克云南。逾年，……明桂王（朱）由榔及（李）定国、白文选俱遁入缅甸。信郡王班师，白尔赫图留驻云南。定国入犯，约降将高应凤内应，以由榔印劄诱元江土司那嵩叛，白尔赫图往剿，……那嵩自焚死，赐白金、鞍马。

——《清史稿》卷二百四十九《苏克萨哈传附白尔赫图传》

吴三桂，字长伯，江南高邮人，籍辽东。……（顺治）十六年（1659）……，（李）定国求出（朱）由榔缅甸，军孟艮。元江土司那嵩与降将高应凤举兵应定国。三桂督兵自石屏进围元江，逾月，击斩应凤，嵩自焚死，收其地为元江府。

——《清史稿》卷四百七十四《吴三桂传》

---

① 按：沅江，应是"元江"，下文"过沅江"亦是。

清

王弘祚

王弘祚（1603—1674），字懋自，号玉铭，晚号思斋。云南永昌（今保山）人，祖籍陕西三原。出身官宦世家，天资聪颖，"性纯孝，沈毅寡言，有才智"。明崇祯三年（1630）举人，官户部郎中，降于清。顺治元年（1644），授山西按察司佥事、岢岚兵备道。二年（1645），授户部郎中，主持修纂《赋役全书》，十五年（1658）完成，升户部尚书。十六年（1659），加太子太保。十八年（1661），回籍守制。康熙三年（1664），任刑部尚书，未几复调户部尚书。八年（1669），任兵部尚书。次年致仕。十三年（1674）卒，谥端简。张英为作《墓志铭》。《清史列传》入《贰臣传》。作为云南人，王弘祚在清军平定西南的过程中，屡有建言。大约在顺治十五年（1658）秋，王弘祚作《滇南十议疏》，为清廷治滇提出十项建议，切中时弊，颇有助于清初云南社会经济的恢复和发展。著有《颐庵诗文集》。

王弘祚，字懋自，云南永昌人。明崇祯三年（1630）举人。自蓟州知州迁户部郎中，督饷大同。顺治元年（1644），授岢岚兵备道。总督吴孳昌以弘祚筹画军饷，请仍留大同。二年（1645），以总督李鉴荐，仍授户部郎中。中原初定，图籍散佚。弘祚聪强习掌故，户部疏请修《赋役全书》，以弘祚主其事。弘祚谓："民不苦正供而苦杂派，法不立则吏不畏，吏不畏则民不安。闾阎菽帛之输，朝廷悉知之，则可以艰难成节俭。版籍赋税之事，小民悉知之，则可以烛照绝侵渔。"裁定赋役，一准万历间法例，晚末苛细巧取，尽芟除之，以为一代程式。三年（1646），加太仆寺少卿。六年（1649），迁太仆寺卿，仍领郎中。

十年（1653），擢户部侍郎。时云、贵尚为明守，孙可望据辰州。弘祚请于江南、江西、湖广丰稔之地，采米谷、储粮饷为进取计。又言："黔国公沐天波世守云南，得民心，其僚属有散处江宁者，宜令往招天波为内应。贵州九股黑苗，自都匀、黎平远及庆远、靖州，近为可望蹂躏，宜加意抚绥，俾令归化。冠服异制，勿骤更易。"上以所言足助抚剿，下经略大学士洪承畴采行。

十一年（1654），给事中郭一鹗劾弘祚修《赋役全书》逾久未成，弘祚疏辨，一鹗复劾其巧饰。下部议，以各省册报稽迟，弘祚不举劾，论罚俸。十二年（1655），疏请禁有司私派累民、将领冒名领饷，皆下部议行。十三年（1656），以河西务钞关员外郎朱世德征税不如额，援赦请免议，坐降三级，命留任。十五年（1658），《赋役全书》成，叙劳，还所降级。考满，荫子。寻擢尚书，加太子少保。命同大学士巴哈纳等校订律例。十六年（1659），进太子太保。

云南平，迭疏上善后诸事，请开乡试，慎署员，设重镇，稽丁田，恤士绅，抚土司，宽新政。既，又疏言司道宜久任，州县宜部选，投诚宜解散，荒残宜轸恤，炉座宜多设。弘祚闻父母丧，疏乞解官奔赴，命在任守制。逾月，命出视事。十八年（1661），圣祖即位，疏请归葬，许之。旋谕促还朝。

康熙三年（1664），授刑部尚书，寻复还户部。四年（1665），星变地震，求直言。弘祚疏言："异星见，天失其常；地震，地失其常。挽回天地之变，首在率循人事之常。"漕粮自通州运京师，或谓水次支散，可省转搬费。弘祚持不可，谓："水次支散，受者艰负戴。必减直而售，则米狼戾在外。京仓颁给虽有巢者，颗粒皆在都下。根本至计，不宜以小利遽变。"又有议尽裁州县存留与变漕粮官运为商运者，固争不得，具疏上之，卒如弘祚议。

六年（1667），用辅政大臣鳌拜议，户部增设满尚书，以授玛尔赛，与弘祚龃龉。七年（1668），户部失察书吏假印盗帑，大学士班布尔善独罪弘祚，坐夺官。八年（1669），鳌拜得罪，起弘祚兵部尚书。九年（1670），以老乞休，命驰驿归里，食原俸。弘祚中道疾作，侨居江宁。念未终事父母，辑《永思录》，自号曰思斋。十一年（1672），疏辞俸，谕曰："卿在官著有劳绩，引年乞休，赐禄颐养，毋固辞。"十三年（1674），卒，赐祭葬，谥端简。

——《清史稿》卷二百六十三《王弘祚传》

（康熙）三年（1664）闰六月乙酉，以王弘祚为刑部尚书。

十一月丁未（1665年1月5日），以……王弘祚为户部尚书……

七年（1668）八月壬申，户部尚书王弘祚坐失察书吏伪印盗帑免。

八年（1669）五月乙未，……起王弘祚为兵部尚书。

——《清史稿》卷六《圣祖本纪六》

赋役，一曰赋则。……顺治三年（1646），谕户部稽核钱粮原额，汇为《赋役》全书，悉复明万历间之旧。……十一年（1654），命右侍郎王宏祚订正《赋役全书》，先列地丁原额，次荒亡，次实征，次起运存留。起运分别部寺仓口，存留详列款项细数。其新垦地亩，招徕人丁，续入册尾。每州县发二本，一存有司，一存学宫。赋税册籍，有丈量册，又称鱼鳞册，详载上中下田则。有黄册，岁记户口登耗，与《赋役全书》相表里。有赤历，令百姓自登纳数，上之布政司，岁终磨对。有会计册，备载州县正项本折钱粮，注明解部年月。复采用明万历一条鞭法。一条鞭者，以府、州、县一岁中夏税秋粮存留起运之额，均徭里甲土贡雇募加银之额，通为一条，总征而均支之。至运输给募，皆官为支拨，而民不与焉。颁易知由单于各花户。由单之式，每州县开列上中下则，正杂本折钱粮，末缀总数，于开征一月前颁之。又佐以截票、印簿、循环簿及粮册、奏销册。截票者，列地丁钱粮实数，分为十限，月完一分，完则截之，钤印于票面，就印字中分，官民各执其半，即所谓串票也。印簿者，由布政司颁发，令州县纳户亲填入簿，季冬缴司报部。循环簿者，照《赋役全书》款项，以缓急判其先后，按月循环征收。粮册者，造各区纳户花名细数，与一甲总额相符。奏销册者，合通省钱粮完欠支解存留之款，汇造清册，岁终报部核销。定制可谓周且悉矣。

——《清史稿》卷一百二十一《食货志二·赋役》

鳌拜，瓜尔佳氏，满洲镶黄旗人，……上（圣祖）亲政，……鳌拜益专恣。户部满尚书缺员，欲以命玛尔赛，上别授玛希纳，鳌拜援顺治间故事，户部置满尚书二，强请除授。汉尚书王弘祚领部久，玛尔赛不得自擅，乃因事龁而去之。

——《清史稿》卷二百四十九《鳌拜传》

朱之弼，字右君，顺天大兴人。……会岁旱求言，之弼……又疏劾户部赈济需迟，救荒无术。京师既得雨，河南报彰德、卫辉以旱成灾，户部奏："上步祷天坛，时雨方降。彰德、卫辉地接畿南，何独请蠲恤？请覆勘。"之弼疏争，略谓："百里不同风，千里不同雨，安得以辇下例率土？且以抚臣疏报为不可信，而又倚以覆勘，使抚臣告灾如前，部臣信之不可，不信必易人而勘，徒使地方增烦扰耳。自夏徂冬，被灾州县未尽停征，待勘明已至来春，虽蠲免，徒饱吏橐，饥民转为沟中瘠久矣。"与尚书王弘祚廷辨，卒从之弼议。

——《清史稿》卷二百六十三《朱之弼传》

论曰：弘祚定赋役，（姚）文然修律例，皆为一代则，其绩效巨矣。

——《清史稿》卷二百六十三末

李澄

李澄（1614—1677），字仲澜，号果峰，云南昆阳（今昆明市晋宁区）人。明季拔贡，候选县令。父兆旂，明崇祯八年（1635）死难，李澄请于当事，得祀乡贤，每晨必到祠焚香泣拜。清顺治四年（1647），大西军入滇，李澄奉母洪氏避兵山中，洪氏病亟，不愿终于山谷，遂移至佛寺，遽卒，乃背负母亲遗骸至祖墓。五年（1648），山猓入城劫掠，总兵领兵至，李澄被执，幸有兵识出乃得免，澄即痛陈地方情形，建议招抚山猓，于是仅杀其首领，余悉保全，一州获免。李澄事迹颇著，王思训、赵士麟等皆为作传，收入《昆阳李氏族谱》。

李澄，字仲澜，云南昆阳人。明季，充选拔贡生。父兆旂，官庐江训导，死寇难，幼子淳从死。澄奔赴，收父骨返葬，请于当事，得立祠，晨必诣祠拜且泣。寇至，奉母洪避山谷。洪病亟，言不愿以山谷终，负母投佛寺，遽卒，负遗骸攒祖墓。顺治初，山猓入州城，劫官舍，发藏粟。省吏以兵至，执澄将杀之，兵中有识澄者，乃免。澄因言："山猓迫饥寒，无与百姓事。今固不宜累百姓，即山猓亦不宜轻言剿，否则且反戈。"乃坐其渠，州民以安。兄弟凡八，与仲弟俱，老，相友爱。

——《清史稿》卷四百九十八《孝义传二·李澄传》

赵士麟

赵士麟（1629—1699），字麟伯，号玉峰，云南河阳（今澄江）人。康熙三年（1664）进士。历官贵州平远府推官、河北容城知县。十三年（1674），升文选司主事。十六年（1677），任江南乡试副考官。二十二年（1683），由右通政升左副都御史，时清廷统一台湾，乃上《台湾善后疏》，主张设流官以治。二十三年（1684），任浙江巡抚。二十五年（1686），调江宁巡抚。二十六年（1687），升兵部督捕右侍郎。二十九年（1690），调吏部右侍郎，次年转左侍郎。三十八年（1699）卒。生平博极群书，潜心正学，躬行实践，施于政事，所至皆有声绩。特别是在浙江任上，博采群言，大启书院，厘正风俗，疏凿河道，加强海防，深得民心。光绪十八年（1892），从护理浙江巡抚刘树堂之请，祀浙江名宦。士麟为官清廉，殁后惟图书数百卷，四壁萧然。工书法，兼二王之妙。著有《敬一录》《读书堂集》《读书堂法帖》等。

赵士麟生平事迹，以弟子徐文驹所作《行状》最详。其卒年，据《行状》是康熙三十八年（1699），《清史稿》误作三十七年（1698）。

赵士麟，字麟伯，云南河阳人。康熙三年（1664）进士，授贵州平远推官。改直隶容城知县，缉盗卫民，创正学书院，与诸生讲学。行取，授吏部主事。历郎中，擢光禄寺少卿，三迁至左副都御史。疏请台湾改郡县比内地，设总兵镇守，省沿海之戍卒，诏报可。

二十三年（1684），授浙江巡抚。杭州民贷于驻防旗兵，名为"印子钱"，取息重，至鬻妻孥卖田舍；不偿，则閧于官。营兵马化龙殴官，成大狱。士麟移会将军掣缴券约，捐资代偿。将军令减子归母，母复减十之六。事遂解，民大称颂。诏裁浙江总督，总督驻衢州，督标兵三千被汰，乏食哗掠，民罢市。士麟仍济以饷，因奏设副将一，定额兵八百余，留拨各营缺额。众乃定。浙中豪右衙蠹，骄悍不法，为民害。士麟廉得其状，悉置之法，强暴敛迹。省城河道久淤，督役疏浚，半载讫工，民以为便。复缮城隍，修学校，亲莅书院，与诸生讲论经史及濂、洛、关、闽之学，士风大振。禁革规费，积弊一清。二十五年（1686），移抚江苏。浙人怀之，绘图以志去思，并于西湖敬一书院肖像祀之。寻召为兵部督捕侍郎，调吏部，皆能举其职。三十七年（1698），卒。祀浙江名宦。

士麟潜心正学，以朱子为归。躬行实践，施于政事，士悫民恬，所至皆有声绩。

——《清史稿》卷二百七十五《赵士麟传》

《读书堂集》四十六卷。赵士麟撰。

——《清史稿》卷一百四十八《艺文志四·集部·别集类》

熊赐履，字敬修，湖北孝感人。……（康熙）三十四年（1695），弟编修赐瓒以奏对欺饰下狱，御史龚翔麟遂劾吏部铨除州县以意高下，赐履伪学欺罔，乞严遣。下都察院议，赐履与尚书库勒纳，侍郎赵士麟、彭孙遹当降官，上不问，赐瓒亦获赦。

——《清史稿》卷二百六十二《熊赐履传》

龚翔麟，字蘅圃，浙江仁和人。……康熙三十三年（1694），考选陕西道御史，……（康熙三十四年，1695）俄又劾（熊）赐履及侍郎赵士麟乱铨政，条列以上。

——《清史稿》卷二百八十二《龚翔麟传》

杨永斌

杨永斌（1670—1741），字寿廷，号陡山，云南昆明人。康熙三十八年（1699）举人。历官临桂、阜平、大城知县，涿州知州。雍正三年（1725），授威宁知府，协助总督鄂尔泰改土归流。七年（1729），由贵州贵东道升湖南布政使。九年（1731），调广东布政使，次年二月署广东巡抚，八月实授。任内，捕盗、积谷、开渠、兴学、革陋规、安流民、荐人才、添船汛，政绩颇著。乾隆二年（1737），署两广总督，寻调为湖北巡抚，未久调抚江苏。在楚、吴两地，严保甲、课农桑、修学校、除巨猾、增筑海塘、开凿运河，惠政亦多。三年（1738），署礼部侍郎，又调吏部右侍郎。四年（1739），以年老致仕。五年十二月十八日（1741 年 2 月 3 日）卒。张廷玉为撰《墓表》，谓其"言谈性理、诗古文词，无不窥其渊奥"；鄂尔泰为作《墓志铭》，称其"寓精明于浑厚之中，迨滇黔第一人"。

杨永斌，字寿廷，云南昆明人。康熙三十八年（1699）举人。以知县发广西，补临桂知县，以廉能闻。遭丧去，服除，授直隶阜平知县，署平山，调大城，皆有惠政。以捕治内监陈永忠未即获，夺官。大城民乞巡抚疏留，会世宗即位，知永斌贤，许复官。迁涿州知州。

雍正三年（1725），特谕永斌才守俱优，授贵州威宁知府。威宁界滇、蜀，诸土司虐使其众，时出掠境外。乌蒙禄万钟、镇雄陇庆侯尤强悍。永斌被檄定界，单骑入谕其渠，阴使人伪为商贾，分道图地形。鄂尔泰督云、贵，永斌以图上，且曰："二酋不惩，终为边患。万钟幼，诸土司未附。今四川总督劾万钟不职，请发兵压境，召万钟出就质。不出，以兵入。乌蒙平，镇雄势孤，亦且降。"鄂尔泰从之，召万钟不至，令游击哈元生与永斌督兵入。万钟走镇远，与庆侯同诣四川降。凡三十三日而事定。米贴土妇陆氏为乱，鄂尔泰遣兵讨之，永斌语元生曰："贼以冕山、巴补为后路，事急则渡金沙江而逸。以重兵扼其前，奇兵越江攻之，贼可歼也。"元生用其策，克米贴。

鄂尔泰疏荐永斌可大用，擢贵东道，旋调粮驿道，署按察使。朝议加税军田亩五钱，永斌议曰："军田粮以屯租为准，已数倍于民田。且今转相授受，与民田交易无异。名为军屯，实皆民产，而亩税之，是重科也，民必不服。当多事之秋，增剥肤之患，驱之为乱耳。"鄂尔泰以闻，事乃寝。七年（1729），迁湖南布政使。湖南方议清察军田计亩，未定，永斌援贵州议以请，亦得免。

九年（1731），调广东。十年（1732）春，命署巡抚，是秋真除。广东生齿繁，民不勤稼穑，米值高。永斌饬诸州县劝垦，高亢不宜禾，令艺豆麦，诸山坡麓栽所宜木。又以惠、潮两府民最悍，招垦官田，租入充粤秀书院膏火。奏闻，嘉奖，命勘明垦地亩数。寻又奏言："勘明可垦地六千八百余顷，此外或山深箐密，或夹沙带卤，体察民情，恐硗地薄收，粮赋无出。臣思瘠田产谷虽少，若多垦数十万亩，年丰可得数十万石，即歉岁亦必稍有所获，事益于民。察通省粮额，新宁斥卤，轻则亩征银四厘有奇、米四合有奇。拟请凡承垦硗瘠之地，概准此例，十年起科。"下部议行，于是垦田至百十八万余亩。

乾隆元年（1736），兼署两广总督。上命除落地税，因请并免渔课、埠税，革粤海关赢余陋例未尽汰者，上悉从之。永斌在广东数年，坦怀虚己，淬厉诸将吏。获剧盗余猊、陈美伦数十辈置之法，收曲江乳源诸峒瑶归化。西洋估舶互市至者，悉令寄碇澳门，不得泊会城下。粤民颂其绩。二年（1737），调湖北，兼署湖广总督。令严保甲，缮城堡，课农桑，实社仓，兴学校，诸政毕举。

未几，调江苏。按行奉贤、南汇、上海、宝山四县海塘，以筑塘取土成渠，塘根浸损，议于塘内开河，南接华亭运河，北达宝山高桥。又察华亭金山嘴、倪家路，宝山杨家嘴地当冲要，议视地所宜，或增筑石坝，或就旧塘加筑宽厚，或改筑石塘。又请于宝山建海神庙。并从之。三年（1738），以老病乞休，召诣京师，署礼部侍郎。寻授吏部。四年（1739），致仕。五年（1740），卒。孙漌，荫生，初授主事，官至江苏按察使。

——《清史稿》卷二百九十二《杨永斌传》

论曰：……（杨）永斌尤勤勤施惠，……世宗治尚明肃，诸臣皆以开敏精勤称上指，为政持大体，与夫急功近名，流于谿刻，重为世诟病者，固大异矣。

——《清史稿》卷二百九十二末

乾隆二年（1737）三月壬子，调杨永斌为湖北巡抚。

九月乙未，以杨永斌为江苏巡抚。

——《清史稿》卷十《高宗本纪一》

陈时夏

陈时夏（？—1738），字建长，云南元谋人。康熙四十五年（1706）进士。考授内阁中书。三迁工部郎中，考选广西道御史。雍正元年（1723），授河南开归道，仍带御史衔。力奏河北连年歉收，请发帑赈灾，蠲免钱粮，得世宗嘉允。二年（1724），升湖北按察使。三年（1725），授直隶正定知府。四年（1726）迁长芦盐运使，八月加布政使衔，署江苏巡抚，十二月十一日（1727年1月2日）实授，疏陈苏松水利、江南钱粮等事。六年（1728），改署山东布政使，命留江苏会办亏空。七年（1729），被劾所举知县蔡益仁贪黩不职，降调。八年（1730），以母忧归。十二年（1734），诣京师，命以佥都御史衔授霸州营田观察使。乾隆二年（1737）六月，奏请用区田法，选属吏租民地试行。七月，授内阁学士兼礼部侍郎。三年（1738）卒。

陈时夏，字建长，云南元谋人。康熙四十五年（1706）进士，考授内阁中书。三迁工部郎中，考选广西道御史。雍正元年（1723），授河南开归道，仍带御史衔。寻奏河北连年歉收，请发帑治赈，蠲免钱粮，上嘉允之。二年（1724），迁湖北按察使，以在开归道任封丘生员罢考，坐不能弹压，夺官。三年（1725），授直隶正定知府。四年（1726），迁长芦盐运使，加布政使衔，署江苏巡抚。疏陈苏、松水利，请发帑兴工。命副都统李淑德、原任山东巡抚陈世倌会勘，议先浚娄江、常熟福山塘、昭文白茆河、太仓七浦河、上海嘉定吴淞江、武进孟渎、德胜新河、丹阳九曲河次第疏治。时夏复疏言江南钱粮，请视直隶、河南正耗统解布政使，督抚以下各给养廉，地方公事用耗银报销，从之。上知时夏有老母，命云南督抚赠资斧，护至苏州，复赐人参。

六年（1728），江苏布政使张坦麟调山东，时夏以坦麟任内钱粮未清，疏请停赴新任；坦麟亦奏时夏令新任布政使赵向奎勒指交代。上责时夏褊浅，才识不足，不能胜巡抚，命改署山东布政使，即以坦麟署江苏巡抚。是时江苏巡抚所属七府五州，自康熙五十一年（1712）至雍正四年（1726），积亏地丁钱粮至八百十三万有奇，巡抚张楷请分年带征。及时夏至江苏，催追促迫，民艰于输纳，事久未竟，上命时夏留江苏会办亏空。时夏请以旧欠均派新粮，分年征收，上谕曰："旧欠自有本人，舍此不追而均派新粮，是刁民因积欠而得利，良民因先输而倍征。从此人人效尤，谁复输供正赋？且旧欠派入新粮，必致旧欠未完，新粮又欠。时夏因朕留之在苏，乃欲藉此草率完结。命暂停征比，交新任巡抚尹继善清察。"上又遣侍郎彭维新等佐尹继善察出积欠实一千万有奇，上命以其中侵蚀、包揽四百数十万分十年带征，民欠五百数十万分二十年带征，并令视直隶、河南诸省已行例，每岁带征若干，次年免正赋若干。谕谓"蠲逋赋使顽户偏蒙其泽，不若免新征使众民普受其惠也"。

七年（1729），尹继善劾时夏所举知县蔡益仁贪黩不职，下部议，降调。八年（1730），以母忧归。十二年（1734），诣京师，命以佥都御史衔授霸州营田观察使。奏文安、大城两县界内修筑横堤，请于堤东南尚家村建闸，堤内浚河，引子牙河水溉田，仍于北岸多用涵洞，俾水得宣泄。乾隆二年（1737），奏请用区田法，选属吏租民地试行。皆从之。授内阁学士。三年（1738），卒。

——《清史稿》卷二百九十四《陈时夏传》

（雍正）十二年（1734），营田观察使陈时夏言："文安、大城界内修横堤千五百余丈，营田四十八顷俱获丰收。但恐水涸即成旱田，请于大堤东南开建石闸，北岸多设涵洞，以资宣泄。"从之。

——《清史稿》卷一百二十九《河渠志四·直省水利》

李卫，字又玠，江南铜山人。……上以江南多盗，（范）时绎及巡抚陈时夏非戢盗之才，命苏、松等七府五州盗案，令卫兼领，将吏听节制。

——《清史稿》卷二百九十四《李卫传》

论曰：……世宗亲决庶政，不归罪臣下，故……时夏才短，事未克竟，亦不深责也。

——《清史稿》卷二百九十四末

齐苏勒，字笃之，纳喇氏，满洲正白旗人。……（雍正）六年（1728），两江总督范时绎、江苏巡抚陈时夏浚吴淞江，上命齐苏勒料理。

——《清史稿》卷三百一十《齐苏勒传》

张汉

张汉（1680—1759），字月槎，号莪思，晚号蛰存，云南石屏人。康熙五十二年（1713）恩科进士，改翰林院庶吉士。五十四年（1715）授检讨。雍正元年（1723），签掣河南府知府。在任六年，一以"清慎勤"为治，多政绩，详《二千日记事》。后被诬罢职，乃出游天下名山，不复仕进。乾隆二年（1737），考取博学鸿词二等，复授翰林院检讨。三年（1738），记名以御史用。六年（1741），补授监察御史，尝疏陈湖广水利等事，有直声。年且七十,决然引去。张汉嗜学沉思,晓音律,喜吟咏,工行草书。著有《留砚堂诗集》《文集》《续河南府志》等。

乾隆元年(1736),御史吴元安言:"荐举博学鸿词,原期得湛深经术、敦崇实学之儒,诗赋虽取兼长,经史尤为根柢。若徒骈缀俪偶,推敲声律,纵有文藻可观,终觉名实未称。"……二年(1737),补试体仁阁,首场制策二,二场赋、诗、论各一。取……二等张汉,授检讨……

——《清史稿》卷一〇九《选举志四·制科》

(乾隆)九年(1744),……先是御史张汉疏陈湖广水利,命总督鄂弥达查勘。

——《清史稿》卷一百二十九《河渠志四·直省水利》

(夏)之蓉,字芙裳。雍正十一年(1733)进士。举鸿博,以检讨典试福建,又督广东、湖南学政。其校士也,必以通经学古为先。当时试一等者,……其续取者,……二等……石屏张汉……

——《清史稿》卷四百八十五《文苑传二·诸锦传附夏之蓉传》

杉松邮卒妇

杉松邮卒妇,康熙时人,云南禄劝人。夫在县北杉松营做邮卒。康熙五十七年(1718)正月,撒甸土舍常应运为乱,攻卓干马(今团结乡),逼近杉松。当时邮卒都在山上耕作,无人能抵御,邮卒妇用计退敌。事后,禄劝知州李廷宰集州人为妇庆功。《武定凤氏本末》《农部琐录》记载稍详。

杉松邮卒妇,禄劝人,失其姓。康熙五十七年(1718)正月,有常应运者为乱,逼杉松,诸邮卒方耕于山,无御者。妇曰:"此可计走也。"挟钲鸣山巅,若且集众,贼引去,妇乃走告夫,州始为备。事定,知州李廷宰聚父老赉妇酒食,具鼓吹,簪胜披锦,以矜于市民。

——《清史稿》卷五〇八《列女传一·杉松邮卒妇传》

方礼秘聘妻范

方礼秘聘妻范(1691—?),名二妹,云南建水人。性聪慧,五岁时许配给方礼秘。礼秘父亲死去,母亲招赘萧伸,不久,礼秘及其兄、妹皆死,时二妹年十六。二妹坚持嫁入方家,后乃知礼秘死于萧伸之手,欲雪夫冤,而苦无证据,只好时时号痛,对萧伸恨之入骨。萧伸亦颇忌惮二妹,欲将其嫁给自己的侄子，二妹断然不肯，痛骂萧伸，萧伸亦怒，把范氏挥倒，并以手指其额头。二妹怒骂，用刀割去萧伸所指处，顿时满面鲜血。二妹弟范恪诉诸官府，萧伸得到惩罚，其屋归范氏所有，使范氏置祠祀方氏。康熙五十六年（1717），赵节撰《范贞女传》，记其事甚详，时二妹仍在世。

方礼秘聘妻范，名二妹，建水人。幼事父可望孝，字礼秘，未行。礼秘父良佐死，妻改嫁萧伸，居方氏，礼秘及其兄、妹皆死。范闻，哭之恸，请于父母归方氏。居久之，闻姑诟伸，始知礼秘非良死，以质姑，姑内惭，不复言。范度事无证，礼秘冤不得白，恒时时号痛。伸惮范，欲以妻其从子，百方强之，范不许。伸怒挥范仆，手点额。范怒曰："奴污我额！"刀剚伸手所点处，血淋漓被面。其弟讼诸吏，吏笞伸，以其室属范，使奉方氏祀。

——《清史稿》卷五〇九《列女传二·方礼秘聘妻范传》

杨天阶妻关

杨天阶妻关氏（？—1730），云南开化（今文山）人。丈夫杨天阶雍正年间任乌蒙守备。八年（1730），阵亡。其妻关氏刎颈自杀，两个女儿相对自缢而死。

杨天阶妻关，开化人。天阶为乌蒙守备，城破时战死。亦有女子子二，长曰凤，次无名，关闻天阶死，谓二女曰："我当死，汝姊妹宜求自脱。"二女泣曰："父已死，兄不知存亡，何以为生？"遂对缢。关自刭死。

——《清史稿》卷五百一十《列女传三·刘崐妻张附杨天阶妻关及二女传》

邹近泗妻邢

邹近泗妻邢，云南昆明人。寡而贫，守节以终。雍正《云南通志·云南府列女传》始记邢氏事，今暂将其系于康雍时期。

邹近泗妻邢，昆明人。寡而贫，或讽之嫁，邢曰："吾能忍饥寒，不能忍耻。"卒以节终。

——《清史稿》卷五〇九《列女传二·杨方勋妻刘传附邹近泗妻邢传》

吴尚贤

吴尚贤（？—1752），云南石屏人。家贫，在阿瓦山区充马脚营生。据杨煜达《清代中期滇边银矿的矿民集团与边疆秩序——以茂隆银厂吴尚贤为中心》(《中国边疆史地研究》2008年第4期)一文，乾隆八年（1743），吴尚贤和当地酋长蜂筑（即蚌筑）定约开采茂隆银厂（在今临沧市沧源县与缅甸交界地区），以木契为凭，各执一份。十年（1745）六月间，开获堂矿，厂地大旺。出于自身安全性的考虑，吴尚贤很快就以蜂筑的名义向内地呈报请求归顺。归附后不久，吴尚贤托请人"于川运例内捐纳通判"，又诱使缅甸东吁王朝末代国王向清王朝奉使入贡。十六年（1751）四月，吴尚贤伴随缅甸使臣进京。十月，缅甸使臣回到昆明。吴尚贤因"望泽未遂，时怀怅怏，见于辞色"，遂唆使缅甸使臣投递呈词，请吴尚贤伴送回缅。十一月十一日，云南督抚上奏吴尚贤罪状，请旨拘捕吴尚贤，并查封其家产。十七年（1752）二月十二日，吴尚贤瘐死狱中（一般认为死于十六年九月）。吴尚贤死后，茂隆银厂又存在了半个世纪，直到嘉庆五年（1800）封闭。昭梿《啸亭杂录》卷五《缅甸归诚本末》记载吴氏事迹较详，可参阅。

自波龙迤东有茂隆厂，亦产银。乾隆十年（1745），葫芦酋长以厂献，遂为内地属，然其地与缅犬牙相错。十八年（1753），厂长吴尚贤思挟缅自重，说缅入贡，缅酋麻哈祖乃以驯象、涂金塔遣使叩关，云南布政司等议却之，而巡抚图尔炳阿遽以闻。帝下礼部议，如他属国入贡例。……（三十三年，1768）五月，纵所获兵许尔功等八人自木邦持缅书来，……缅书云："……昔吴尚贤至阿瓦，敬述大皇帝仁慈乐善，我缅王用是具礼致贡，蒙赐缎帛、玉器诸物，自是商旅相通，初无仇隙。……"

——《清史稿》卷五百二十八《属国传三·缅甸》

卯观成

卯观成（1712—？），云南恩安（今昭通）人。父亲死于雍正初乌蒙之乱，母亲被卖到威宁耿家屯为婢。雍正八年（1730）乱定，观成年十九，无所依凭，便去做了牢房看守。因母为人婢，不能归养，故虽娶妻，却同室不与婚。昆明诗人孙鹏为募六十金，以三十金赎其母归，以三十金为营庐舍成婚。此后，观成仍为禁卒，以养其母。孙鹏《卯观成传》记其事较详。

卯观成，云南恩安人。父汉而母夷。乌蒙乱，父死，母被掠，鬻为婢。乱定，观成无所依，为昭通禁卒。父母尝为聘妇，舅促观成娶，娶而不与婚。三年，舅诘之，曰："吾非不欲婚也，行将嫁吾未婚之妻，取所直归吾母。与之婚，情不能割，义亦不可出也。"语且泣。有义之者，募得六十金，以半赎其母，半为营庐舍，成婚，仍为禁卒以养母。

——《清史稿》卷四百九十七《孝义传一·卯观成传》

乌蒙女

乌蒙女（1715 或 1716—1730），云南昭通人。雍正八年（1730），禄万福等聚众起事，攻陷乌蒙府城，杀死总兵刘起元等。乌蒙女年十五六，为头人所掳，坚决不从，趁头人酒醉，用刀刺其胸，头人倒地而死，乌蒙女随即自刎。时任贵州学政的晏斯盛作《乌蒙烈女传》，盛赞其节烈忠勇。

乌蒙女，不知姓氏，里居乌蒙。猓乱，掠子女财物，女子年少者，头人自取之。女与其曹二十余辈立棚下，日暮，头人持刀入，叱诸女去衣，不从。击以刀脊，次及女，女年十五六，有容色，坚不从。头人欲击辄复止，小猓告有以酒食贺者，头人掷刀出。猓营中为坑，爇薪炭御寒，女挟头人所弃刀立坑后。头人醉，复入就女，张两手将抱持，女迎刺洞其胸，仆地死。众猓惊，就视，女已自刎，群碎其尸。

——《清史稿》卷五百一十《列女传三·乌蒙女传》

李因培

李因培（1717—1767），字其材，号鹤峰，云南晋宁人。少孤，由晋宁徙居昆明。乾隆十年（1745）进士，改庶吉士。十三年（1748）授编修，寻升翰林院侍讲学士，八月提督山东学政。十四年（1749），任内阁学士兼礼部侍郎，仍留山东学政任。十八年（1753）三月，暂行署理刑部侍郎事务，六月兼管顺天府尹事务，九月任兵部右侍郎，仍署理刑部侍郎事务，兼管顺天府府尹。十九年（1754）正月，缘事革职，四月任光禄寺卿。二十年（1755），提督江苏学政，与袁枚多有交游。二十四年（1759），任内阁学士，调浙江学政。二十九年（1764），调补仓场侍郎。三十年（1765）闰二月，补授湖北巡抚，高宗谕湖广总督吴达善，有李因培"甚能办事，学问亦好，但未免自恃其才，好居人上"语，可见李因培之个性；十一月调补湖南巡抚。三十一年（1766）二月，调福建巡抚，暂留湖南巡抚，因赈济常德水灾不利下部议处，九月降为四川按察使。三十二年（1767），因向朝廷虚报邀功，并指令属员代为武陵县弥补亏空，赐自尽。因培工诗，著有《鹤峰诗钞》，编有《唐诗观澜集》。其父李治民，子李翊、李翃、李翻，女含章，皆能诗。关于李氏在文学上的贡献，可参阅段炳昌《明清云南文学论稿》（云南大学出版社2021年版）、刘明坤《清代云南晋宁州李因培科举家族诗歌研究》（《文山学院学报》2015年第2期）。

　　李因培，云南晋宁人。乾隆十年（1745）进士，改庶吉士，散馆授编修。十三年（1748），特擢翰林院侍讲学士，督山东学政。十四年（1749），再擢内阁学士。十八年（1753），署刑部侍郎，兼顺天府尹。蝗起，因培劾通永道王楷等不力捕，皆夺职；又劾涿州知州李钟俾亏仓谷，论罪如律。衡水知县刘士玉，因培乡人也，以贿败，为直隶总督方观承论劾。冀州知州夸喀谒因培，因培称士玉冤，夸喀因为申布政、按察两司。十九年（1754），直隶布政使玉麟以其事闻，因培坐夺职。甫三月，起光禄寺卿。复督山东学政。二十一年（1756），移江苏。二十四年（1759），迁内阁学士。学政任满，移浙江。二十七年（1762），任又满，复移江苏。上南巡，赋诗以赐。二十八年（1763），授礼部侍郎，寻改仓场侍郎，皆留督学。

　　二十九年（1764），授湖北巡抚。上谕湖广总督吴达善曰："因培能治事，学问亦优，但未免恃才，好居人上。今初任民事，汝当留意，治事有不当，善规之；不听，即以闻。朕久未擢用，亦欲折炼其气质。今似胜于前，但恐志满易盈，负朕造就耳。"旋移湖南。三十一年（1766），又移福建，将行，常德被水。上令速予灾民一月粮，诏未至，因培令秋后勘灾如故事。上责因培"以将受代，五日京兆，不恤民瘼"，下部议，当降调。甫两月，授四川按察使。

　　因培在湖南日，常德知府锡尔达发武陵知县冯其柘亏库帑二万余。时因培报通省仓谷无亏，虑以歧误得罪；示意布政使赫昇额，令桂阳知州张宏燧代其柘偿万余，不足，仍疏劾。会宏燧谳县民侯岳添被杀，误指罪人，为按察使宫兆麟所纠。因培及继任巡抚常钧覆谳不能决，上命侍郎期成额即讯，因得宏燧营私亏帑，及承因培指代其柘偿金诸状，以闻。上命夺因培官，逮送湖北对簿，具服。谕曰："诸直省仓库亏缺，最为锢弊。昔皇考严加重戒，硃批谕旨，不啻三令五申，人亦不敢轻犯。朕御极三十余年，有犯必惩，乃近年营私骫法，屡有发觉。岂因稽查稍疏，故态复作？朕自愧诚不能感人，若再不能执法，则朕亦非甚懦弱姑息之主也。"期成额奏至，因培下刑部论斩决，上命改监候。秋谳入情实，赐自尽。

——《清史稿》卷三百三十八《李因培传》

论曰：居丧不沐浴，百日薙发，亦其遗意也。……因培起边远，受峻擢，屡踬屡起，乃以欺罔傅重比。

——《清史稿》卷三百三十八末

（乾隆）三十年（1765）闰二月戊辰，……以李因培为湖北巡抚。

——《清史稿》卷十二《高宗本纪三》

（乾隆）三十一年（1766）二月壬寅，……调李因培为福建巡抚。

三十二年（1767）冬十月壬戌，赐李因培自尽。

——《清史稿》卷十三《高宗本纪四》

宫兆麟，字伯厚，江南怀远人。……乾隆三十一年（1766），授湖南按察使。桂阳州民侯七郎殴杀从兄岳添，贿其兄学添自承。知州张宏燧谳上，巡抚李因培疑之，令兆麟详鞫得实。因培调福建去，巡抚常钧庇宏燧，以七郎呼冤劾兆麟，兆麟亦入奏。上遣侍郎期成额会总督定长按治，如兆麟谳；兆麟又发宏燧买金行贿状，期成额等奏闻，逮讯，买金非行贿，乃迎合因培及湖北布政使赫升额意指，代武陵知县冯其柘补亏空。因培、赫升额、常钧、宏燧皆坐谴。

——《清史稿》卷三百三十七《宫兆麟传》

李应麒

李应麒，康乾时人，云南昆明人。庠生李元洁子。五岁失母，即能哀毁。家极贫，读书未成，遂学占卜，以沿门卖卜供养父亲和继母。或不合继母心意，甘愿挨打，后被逐出家门，仍时时回家，以酒果侍奉。又为继母求药治病，与继母所生三子友爱无间，终得继母欢心。父母相继去世，竭力营葬。七十岁时，对父母的怀念更为深刻强烈，人称"李孝子"。康乾时，赵元祚作《李孝子传》，应麒大约也生活于此时。

李应麒，云南昆明人。遘乱，与其父相失，被略至迤东，乞食归。丧母，劝父再娶，后母至，遇应麒虐，应麒卖卜以养。失后母意，辄笞楚，跪而受杖。后乃被逐，事父母愈谨。父生日，卖卜得鸡米，持归为寿。佃人田，方耕，闻后母病，辍耕走三十里求医药。后母生三子，友爱无间。后母久乃悟，卒善视焉。

——《清史稿》卷四百九十八《孝义传二·李应麒传》

姜吉生妻木

姜吉生妻木，康乾时人，云南东川人。雍正八年（1730），其夫及子为叛兵所杀。乱定，为之报仇。《清史稿》所云"东川属夷叛"，当是东川土司禄万福等起兵围攻东川府一事，是年十月为鄂尔泰平定。

姜吉生妻木，东川人。雍正八年（1730），东川属夷叛，从吉生逃山中。贼至，杀吉生及其子，木忍哭伏林间。师至，贼降，木蹑贼至城西，手搏杀吉生贼以告官，请得手刃之。提督张耀愍而许焉，遂磔贼以祭吉生。

——《清史稿》卷五〇九《列女传二·姜吉生妻木传》

陇联嵩妻禄

陇联嵩妻禄，康乾时人，云南镇雄人。镇雄土知府陇联嵩妻。雍正五年（1727），改土归流，所部图谋叛变，禄氏以忠诚相告，令勿妄动，众乃解散。八年（1730），禄万福等起事，禄氏亲自到各寨申喻利害，情词激切，至欲自杀，所部皆感服。后又率军守卫州署，协济军粮，镇雄赖以保全。总督鄂尔泰建坊，旌以"闺壸忠臣"，又上其事，诰封安人，给田二十亩，供陇氏祀。

陇联嵩妻禄，镇雄人也。镇雄故土司，联嵩世领其地为土知府。卒，子庆侯嗣。雍正五年（1727），坐事夺职，收其地，设流官。所部欲为变，禄喻之曰："我家以忠著，今日宜安义命，毋妄动。"所部乃解。八年（1730），乌蒙土民叛，禄亲至旧所部各寨，申喻利害，至欲自杀，所部佥詟服。禄躬率众卫官廨，佐军食，城恃以全。总督鄂尔泰建坊表其忠，请于朝，封安人，予田二十亩，使供陇氏祀。

——《清史稿》卷五百十一《列女传四·陇联嵩妻禄传》

哑孝子

哑孝子，乾隆时人。无姓氏，人以其哑而孝，遂称为哑孝子。籍贯亦不明，昆明人以其为孝子，便称是昆明人。家有老母，乞讨以养。凡有所得，必先奉母。母亲有时生气，他就嬉戏拜舞，直到母亲开心为止。每日乞讨回家，必投到井中。母亲去世后，哑孝子就请人将钱取出，埋葬母亲。事毕，即远游，不知所终。嘉庆二十二年（1817），刘大绅作《哑孝子传》。民国时，刘《传》以《记哑孝子》之名收入《新学制教科书高级国文读本》。

哑孝子，无姓氏，或曰云南昆明人。家有母，老矣，行乞以养。得食必奉母，母食然后食。母或怒，嬉戏拜且舞，必母乐乃已。得钱密投诸井，母卒，乡人有欲醵钱以助敛者，与如井，数数指水中，乡人为出钱，营殓且葬。事毕，远游不知所终。

——《清史稿》卷四百九十七《孝义传一·哑孝子传》

李敬跻

　　李敬跻，乾隆时人，字翼兹，云南马龙人。乾隆二十二年（1757）进士。官福建将乐知县，卒于官。其父盛唐是雍正八年（1730）进士，官四川松茂道，因公遣戍卜魁（今黑龙江齐齐哈尔），敬跻三次前往省视。盛唐死于戍所，敬跻遂发兵，不久亦死，人称李孝子。周於礼有《李侯小传》。

　　李敬跻，字翼兹，云南马龙州人。父盛唐，雍正八年（1730）进士，官四川松茂道，以所部有罪坐监临官，戍卜魁。卜魁距云南万四千里，敬跻三往省。尝遇暴水，丧其仆马，徒步行，路人哀之，与之食，导使诣盛唐，盛唐辄令还侍祖母，迫使归。敬跻成乾隆二十二年（1757）进士，授福建将乐知县，计赎盛唐还。盛唐死戍所，敬跻遂发病，日呜呜而啼，未几亦死。

　　卜魁有范杰者，与盛唐善，盛唐倚以居二十年，至是归其丧。闽人吴阿玉尝欲从敬跻之官，盛唐丧过京师，吴为送还云南。

——《清史稿》卷四百九十八《孝义传二·李敬跻传》

李应宗聘妻李

　　李应宗聘妻李，乾隆时人，云南昆明人。许配李应宗，未嫁，应宗卒。次年，应宗嫡母欲将李氏改嫁，李氏听说后，留血书自缢而死。

　　李应宗聘妻李，昆明人。所居曰庙前铺大河埂，父春荣。未行，应宗卒。其明年，应宗大母语春荣，将改字女，女闻，遂缢。缢之夕，裂绫二尺许，刺血书九十四字。民家女未尝读书，字多讹易，嘉兴钱仪吉为之句读。曰"呈天子前"，曰"忠孝节烈"，曰"二月初九日"，二月初九日盖女死日，事在乾隆末。

——《清史稿》卷五〇九《列女传二·李应宗聘妻李传》

姜瑢

　　姜瑢，生卒年不详，字美玉，云南嶍峨人。父亲性嗜酒，凡贸易得钱，就用来偿还酒债。母亲早逝,姜瑢与妻子一起劳作,侍奉父亲。家虽贫,然必先满足父亲的酒钱,其余的用来养家。后家益贫,父亲罢饮,屡劝不听,姜瑢命子跪请说:"父亲供给衣食,孙儿可供祖父饮酒,是很从容的,并不费力。"乃恢复照旧。父殁,丧葬不遗余力。每到春秋祭祀,便提着父亲生前用的酒壶去祭奠,哀恸墓侧。姜瑢子从事园圃种植,也非常孝顺,人称其圃为孝子圃。瑢年五十卒。乾隆时,周於智作有《姜孝子瑢传》。

姜瑢,云南嶍峨人。父文柄,尝远游,瑢裹粮行求,得以归。贫,析薪治圃以养。父嗜饮,日必具酒,家益贫,父为罢饮。命子跪而请,翌日偕樵于山,买酒归,共劝酬饮,日以为常。父殇,辄提父尝饮壶沽酒,哭于墓,人称其圃为"孝子圃"。

——《清史稿》卷四百九十七《孝义传一·姜瑢传》

董盛祖

董盛祖,生卒年不详,云南黑盐井(在今禄丰)人。事母纯孝。妻早亡,不再娶。母亲去世后,盛祖悲伤异常。幼寄方姓,人称"方孝子"。乾隆间,钱青选作《方孝子传》。

董盛祖,云南黑盐井人。盛祖不知书,早失父,事母谨,起居饮食侍视不少懈。一妹嫁里中,盛祖出负贩,呼妹还侍母,妹亦善事母如盛祖。盛祖行遇蛇当道,惊曰:"母得无病乎?"归则母方病,呼盛祖,人皆怪之。母丧,哭甚哀,或恸绝,邻里惊救之,乃苏。盛祖有妻早亡,不更娶。或劝之,曰:"娶妇以事亲,顾贤者实难。脱不贤,将戾吾母,吾能安乎?"卒不娶。未终丧,遂卒。

——《清史稿》卷四百九十七《孝义传一·董盛祖传》

李任妻矣

李任妻矣氏,云南嶍峨人。矣氏为夷人罗厄之女,因不愿受污被烧死。嘉庆《临安府志·嶍峨县列女传》记矣氏事迹,今暂将其系于乾嘉时期。

李任妻矣,嶍峨人,夷罗厄女也。罗厄为李氏佃,李氏欲污之,不从。缚置积薪上,曰:"不从,将焚!"矣大骂,遂焚死。事闻,罪李氏。

——《清史稿》卷五百一十一《列女传四·李任妻矣传》

尹壮图

尹壮图（1738—1808），字万起，号楚珍，云南蒙自人。乾隆三十一年（1766）进士，改庶吉士。历官吏部员外郎、江南道监察御史、京畿道监察御史、光禄寺少卿、太仆寺少卿等职。四十五年（1780），升内阁学士兼礼部侍郎。四十七年（1782），充文渊阁直阁事。五十一年（1786），奉命总阅《四库全书》。五十五年（1790），劾奏议罪银制度，认为这个制度不得体；又奏各省吏治废弛，请派官员前往各地密查府库亏空。高宗命户部侍郎庆成带尹壮图到山西、直隶、山东、江南诸省切实盘查，因各地早有准备，故皆无亏。尹壮图"自承虚诞，奏请治罪"。五十六年（1791）正月，革尹壮图职，二月入刑部狱，寻免其治罪，以内阁侍读用，仍带革职留任。五月，以补缺无期，改用主事，遂补礼部仪制司。五十七年（1792），回籍归养。嘉庆四年（1799），仁宗亲政，诏诣京师。未行，即上疏请清核各省陋规，明定科条，仁宗以为不可行。尹壮图以母老乞归，加给事中衔，赐奏事折匣。回乡后，在省内各书院讲学，曾奏言拔真才、储实用等事。十三年（1808）卒。十八年（1813）入祀乡贤祠。一生与钱大昕、纪昀、朱珪等著名学者多有交往。著有《性理语录》《楚珍诗稿》等。自编《尹楚珍年谱》，子佩珩等续编。尹壮图之籍贯，《清史稿》误作昆明。

尹壮图，字楚珍，云南昆明人。乾隆三十一年（1766）进士，改庶吉士。散馆，授礼部主事。再迁郎中。三十九年（1774），考选江南道监察御史，转京畿道。三迁至内阁学士，兼礼部侍郎。

高宗季年，督抚坐谴，或令缴罚项贷罪，壮图以为非政体。五十五年（1790），上疏言："督抚自蹈愆尤，圣恩不即罢斥，罚银若干万充公，亦有督抚自请认罚若干万者。在桀骜者藉口以快其饕餮之私，即清廉者亦不得不望属员之佽助。日后遇有亏空营私重案，不容不曲为庇护。是罚银虽严，不惟无以动其愧惧之心，且潜生其玩易之念，请永停此例。如才具平常者，或即罢斥，或用京职，毋许再膺外任。"上谕曰："壮图请停罚银例，不为无见。朕以督抚一时不能得人，弃瑕录用，酌示薄惩。但督抚等或有昧良负恩，以措办官项为辞，需索属员；而属员亦藉此敛派逢迎，此亦不能保其必无。壮图既为此奏，自必确有见闻，令指实覆奏。"壮图覆奏："各督抚声名狼藉，吏治废弛。臣经过地方，体察官吏贤否，商民半皆蹙额兴叹。各省风气，大抵皆然。请旨简派满洲大臣同臣往各省密查亏空。"上复谕曰："壮图覆奏，并未指实。至称经过诸省商民蹙额兴叹，竟似居今之世，民不堪命。此闻自何人，见于何处，仍令指实覆奏。"壮图再覆奏，自承措词过当，请治罪。上命户部侍郎庆成偕壮图赴山西察仓库，始大同府库，次山西布政使库，皆无亏。壮图请还京治罪。上命庆成偕壮图再赴直隶、山东、江南诸省。庆成所至，辄游宴数日，乃发仓库校核，历直隶布政使及正定、兰山、山阳诸府县，皆无亏。上寄谕壮图，问途中见商民蹙额兴叹状否。壮图覆奏，言目见商民乐业，绝无蹙额兴叹情事。上又令庆成传旨，令其指实二三人，毋更含糊支饰。壮图自承虚诳，奏请治罪。寻复察苏州布政使库，亦无亏。还京，下刑部治罪，比挟诈欺公、妄生异议律，坐斩决。上谓壮图逞臆妄言，亦不妨以谤为规，不必遽加重罪，命左授内阁侍读。继又以侍读缺少，改礼部主事。

壮图以母老乞归。嘉庆四年（1799），仁宗亲政，召诣京师。壮图仍以母老乞归，上赐其母大缎两端，加壮图给事中衔，赐奏事折匣，命得上章言事。壮图未行，复上疏请清核各省陋规，明定科条，上以为不可行。既归，疏请拔真才，储实用，大要谓："保举未定处分，当下吏部严立科条；科场或通关节，当将房考落卷送主司搜阅。其尤要者，谓六部满洲司员稿案，文义多未晓畅，当严督令习经书通文理；乡会试加广名额，司员先尽科甲挑补。"下军机大臣议，奏谓惟房考落卷送主司搜阅，事近可行，补入《科场条例》。

云南巡抚初彭龄乞养归，壮图疏请留，上不允。别疏复申前议，谓满洲子弟十五六岁前专责习经书通文理，再习骑射翻译。上谓："壮图以前尝驳饬之事复行渎陈，更张本朝成法。下云南巡抚伊桑阿传旨申饬。"八年（1803），疏言："天下万几，皆皇上独理。内外诸臣不过浮沉旅进旅退之中，无能匡扶弼亮。请于内之卿贰、翰詹、科道，外之藩、臬、道、府，慎选二十人，轮直内廷。每日奏章谕旨，尽心检校，有疏忽偏倚之处，许就近详辨可否。"上责："壮图言皆迂阔纰缪，断不可行。若如所奏，直于军机大臣外复设内军机，成何政体？"因及云南布政使陈孝昇、道员萨荣安方以冒销军需被罪，令巡抚那彦宝诘壮图，何无一言奏及。壮图言以不得孝昇等确据，未敢入告，仍请议处，上命宽之。十三年（1808），卒。

论曰：高宗中年后，遇有言事者，遣大臣按治，辄命其参与。……（钱）沣劾国泰发库藏掩覆，论者谓刘墉密与沣商榷，盖亦有力焉。（李）漱芳、（曹）锡宝、壮图皆不能实其言，大臣怙宠乱政，民迫于饥寒，卒成祸乱。

——《清史稿》卷三百二十二《尹壮图传》

（乾隆）五十五年（1790）十一月戊戌，命庆成同尹壮图往山西盘查仓库。

五十六年（1791）春正月乙酉，以尹壮图覆奏欺罔，褫职治罪。

二月己酉，谕："朕孜孜求治，兢惕为怀。尹壮图逞臆妄言，亦不妨以谤为规。加恩免尹壮图治罪，以内阁侍读用。"

——《清史稿》卷十五《高宗本纪六》

（嘉庆）四年（1799）春正月丁亥，……召前内阁学士尹壮图来京。

夏四月己丑朔，……予尹壮图给事中，准回籍养亲。

——《清史稿》卷十六《仁宗本纪》

和珅，字致斋，钮祜禄氏，满洲正红旗人。……（乾隆）五十五年（1790），……内阁学士尹壮图疏论各省库藏空虚，上为动色，和珅请即命壮图往勘各省库，以侍郎庆成监之。庆成每至一省辄掣肘，待挪移既足，然后启椟，迄无亏绌，壮图以妄言坐黜。……和珅柄政久，……言官……曹锡宝、尹壮图皆获谴，无敢昌言其罪者。

——《清史稿》卷三百十九《和珅传》

书麟，字绂斋，高佳氏，满洲镶黄旗人，大学士高晋子。……（乾隆）五十二年（1787），……寻起为山西巡抚。内阁学士尹壮图论州县亏空由于派累，疆臣中惟李世杰、书麟独善其身，和珅尤忌之，命壮图赴各省清查仓库，自山西始，壮图因获谴。

——《清史稿》卷三百四十三《书麟传》

钱沣

钱沣（1740—1795），字东注，号南园，云南昆明人。少有大志。乾隆三十六年（1771）进士，选庶吉士，次年授检讨。四十六年（1781），考选江南道监察御史。四十八年（1783），迁太常寺少卿，再迁通政司副使。出督湖南学政，得士为盛。五十一年（1786），留任湖南学政。五十八年（1793），诣京师，授户部主事。复除湖广道监察御史。六十年（1795）卒。钱沣为官清正廉洁，不畏权贵，上书弹劾并查办山东巡抚国泰、陕西巡抚毕沅等贪污营私案，"以直声震海内"。和珅专政，大学士阿桂等皆不愿与其同庐当值，钱沣遂上奏请敕更正，高宗随即予以训诫，命钱沣稽察军机处。和珅素来不喜钱沣，此后更是深恨之。钱沣之死，或云为和珅毒杀。光绪二十一年（1895），陈荣昌出资在翠湖畔建成钱南园祠堂，以为纪念。民国时，方树梅编《钱南园先生年谱》，表彰钱氏一生行事。今人朱桂昌研究钱沣用力最多，有《钱南园传》《钱南园研究文集》。此外，钱沣在书画上亦颇有造诣，书法取颜、欧、褚、米诸家而自成一体，有"颜鲁公后第一人"之誉；擅画瘦马，人称"瘦马御史"。又工诗文，著有《钱南园遗集》，余嘉华主编《钱南园诗文集校注》收录钱氏诗文、书札、传记等较全。

钱沣，字东注，云南昆明人。乾隆三十六年（1771）进士，改庶吉士，散馆授检讨。四十六年（1781），考选江南道监察御史。甘肃冒赈折捐事发，主其事者为甘肃布政使王亶望，时已迁浙江巡抚，坐诛，总督勒尔谨及诸府县吏死者数十人，事具《亶望传》。陕西巡抚毕沅尝两署陕甘总督，独置不问。沣疏言："冒赈折捐，固由亶望舣法，但亶望为布政使时，沅两署总督，近在同城，岂无闻见？使沅早发其奸，则播恶不至如此之甚；即陷于刑辟者，亦不至如此之多。臣不敢谓其利令智昏，甘受所饵，惟是瞻徇回护，不肯举发，甚非大臣居心之道。请比捏结各员治罪。"上为诘责沅，降秩视三品，事具《沅传》。

四十七年（1782），沣疏劾山东巡抚国泰、布政使于易简吏治废弛，贪婪无餍，各州县库皆亏缺，上命大学士和珅、左都御史刘墉率沣往按。和珅庇国泰，怵沣，沣不为挠。至山东，发历城县库验帑银。故事，帑银以五十两为一铤，市银则否。国泰闻使者将至，假市银补库。沣按问得其状，召商还所假，库为之空。复按章丘、东平、益都三州县库，皆亏缺如沣言。国泰、易简罪至死，和珅不能护也。上旌沣直言，擢通政司参议。四十八年（1783），迁太常寺少卿。再迁通政司副使。出督湖南学政，沣持正，得士为盛。五十一年（1786），任满，命留任。湖北荆州水坏城郭，孝感土豪杀饥民。上责沣在邻省何不以闻，下部议。诸生或匿丧赴试，又有上违禁书籍者。沣按治未竟，闻亲丧去官，以事属巡抚浦霖。霖遂并劾沣，坐夺职。上命左授六部主事。

五十八年（1793），沣服除，诣京师，授户部主事。引见，即擢员外郎。复除湖广道监察御史。时和珅愈专政，大学士阿桂、王杰，尚书董诰、福长安与同为军机大臣，不相能，入直恒异处。沣疏言："我朝设立军机处，大臣与其职者，皆萃止其中，庸以集思广益，仰赞高深。地一则势无所分，居同则情可共见。即各司咨事画稿，亦有定所。近日惟阿桂每日入止军机处；和珅或止内右门内直庐，或止隆宗门外近造办处直庐；王杰、董诰则止于南书房；福长安则止于造办处。每日召对，联行而入，退即各还所处。虽亦有时暂至军机处，而事过辄起。各司咨事画稿，趋步多歧。皇上乾行之健，离照之明，大小臣工戴德怀刑，浃于肌髓，决不至因此遂启朋党角立之渐。然世宗宪皇帝以来，及皇上御极之久，军机大臣萃止无涣，未尝纤芥有他。由前律后，不应听其轻更。内右门内切近禁寝，向因有养心殿带领引见事，须先一两刻预备。恩加大臣，不令与各官露立，是以设庐许得暂止。不应于未辨色之前，一大臣入止，而随从军机司员亦更入更出。为日既久，不能不与内监相狎。万一有无知如高云从者，虽立正刑辟，而所繋已多，杜渐宜早。至南书房备几暇顾问，俟军机事毕，入直未迟；若隆宗门外直庐及造办处，则各色应差皆得觇听于外，大臣于中治事，亦属过亵。请敕诸大臣仍照旧规同止军机处，庶匪懈之忱，各申五夜；协恭之雅，共励一堂。其圆明园治事，和珅、福长安止于如意门外南顺墙东向直庐，王杰、董诰止于南书房直庐，并请敕更正。"上为申诫诸大臣，并命沣稽察军机处。

和珅素恶沣，至是尤深嗛之。上凤许其持正，度未可遽倾，凡遇劳苦事多委之。沣贫，衣裘薄，宵兴晡散，遂得疾。六十年（1795），卒。或谓沣将劾和珅，和珅实鸩之。

——《清史稿》卷三百二十二《钱沣传》

（乾隆）四十六年十二月庚寅（1782年2月4日），毕沅以御史钱沣劾，降三品顶戴留任。

四十七年（1782）夏四月戊辰，命和珅、刘墉同御史钱沣查办山东亏空。

——《清史稿》卷十四《高宗本纪五》

《钱南园遗集》五卷，钱沣撰。

——《清史稿》卷一百四十八《艺文志四·集部·别集类》

（乾隆）四十七年（1782），御史钱沣劾山东巡抚国泰、布政使于易简贪纵营私，命和珅偕都御史刘墉按鞫，沣从往。和珅阴袒国泰，即至，盘库，令抽视银数十封无缺，即起还行馆。沣请封库，明日尽发视库银，得借市银充抵状，国泰等罪皆鞫实。……和珅柄政久，……言官惟钱沣劾其党国泰得直，后论和珅与阿桂入直不同止直庐，奉命监察，以劳瘁死。

——《清史稿》卷三百十九《和珅传》

毕沅，字纕蘅，江南镇洋人。……（乾隆）四十六年（1781），……甘肃冒赈事发，御史钱沣劾沅瞻徇，降三品顶戴。

——《清史稿》卷三百三十二《毕沅传》

国泰，富察氏，满洲镶白旗人，四川总督文绶子也。……（乾隆）四十七年（1782），御史钱沣劾国泰及（于）易简贪纵营私，征赂诸州县，诸州县仓库皆亏缺。上命尚书和珅、左都御史刘墉按治，并令沣与俱。和珅故祖国泰；墉持正，以国泰虐其乡，右沣。验历城库银银色不一，得借市充库状。语互详《沣传》。

——《清史稿》卷三百三十九《国泰传》

洪亮吉，字稚存，江苏阳湖人。……（嘉庆）四年（1799），高宗崩，仁宗始亲政。……将告归，上书军机王大臣言事，略曰："……即或弹劾不避权贵，在诸臣一心为国，本不必避嫌怨。以近事论，钱沣、初彭龄皆常弹及大僚矣，未闻大僚敢与之为仇也。……"

——《清史稿》卷三百五十六《洪亮吉传》

赵慎畛，字笛楼，湖南武陵人。为诸生时，学政钱沣器之，曰："人英也！"

——《清史稿》卷三百七十九《赵慎畛传》

张甄陶，字希周，福建福清人。……主讲五华书院，尹壮图、钱沣皆其弟子。

——《清史稿》卷四百七十七《循吏传二·张甄陶传》

（包）世臣叙次清一代书人为五品，分九等："……默守迹象，雅有门庭，曰佳品。……佳品上二十二人，……钱沣行书，……"

——《清史稿》卷五〇三《艺术传二·吴熙载传附杨亮传》

谷际岐

谷际岐（1740—1816），字西阿，一字凤来，云南赵州（今弥渡）人。乾隆四十年（1775）进士，改为翰林院庶吉士，散馆授检讨。据张升《四库全书馆研究》统计，谷际岐从入翰林院起至四十五年（1780），参与校对《武英殿聚珍版丛书》，校书凡三十二种。四十五年（1780），任会试同考官。四十六年（1781），以母病回滇归养，受聘主讲昆明五华院，滇中名士大半出其门下。六十年（1795）入都，仍任翰林院检讨。嘉庆三年（1798），改福建道监察御史。四年（1799）正月，连续两次上疏谈论川楚白莲教事，认为是官逼民反,并弹劾相关督抚。仁宗嘉纳施行。寻迁礼科给事中,稽察南新仓,巡视中城。又疏请改革云南盐政,最终于五年(1800)由云南巡抚、谷际岐门生初彭龄定为灶煎灶卖、民运民销,官民称便。七年(1802),因奏劾长随蔡永清僭越勾通朝贵失实,降补刑部员外郎。十一年(1806)选刑部郎中,十五年(1810)引疾归里。过扬州,受聘主讲梅花书院之新设孝廉会文堂,与经世学派代表人物包世臣结为忘年交。二十年十二月五日(1816年1月3日)卒于扬州樗园,包世臣为撰《家传》。谷际岐刚直敢言,直声震天下,与尹壮图、钱沣并称"滇南三君子"。治学以自守为本,有用为宗,不尚空谈。工诗文、书画。著有《五华讲义》《西阿诗草》。

谷际岐,字西阿,云南赵州人。乾隆四十年(1775)进士,选庶吉士,授编修,与校《四库全书》。充会试同考官,所拔多知名士。乞养归,主讲五华书院,教士有法。连丁父母忧,服阕,起原官。

嘉庆三年(1798),迁御史。时教匪扰数省,师久无功,际岐遍访人士来京者,具得其状。四年(1799)春,上疏,略曰:"窃见三年以来,先帝颁师征讨邪教,川、陕责之总督宜绵,巡抚惠龄、秦承恩;楚北责之总督毕沅、巡抚汪新。诸臣酿衅于先,藏身于后,止以重兵自卫,裨弁奋勇者,无调度接应,由是兵无斗志。川、楚传言云:'贼来不见官兵面,贼去官兵才出现。'又云:'贼去兵无影,兵来贼没踪。可怜兵与贼,何日得相逢?'前年总督勒保至川,大张告示,痛责前任之失,是其明证。毕沅、汪新相继殂逝,景安继为总督。今宜绵、惠龄、秦承恩纵慢于左,景安怯玩于右,勒保纵能实力剿捕,陕、楚贼多,起灭无时,则勒保终将掣肘。钦惟先帝昔征缅甸,见杨应琚挑拨掩覆之罪,立予拿问。今宜绵等旷玩三年之久,幸荷宽典,而转益怀安,任贼越入河南卢氏、鲁山等县。景安虽无吞饷声名,而罔昧自甘,近亦有贼焚掠襄、光各境,均为法所不容。况今军营副封私札,商同军机大臣改压军报。供据已破,虽由内臣声势,而彼等掩覆偾事,情更显然。请旨惩究,另选能臣,与勒保会同各清本境,则军令风行,贼必授首。比年发饷至数千万,军中子女玉帛奇宝错陈,而兵食反致有亏。载赃而归,风盈道路,嘲之者有'与其请饷,不如书会票'之语。先帝严究军需局,察出四川汉州知州与德楞泰互争报销,及湖北道员胡齐仑侵饷数十万,一则追赔,一则拿究。他属类此者必多,尤宜急易新手清厘。则侵盗之迹,必能破露,不但兵饷与善后事宜均得充裕,销算亦不敢牵混矣。"

间又上疏曰："教匪滋扰，始于湖北宜都聂杰人，实自武昌府同知常丹葵苛虐逼迫而起。当教匪齐麟等正法于襄阳，匪徒各皆敛戢。常丹葵素以虐民喜事为能，乾隆六十年（1795），委查宜都县境，吓诈富家无算，赤贫者按名取结，纳钱释放。少得供据，立与惨刑，至以铁钉钉人壁上，或铁锤排击多人。情介疑似，则解省城，每船载一二百人，饥寒就毙，浮尸于江。殁狱中者，亦无棺殓。聂杰人号首富，屡索不厌，村党结连拒捕。宜昌镇总兵突入遇害，由是宜都、枝江两县同变。襄阳之齐王氏、姚之富，长阳之覃加耀、张正谟等，闻风并起，遂延及河南、陕西。此臣所闻官逼民反之最先最甚者也。臣思教匪之在今日，自应尽党枭磔。而其始犹是百数十年安居乐业人民，何求何憾，甘心弃身家、捐性命，铤而走险耶？臣闻贼当流窜时，犹哭念皇帝天恩，殊无一言怨及朝廷。向使地方官仰体皇仁，察教于平日，抚弭于临时，何至如此？臣为此奏，固为官吏指事声罪，亦欲使万祀子孙知我朝无叛民，而后见恩德入人，天道人心，协应长久，昭昭不爽也。常丹葵逞虐一时，上螫圣仁，下殃良善，罪岂容诛？应请饬经略勒保严察奏办。又现奉恩旨，凡受抚来归者，令勒保传唤同知刘清，同川省素有清名之州县，妥议安插。楚地曾经滋扰者，亦应安集。臣闻被抚州县，逃散各户之田庐妇女，多归官吏压卖分肥。是始不顾其反，终不愿其归。不知民何负于官，而效尤靦忍至于此极？若得惩一儆众，自可群知洗濯。宣奉德意，所关于国家苞桑之计匪细也。"两疏上，仁宗并嘉纳施行。寻迁给事中，稽察南新仓，巡视中城。

云南盐法，官运官销，日久因缘为奸，按口比销，民不堪命；又威远调取民夫，按名折银，折后又征实夫，迤西道属数十州县，同时哄变，解散后不以实闻，官吏骩法如故。际岐上疏痛陈其害，下云南督抚察治。总督富纲请改盐法以便民，巡抚江兰方内召，欲沮其事，际岐复疏争。初彭龄继为巡抚，际岐门下士也，熟闻其事，始疏请盐由灶煎灶卖，民运民销，一祛积弊，民大便。语详《盐法志》。

蔡永清者，总督陈辉祖家奴，拥厚赀居京师，以助赈叙五品职衔，出入舆马，揖让公卿间。际岐疏劾，自大学士庆桂、朱珪以下，多所指斥，下刑部鞫讯，褫永清职衔，际岐坐论奏未尽实，降授刑部主事。累迁郎中。以老乞休，贫不能归，主讲扬州孝廉堂垂十年，卒。

自乾隆末，云南之官于朝以直言著者，尹壮图、钱沣，时以际岐并称焉。

——《清史稿》卷三百五十六《谷际岐传》

清之盐法，大率因明制而损益之。……（嘉庆）五年（1800），以云南课额常亏，从巡抚初彭龄言，改为灶煎灶卖，民运民销。其法无论商民，皆许领票。运盐不拘何井，销盐不拘何地，完课后听其所之。就诸井现煎实数，将定额匀算摊征，有余作为溢课，尽征尽解。所有放票收课事宜，即归井员经理。至八年（1803），着为定章。

——《清史稿》卷一百二十三《食货志四·盐法》

（包）世臣叙次清一代书人为五品，分九等："……佳品上二十二人，……谷际岐行书，……"

——《清史稿》卷五〇三《吴熙载传附杨亮传》

刘大绅

刘大绅（1747—1828），字寄庵，云南宁州（今华宁）人。乾隆三十七年（1772）进士，历任山东新城（今桓台县）、曹县等知县，升武定府（今惠民县）同知。历官所至，关心民瘼，实心办理民事，捕蝗办赈，深得民心。课士则以朱子小学为本，成就甚多。刘大绅是清代有名的循吏，有"刘青天"之誉。嘉庆十年（1805），以母老辞归。主讲昆明五华书院，育才甚众，以"五华五子"（戴淳、李於阳、杨国翰、戴絅孙、池生春）最为有名，为选刻《五华五子诗钞》。著有《寄庵诗文钞》。卒后入祀云南乡贤祠、山东新城名宦祠。

刘大绅，字寄庵，云南宁州人。乾隆三十七年（1772）进士，四十八年（1783），授山东新城知县。连三岁旱，大绅力赈之。调曹县，代者至，民数千遮道乞留，大吏为留大绅三月。及至曹县，旱灾更重于新城。大绅方务与休息，河督檄修赵王河决堤，集夫万余人，以工代赈，两月竣事，无疾病逃亡者。既又檄办河工秸料三百万，大绅以时方收敛，请缓之。大吏督责益急，将按以罪，请限十日，民闻，争先输纳，未即期而数足。一日巡行乡间，有于马后议谷贱银贵开征期迫者，大绅顾语之曰："俟谷得价再输未迟也。"语闻于大吏，怒其擅自缓征，遣能吏代之。民虑失大绅，争输赋，代者至，已毕完。大吏因责征累年逋，久倘不足，终以代者受事。民益恐，昼夜输将，不数日得三万余两。初，大绅以忤上官意，自劾求去，民环署泣留，相率走诉大吏。适大吏有事泰山，路见而谕止之，不得去。至是密自申请，民知之，已无及，乃得引疾归。

五十八年（1793），病起，仍发山东，补文登。值新城修城，大吏徇士民请,檄大绅督工,逾年始竣。寻以曹县旧狱被议,罢职遣戍。新城、曹县民为捐金请赎,得免归。嘉庆五年(1800),有密荐者,诏以大绅操守廉洁、兼有才能,办理城工、渡船二事,民情爱戴,引见,复发山东,摄福山,补朝城。大水,大绅以灾报,大吏驳减其分数,民感大绅,虽未获减征,亦无怨谤者。大绅又力以病求去,移摄青州府同知,寻擢武定府同知。捕蝗查赈,并著劳勚。以母老终养归,遂不出。卒,祀名宦祠。

大绅素讲学能文章,在官公暇,辄诣书院课士。尝训诸生曰:"朱子《小学》,为作圣阶梯,入德途轨。必读此书,身体力行,庶几明体达用,有益于天下国家之大。"于是士知实学,风气一变。

——《清史稿》卷四百七十七《循吏传二·刘大绅传》

祁寯藻,字春圃,山西寿阳人。……寯藻提倡朴学,延纳寒素,士林归之。……又疏言:"军兴以来,不讲吏治,请下中外大臣,保举循吏及伏处潜修之士,以备任用。"自举原任同知刘大绅、按察使李文耕、大顺广道刘煦,请宣付史馆入《循吏传》。

——《清史稿》卷三百八十五《祁寯藻传》

王崧

王崧(1752—1838),原名藩,字伯高,又字酉山,号乐山,云南浪穹(今洱源县)人。祖上世袭浪穹县土职。家多藏书,王崧虽亦求科举,但独好《史记》《汉书》。十七岁补县学生,从檀萃游。嘉庆四年(1799)进士,受知于朱珪、阮元。次年授山西武乡县知县。在任九年,以兴革为己任,如修复鞞山书院,购置图书供乡人阅读;整顿盐政,免除摊捐压派等。去官,主讲晋阳书院,教授经史,从学者众。离晋之日,学生镌刻《乐山讲学图》纪其德。十八年(1813)归滇。道光六年(1826),阮元任云贵总督,延请王崧总纂《云南通志》。阮元离开云南后,王崧与继任者以及其他分纂意见不合,遂以嫁女为托词,返大理故居。回到大理后,王崧在其门人杜允中的协助下,将自己所纂的部分刊刻出版,此即《道光云南志钞》。书凡八卷,计七志:卷一为地理志,卷二建置志、盐法志、矿产志,卷三、卷四为封建志,卷五、卷六为边裔志,卷七、卷八为土司志。又将修志时搜集的道光以前有关云南史事之书,择要编成《云南备征志》,是与师范《滇系》齐名的大型史料汇编。王崧学识渊博,又著有《说纬》《乐山集》《乐山制艺》等。

尚可说者：（一）王崧卒年，一般认为是1837年，考黎讷《墓志铭》"卒于道光十七年十二月二十八日"，换作公历即1838年1月23日，则1837年误。（二）《清史稿·艺文志》在经部经总义类著录《说纬》六卷，又在子部杂家类著录《说纬》二卷，前者当是道光八年（1828）吉佑堂刻本，收文五十六篇，阮元序称"精思卓识，博通万卷，不囿于浅，不蔽于俗，是能读九经疏义，识史家体制者矣"，并选出四篇编入《皇清经解》；后者则是嘉庆二十三年（1818）武乡李企英刻本，收文三十四篇。实际上，虽然两个版本相差十年，道光本比嘉庆本多二十二篇，但内容主旨则一，即剖析诸儒异同、折衷群经。

王崧，字乐山，浪穹人。嘉庆四年（1799）进士，授山西武乡县知县。崧学问淹通，仪征阮元总督云、贵，延崧主修《通志》，著有《说纬》六卷。

——《清史稿》卷四百八十二《儒林传三·郑珍传附王崧传》

《说纬》六卷。王崧撰。

——《清史稿》卷一百四十五《艺文志一·经部·经总义类》

《云南备征志》二十一卷。王崧撰。

——《清史稿》卷一百四十六《艺文志二·史部·地理类》

《说纬》二卷。王崧撰。

——《清史稿》卷一百四十七《艺文志三·子部·杂家类》

程含章

程含章（1762—1832），字象坤，号月川。云南景东厅（今景东县）左所营人。乾隆五十七年（1792）举人。嘉庆六年（1801）大挑一等，分发广东，署封川（今封开县）知县。历官至广州府知府，多善政。二十五年（1820），迁山东兖沂曹济道。道光元年（1821），任山东按察使。二年（1822）正月，升河南布政使，不徇私情，不受馈遗。六月，为广东巡抚。含章原姓程，先祖为避祸改姓罗，至本年八月，始奏请复姓程氏，得允。十二月十三日（1823年1月24日），调山东巡抚。三年（1823）三月，调江西巡抚。四年（1824）二月，命署工部左侍郎，办理直隶水利，七月实授。五年（1825）三月，补授浙江巡抚，清巨案，施医药，拓书院，修海塘，多蒙嘉奖。六年（1826），调署山东巡抚。八年（1828）九月，任福建布政使，倡建名宦祠，清核台湾军需。十年（1830）正月，因病解任。回乡后，热心地方公益事业，造福桑梓。

十二年（1832）卒于乡。咸丰十一年（1861），入祀福建名宦祠。纂辑《景东厅志》。著有《岭南集》《中州集》《山左集》《江右集》《月川未是稿》等。民国初，秦光玉等多方搜罗，将程氏诸集汇为《程月川先生遗集》十五卷，收入《云南丛书》。钱用中谓程含章之政绩道德、学术文章在云南先贤中"实应首屈一指"，评价不可谓不高。

程含章，云南景东人。其先佐官吏捕杀土寇，惧祸，改姓罗。乾隆五十七年（1792）举人。嘉庆初，大挑知县，分广东，署封川。坐回护前令讳盗，革职，投效海疆，屡歼获剧盗，擢知州，署雷州府同知，率乡勇破海盗乌石大，迁南雄直隶州；又坐失察属县亏空，革职，寻复官。以勘丈南雄州属田亩，总督蒋攸铦疏荐，擢知府，补惠州。历山东兖沂曹道、按察使、河南布政使。道光二年（1822），疏言："欲治河南，必以治河为先务。正本清源之道，在河员大法小廉，实心修筑，加意堤防，自能久安长治。"宣宗韪其言，命每届汛期，赴工稽查工料及工员才否。擢广东巡抚，入觐，面奏请复姓，许之。调山东，又调江西。修筑德化诸县被水圩堤，设义仓，行平粜。

四年（1824），召署工部侍郎，治直隶水利，上疏略曰："雍正、乾隆间四次兴大工，皆历数年蒇事，费帑数百万，自此畿内无水患者数十年。迨嘉庆六年（1801）后，河道渐淤。道光二、三两年（1822—1823）淫雨，被水者多至百余州县。治水如治病，必先明病之源流，急则治标，缓则治本。循古人经验之良方，参今时变迁之证候，然后疾可得而治也。天津为众水出海孔道，诸减河皆所以泄水入海。东淀回环数百里，大清、子牙、永定、南运、北运五大川流贯其中。西淀容纳顺天、保定、河间三府二十余河之水，南北两泊容纳正定、顺德、广平三十余河之水，各有河道为传送之区。今则消泄之尾闾无不阻塞，停蓄之腹部无不浅溢，流贯之肠无不壅滞，收纳之脾胃无不平浅，传送之机轴无不淤积，吐纳之咽喉无不填阕，流通之血脉无不凝滞，加以堤埝、闸坝、桥梁无不残缺，霪潦一至，辄虞泛溢。此畿辅水道受病之情形也。伏思直隶河渠淀泊，前代不闻大患。自康熙三十九年（1700）以后，乃恒苦水潦，则永定、子牙二浊河筑堤之所致耳。孙嘉淦有言，永定、子牙向皆无堤，泥涂得流行田间，而水不淤淀。自永定筑堤束水，而胜芳、三角淀皆淤；自子牙筑堤束水，而台头等淀亦淤。淀口既淤，河身日高，则田水入河之道阻，于是淀病而全局皆病。即永定一河，亦已不胜其弊，总因浊水入淀，溜散泥沉，以致斯疾。此又畿辅水道致病之根原也。永定河自筑堤以来，于今百有余年。河身高出平地一丈有余，既不能挑之使平，又不能废堤不用，明知痼疾所在，无术可治。亦惟见病治病，多开闸坝以分其势，高筑堤埝以御其冲，使不致溃决为害而已。至通省全局工段繁多，自不能同时并举。惟有用治标之法，先将各河淀挑挖宽深，取出之土即以筑堤，使洼水悉得下注，然后廓清中部。俟大端就理，乃用治本之策，诸州县支港沟渠，逐一疏通，俾民间灌溉有资，旱潦有备，三五年后，元气渐复。此又办理之先后次第也。造端宏大，倍于乾隆时，与其缓办费多，不如速办费少，计非一二百万所能成事。请饬部宽筹经费，庶不致有始无终。"又疏陈应修各工，略谓："治水在一'导'字。欲治上游，先治下游；欲治旁流，先治中流。挑贾家口以泄永定、子牙、北运、大清四河之水，挑西堤头引河以泄塌水淀之水，挑邢家坨以泄七里海之水。另开北岸一河以分罾口之势，修复减河以宣白、榆之源；挑浚三河头水道，添建草坝，为东淀之扼要；挑浚马道河、赵北口水道，为西淀之扼要。十二连桥横亘淀中，亟应兴修以利往来。修复增河，分白沟上游之势，修复窑河，分白沟下游之势，则水得就下之性，支派旁流，乃可次第导引。"疏上，并被嘉纳。实授工部侍郎。寻调仓场侍郎。

五年（1825），授浙江巡抚。六年（1826），以病辞职，上以含章精力未衰，不许，调山东。七年（1827），因浙江巡抚刘彬士治盐操切，密疏劾其不职，命总督孙尔准按治不实，诏斥含章听不根之言，无端入告，解职严议。彬士亦劾含章提用商纲银，额外滥支，漏追余款等事。含章疏辨，命总督琦善、学政朱士彦按之。诏以提用纲银，归还捐垫，仅属见小，而先发妄奏之咎重，念其居官尚好，降补刑部员外郎。八年（1828），授福建布政使，以病乞归。十二年（1832），卒。

——《清史稿》卷三百八十一《程含章传》

（道光）二年（1822）六月己未，以罗含章为广东巡抚。

十二月癸丑（1823年1月24日），调程含章为山东巡抚。

三年（1823）三月戊戌，调程含章为江西巡抚。

五年（1825）三月甲辰，以程含章为浙江巡抚。

——《清史稿》卷十七《宣宗本纪一》

其在浙江，自道光元年（1821）裁巡盐御史，以巡抚帅承瀛兼管盐政。……嗣后至六年（1826），销数皆及额运，库存银百二十八万。自七年（1827）至十年（1830）复短销，仅存十一万。盖因巡抚程含章请加增余价，盐贵引壅所致。迨十一年（1831）停止，销数遂至九成。

——《清史稿》卷一百二十三《食货志四·盐法》

永定河亦名无定河，即桑乾下游。……道光三年（1823），河由南八工堤尽处决而南，直趋汪儿淀。四年（1824），侍郎程含章勘议浚复，未果。

——《清史稿》卷一百二十八《河渠志三·永定河》

（道光）四年（1824），……御史陈沄疏陈畿辅水利，请分别缓急修理。给事中张元模请于赵北口连桥以南开桥一座，以古赵河为引河，并挑北卢僧河，以分减白沟之独流。帝命江西巡抚程含章署工部侍郎，办理直隶水利，会同蒋攸铦屡勘。含章请先理大纲，兴办大工九。如疏天津海口，浚东西淀、大清河，及相度永定河下口，疏子牙河积水，复南运河旧制，估修北运河，培筑千里长堤，先行择办。此外如三支、黑龙港、宣惠、滹沱各旧河，沙、洋、洺、滋、洨、唐、龙凤、龙泉、潴龙、牤牛等河，及文安、大城、安州、新安等堤工，分年次第办理。又言勘定应浚各河道，塌河淀承六减河，下达七里海，应挑宽䨇口河以泄北运、大清、永定、子牙四河之水入淀。再挑西堤引河，添建草坝，泄淀水入七里海，挑邢家坨，泄七里海水入蓟运河，达北塘入海。至东淀、西淀为全省潴水要区，十二连桥为南北通途，亦应择要修治。均如所请行。浚虞城惠民沟，夏邑巴清河、永城减水沟。

——《清史稿》卷一百二十九《河渠志四·直省水利》

《景东直隶厅志》二十八卷。罗含章修。

——《清史稿》卷一百四十六《艺文志二·史部·地理类》

王鼎，字定九，陕西蒲城人。……（道光）五年（1825），服阕，以一品衔署户部侍郎，授军机大臣。浙江德清徐倪氏因奸谋毙徐蔡氏狱三年不决，按察使王维询因自尽，巡抚程含章与按察使祁𡒌鞠之，甫得情而犯妇在监自缢。宣宗特命鼎典乡试，就治其狱，……浙人称颂焉。

——《清史稿》卷三百六十三《王鼎传》

蒋攸铦，字砺堂，汉军镶红旗人。……道光二年（1822），召授刑部尚书。寻授直隶总督。值水灾，请截南漕四十万石，赈款先后二百万两，逾年赈事竣。时方治畿辅水利，命侍郎张文浩莅其事，寻以程含章代之，攸铦与合疏言东西两淀，大清、永定、子牙、南北运五河，及天津海口、千里堤，不可缓之工，请部拨银一百二十万两；又疏陈千里堤章程，规复两淀堡船汉夫，移改管河员弁驻所,添建巡防堡房。并如议行。

——《清史稿》卷三百六十六《蒋攸铦传》

严烺,字小农,浙江仁和人。……道光元年(1821),……寻命以三品顶戴署河东河道总督,三汛安澜,乃实授。……初,黎世序治南河多用碎石,乃奏请敕东河仿行,烺取其说,请于马营北岸挑坝,仿南河抛护碎石,估工需银十万两。布政使程含章、巡抚姚祖同先后言其不便,而马营既放淤,坝前水势已缓,烺仍请于坝尾沁水灌注之所抛护碎石,从之。

——《清史稿》卷三百八十三《严烺传》

李宗传,字孝曾,安徽桐城人。……道光三年(1823),杭、嘉、湖三府大水,宗传建议,浙西诸水尾闾,下由江苏入海,必宜江、浙两省通筹疏浚,大吏用其言,疏请合治。坐事左迁,巡抚程含章荐之,以知府用,授湖南永州,葺濂溪书院,崇节义,劝种植。

——《清史稿》卷三百八十四《李宗传传》

李文耕

李文耕(1763—1838),字心田,号复斋,云南昆阳(今晋宁)人。少笃学,服膺宋儒之学终身,并以程朱之学施政。嘉庆七年(1802)进士,选补知县,未赴任,归乡养母。十三年(1808)服阕,补山东邹平知县,历官至贵州按察使。道光十二年十二月(1833年初)以年老休致。卒后祀名宦祠、乡贤祠。文耕做官二十余年,以治山东最久。历官所至,毅然以崇正学、正风气为己任。他注重教化,创书院,设义学,表彰乡贤,被称为"李教官";又因地制宜,在泰安、沂州劝民捐义仓备荒、种植养蚕,在兖州整治吏治;他如除奸戢暴、整顿河政盐政等,皆关乎民生甚巨。总之,李文耕尽心教化,察吏安民,是有名的循吏。此外,文耕著述宏富,有《喜闻过斋全集》《示儿录》《孝悌录》《文庙通录》《启蒙韵言》《文移札稿》等。

李文耕,字心田,云南昆阳人。家贫,事亲孝,服膺宋儒之学。嘉庆七年(1802)进士,以知县发山东,假归养母。母丧,服阕,补邹平。到官四阅月,不得行其志,引疾去。以官累,不得归。十九年(1814),教匪起,寿张令以文耕娴武事,招助城守,训练、防御皆有法,贼不敢窥境。大吏闻其干略,起复补原官。

在邹平五年,治尚教化。民妇陈诉其子忤逆,文耕引咎自责,其子叩头流血,母感动请释,卒改行。听讼无株累,久之,讼者日稀。善捕盗,养捕役,使足自赡,无豢贼。数亲巡,穷诘窝顿。尝曰:"治盗必真心卫民,身虽不能及者,精神及之,声名及之。"终任,盗风屏息。课诸生,亲为指授,勉以为己之学,民呼李教官,又呼为李青天。调冠县,迁胶州,浚云、墨二河。道光二年(1822),擢济宁直隶州,未之任。巡抚琦善特荐之,宣宗夙知其名,即擢泰安知府。

调沂州,立属吏程课,谓:"官不勤则事废,民受其害。教化本于身,能对百姓,然后可以教百姓。"属吏皆化之。沂郡产檞树,劝民兴蚕,建义仓备荒,捕盗如为令时。寻擢兖沂曹道。司河事,修防必躬亲。属厅请浚淤沙,需银五万,往视之,曰:"无庸!春涨,即刷去矣。"果如其言。

五年(1825),迁浙江盐运使,未几,调山东。时鹾业疲累,充商者多无藉游民。文耕知其弊,请分别征缓,以纾商力。责富商领运,不得因引滞贱价私卖,课渐裕。七年(1827),擢湖北按察使,复调山东。严治胥役,诈赃犯辄置重典。断狱宽平,责属吏清滞狱,数月,积牍一空。谓:"山东民气粗而性直,易犯法,亦易为善,故教化不可不先。"

居三岁,调贵州。州县瘠苦,希更调,不事事。适权布政使,请以殿最为调剂,俾久任专责成。凿桐梓葫芦口,以息水患。黔产䌷,无绵布,设局教之纺织。贫民艰生计,重利而薄伦常,撰文劝导,曰《家喻户晓篇》。十三年(1833),休致归。

文耕平生以崇正学、挽浇风为己任,在山东久,民感之尤深,殁祀名宦。

——《清史稿》卷四百七十八《循吏传三·李文耕传》

恒乍绷

恒乍绷(1776—1803),一作"恒乍崩""藤酢蚌"等,云南维西厅(今维西傈僳族自治县)人。在维西康普地区占卜治病,打鼓念经,在当地有很高的威望,但引起土司头人的嫉恨。嘉庆六年底(1802年初),维西雪大歉收,民众向康普、古刹两寨头人借粮,遭拒绝,恒乍绷遂与腊者布等商议,于次年正月聚众千余人起事。至八年(1803)九月,为云贵总督觉罗琅玕剿灭,恒乍绷及其家属被生擒处决。觉罗琅玕立《平夷碑》以记。

觉罗琅玕,隶正蓝旗。……(嘉庆)七年(1802),维西夷恒乍绷与其党腊者布作乱,秃树、出亨附之。琅玕率总兵张玉龙入山剿捕,克阿喃多贼寨，进攻诸别古山，获秃树。玉龙克小维西夷人，缚腊者布献军前磔之。进攻康普，恒乍绷遁澜沧江外，获其孥。分兵攻吉尾、树苗，琅玕驻剑川，断贼后路，败之于通甸、小川，克回龙厂。寻围剿上江山箐贼，歼其渠，余众乞降。琅玕以恒乍绷势蹙，疏请撤兵，提督乌大经率兵二千驻防。贼诇官军已退，乘水涸潜渡，纠江内降猓，复肆劫掠。琅玕驰抵剑川，恒乍绷遁走。八年（1803），上以首逆未获，命永保接办军务。琅玕已擒斩汉奸张有斌，临江扎筏，声言渡兵江外，猓猓震悚，诣军门乞降，琅玕令诱导诸寨擒贼自效。九月，恒乍绷潜匿山箐，官军搜获之，余党尽歼。事平，予议叙。

——《清史稿》卷三百五十八《觉罗琅玕传》

乌大经，陕西长安人。……复调云南（提督）。……（嘉庆）七年（1802）春，入觐。会维西事起，命大经驰回，从琅玕进剿，大经偕总兵书成先清威远猓匪，乃会兵维西，克康普。上意不欲穷兵，命大经留防。及匪复肆掠，进剿独村坪及康普、小维西，连克之。八年春，与琅玕分驻石鼓、桥头，沿江督剿，至十月，恒乍绷就擒，乃班师。

——《清史稿》卷三百五十八《乌大经传》

史绍登，字倬云，江苏溧阳人，大学士贻直之孙。以誊录叙布政司经历，发云南。……（嘉庆）七年（1802），署维西厅通判。厅民恒乍绷为乱，巢险不可攻。绍登廉得巢后岩壁陡绝，阻大溪，乃以篾为絙，募善泅者系絙岩树，对岸急引，如筰桥，攀援以登，壮士三百人从之。贼大惊乱，擒馘净尽。

——《清史稿》卷四百七十八《史绍登传》

何其仁聘妻李

何其仁聘妻李（1791—1806），云南路南（今石林）人。嘉庆十一年（1806），未婚夫其仁及其父病重，李氏献肉给叔母，让她送到未婚夫家。到的时候，何氏父子都已过世。李氏想去奔丧，母亲不让，遂自缢而死。

何其仁聘妻李，路南人。嘉庆十一年（1806），年十六，未行。其仁及其父皆病笃，李割股畀叔母使送婿家。至，则其仁及其父皆已卒，其仁母燖以奠。李欲奔丧，母尼之，遂缢。

——《清史稿》卷五〇九《列女传二·何其仁聘妻李传》

丁氏女

丁氏女，云南鹤庆人。十六岁时，父亲去世，女努力劳作以奉养母亲。四十余年后，母、女相继去世。道光《云南通志稿·丽江府列女传》据采访记丁氏事迹，今暂将其系于嘉道时期。

丁氏女，鹤庆人。父贫，煅石为灰以自给，女助之。年十六，父卒，女力作养母。尝负重而踬，遂佝偻。为佣，食于佣家，每饭思母，辄哽咽。人怜之，许其分食以遗。否必为母炊竟乃出佣。居四十余年，母卒女亦卒。

——《清史稿》卷五〇八《列女传一·丁氏女传》

何秉仪聘妻刘

何秉仪聘妻刘，云南昆明人，农家女。未婚夫何秉仪去世，欲奔丧而不能。后刘氏入何家，哀恸泣血，朝夕辛勤劳作。父母给她四亩地，为夫弟结婚卖掉一半，公公去世又卖掉一半。父母得知后震怒，婆婆却诬陷刘氏，刘氏不能自白，心疾发作，自缢而死。道光《昆明县志·闺媛志》记刘氏事较详，谓刘氏死时二十有三，然未记具体年月，今暂将其系于嘉道时期。

何秉仪聘妻刘，昆明人，农家女也。秉仪卒，女请于父母，欲奔丧，不许。乃窃出，兄追及之，度金汁河，将赴水，兄力持曳以归。秉仪父使迎女，女哀恸泣血，日夕力作。父母畀田四亩，女为夫弟婚鬻半，丧舅又鬻半。父母怒，使告姑，诬女有所私，当遣之嫁。姑以责女，女不能自白，心疾作，缢死。

——《清史稿》卷五〇九《列女传二·何秉仪聘妻刘传》

王氏婢

王氏婢，云南石屏人。王氏夫妇去世，子元勋才七个月大，王氏将其抚养长大，供其入学读书，后来中举。道光《云南通志稿·临安府列女传》据采访记王氏婢事迹，今暂将其系于嘉道时期。

王氏婢，不知其氏，石屏人。王氏夫妇皆死，其子元勋生七月，婢已嫁生子，乃抚而乳之。稍长，卖饔饵，供饘粥，令入塾，使其子事之甚谨。元勋卒举于乡。

——《清史稿》卷五百一十一《列女传四·王氏婢传》

丁香

丁香，云南南宁（今曲靖）人。程氏婢女。程氏女嫁于吴氏，丁香亦跟随而去。吴氏家道中落，程氏女以女红自给，丁香仍用心服侍。有富家想娶丁香，丁香誓死不离程氏。后家益贫，丁香则出为佣人，以获得钱财侍奉程氏，终身未嫁。道光《云南通志稿·曲靖府列女传》据采访记丁香事迹，今暂将其系于嘉道时期。

丁香，不知其氏，云南南宁人。为程氏婢，程氏女嫁于吴，丁香从。吴中落，程氏女以女红自给，丁香执役不稍息。程氏女谓曰："有富家以数十金聘汝，我受金，汝亦得所，盍行乎？"丁香跪，誓死相从，程氏女知其意坚，乃不复言。后益贫，丁香出为佣，得赀以养，数十年卒不嫁。

——《清史稿》卷五百一十一《列女传四·丁香传》

刘体舒

刘体舒（？—1855），字云岩，云南景东人。刘崐堂伯父。自幼聪颖。道光十三年（1833）进士，是景东第一位进士。授直隶顺德府广宗县知县。二十一年（1841），拣发广西，署养利知州，除融县，进郁林直隶州知州。咸丰四年（1854），权浔州府事。水上天地会首领梁培友纠众攻浔州府城，刘体舒击退之，巡抚劳崇光奏荐，授思恩知府，仍权浔州。五年（1855），天地会首领李文茂（《清史稿》误作"季文茂"）等围浔州九十余日，至九月城陷，刘体舒、桂平知县李庆福、卸县事舒桦等被执不屈，被杀。赠太仆寺卿，赏世职。

刘体舒，字云岩，云南景东厅人。道光十三年（1833）进士，用知县，分直隶，授广宗。二十一年（1841），拣发广西，署养利知州，除融县。进直隶州知州，授郁林。咸丰四年（1854），权浔州府事。时艇贼梁培友、大口昌纵横水面，闻体舒至，就抚，已而叛去。纠贵县贼赵洪、李七等众数千犯郡城，体舒督兵登陴守御，更番出击，分兵截归路。战西关，擒斩千七百余级，贼遁。追至河边，毁贼船数十，余匪仍退据贵县。巡抚劳崇光奏荐堪胜道府任，进知府，寻授思恩，权浔州如故。

五年（1855），广东贼季文茂等溯江西上，犯浔州，培友等与之合，贼万余，昼夜环攻，绝城中运道。七月，穴地攻小南门，陷其郛，贼蚁附上。官军奋击，矢石雨下，毙贼数百，体舒血书乞援。八月，按察使张敬修、参将尹达章自平南督水师至石嘴，战失利。贼诇知粮尽援绝，攻益急，官军饥疲不能拒，城陷。体舒暨桂平知县李庆福、卸县事舒桦均被执不屈，死。经历宣元焜自缢，典史沈廉赴水死。体舒赠太仆寺卿衔，赏世职，庆福等赐恤有差。

——《清史稿》卷四百九十《忠义传四·刘体舒传》

朱嶟

朱嶟（1791—1862），字仰山，号致（一作"撖"）堂，又号莲峰，云南通海人。嘉庆二十四年（1819）进士，选庶吉士，散馆授检讨。道光十二年（1832），补江南道监察御史。十三年（1833）奏请慎重名器，禁止通过捐纳获得科甲功名，被宣宗采纳。不两年，累迁至内阁学士，兼礼部侍郎。十六年（1836），太常寺少卿许乃济奏请弛禁鸦片，朱嶟上《申严例禁以彰国法而除民害折》，严正指出"鸦片流毒，妨财害小，殊民害大"，请朝廷严禁鸦片，是禁烟运动的先驱。十七年十二月二十六日（1838年1月21日），擢兵部左侍郎，迭兼署吏、户二部，坐事镌五秩。二十五年（1845），御史刘良驹条奏银钱画一章程，朱嶟上疏洞陈利弊，主张"可用钱则用钱，必须用银则仍用银。附近则用钱，致远则用银"，各省"因地制宜，随时变通"。二十六年（1846），提督顺天学政。二十九年（1849）五月，授仓场侍郎，综核名实，惕弊除奸，积劳任怨，终于在咸丰四年（1854）四月因病解任。五年（1855）七月署吏部左侍郎，十月调户部，十一月赏紫禁城骑马。六年（1856）以后，历官都察院左都御史、署兵部尚书、礼部尚书兼署兵部尚书，十一年十二月二十五日（1862年1月24日）因病解职。同治元年（1862）四月二十三日卒于京师寓所，谥文端。

朱嶟奏请严禁鸦片一折，不见于《实录》，载《京报》手抄本，详参田汝康《禁烟运动的思想先驱——评介新发现的朱嶟、许球奏折》（《复旦学报》1978年第1期）。

朱嶟，字致堂，云南通海人。嘉庆二十四年（1819）进士，选庶吉士，授检讨，迁御史。道光十二年（1832），畿辅灾，广东副贡生潘仕成捐赀助赈，赐举人。有援案以请者，嶟疏言："仕成本副贡，去举人一间，赐以举人，于破格之中，仍寓量才之意。厥后叶元堃、黄立诚次第援请，若因此遂成定例，生富人徼幸，阻寒士进修，于事不便。应请旨饬各督抚，水旱偏灾，捐输应奖，不得援引前案。"上嘉纳之。五迁至内阁学士。十七年（1837），擢兵部侍郎，迭兼署吏、户二部，坐事镌五秩。二十六年（1846），补内阁侍读学士。

御史刘良驹条奏银钱画一，上命各省督抚议奏。噂疏言："泉布之宝，国专其利，故定赋以粟，而平货以钱。物贱由乎钱少，少则重，重则加铸而散之使轻；物贵由乎钱多，多则轻，轻则作法而敛之使重。一轻一重，张弛在官，而权操于上。今出纳以银，钱几置诸无用。虽国宝流通，然流于下而不转于上。于是富商市侩，得乘其乏、操其赢，而任意以为轻重。若使官为定价，且必格而不行。要在因其便使人易从，通其变使人不怨，行其权使人不疑。方今盐务疲敝，皆以银贵钱贱为词，以盐卖钱而不卖银也。卖钱即解钱，人必乐从，长芦盐价可解京充饷。请于东西城建库藏钱，以户、工左右侍郎掌之，按时价搭放各旗，就近赴库请领，以免其转运，并严禁克扣、短陌、搀杂诸弊。两淮盐价，解备河工岁修。淮上全工，水路皆通，挽运较易，工次雇夫购料，俱系用钱，此两便之道也。农民以钱输赋，天下十居七八。地方官收钱解银，每致赔累。江西抚臣吴文镕前奏：'本省坐支之项，收钱放钱；解部候拨之款，征银解银；兵饷役食，请照时价改折。'其言不为无见。惟全行收钱，往返搬运，倍增劳费。通省绝无银币，亦未免偏枯。拟请州县征收，向来征银解银者置无论，但照现在收钱者，量钱粮多少，视附近地方兵役众寡，酌减应解银数，以纾其困。除易银解司之外，即以钱抵银，每银一两，折钱若干，酌定数目，按照时价，支放兵饷役食。应有耗羡平余，仍行提出解司，而本管同城之官俸，本州县之书工、役食、祭祀、驿站，本地方分汛之兵饷，俱准坐支。余则视道路之远近，解存道、府、藩各库，以放兵饷。时价则视省垣为准，以开征前十日为定，由藩司通饬遵照，半年一更。饷银每两折钱多不过千七百，少不过千二百，取为定则，不得再减。至文武官廉俸无可坐支者，兵丁屯驻之区，附近州县无收钱者，皆发银如故。官局钱搭放向有成例者亦如故。如是，则虽变而实因，不至纠纷窒碍。至如百姓出粟米麻丝易钱输赋，久已习为故常，向收若干，今折若干，凡自封投柜者，不遽改折，是于民无扰也。兵丁领银，仍须易钱然后适用。每至兵领饷时，不准铺户抑价，今照定价放给满钱，此于兵无亏也。先时银多，则官以收钱渔利；今时钱贱，则官以易钱赔累。多用钱则少解银，即累亦因而减，迨银价平时，又复可获羡余，此于官有益也。或谓钱收于上，则廛市一空，恐致钱荒。不知兵役领钱，仍行于市，地方官除存库外，尚有大半必须易银解司，则其钱亦行于市。且今日之弊，不在钱荒而在钱滥，欲救其弊，莫利于收钱，尤莫利于停铸。当此钱贱之时，暂停鼓铸，以工本之银，发出易钱，实收上库。薄小者汰之，则私铸难行，而官钱日多，钱价可平，而制钱一千准银一两之例，可得而行矣。是知停铸者用钱之转关，平价者绝私之微权也。将欲平价，非使银钱相埒不可，为平价而暂停铸，迨价平而复开炉，所谓欲赢先缩，一张一弛之道也。夫损上必期益下，今钱值日贱，物价日贵，泉府费两钱而成一钱，官兵领一钱则仅当半钱。无益于民，有损于国，孰得孰失，必有能辨之者。总之可用钱则用钱，必须用银则仍用银。附近则用钱，致远则用银。子母相权，赢缩有制，补偏救弊，无逾于此。惟各省情形不一，因地制宜，随时变通。当责各督抚体察酌议尽善。"疏入，上命军机大臣会同户部议行。

历通政副使、内阁学士。二十九年（1849），授仓场侍郎。咸丰四年（1854），病，乞罢。五年（1855），病痊，复授户部侍郎。六年（1856），擢左都御史。迭署兵、礼二部尚书。十一年（1861），又以病乞罢。同治元年（1862），卒，谥文端。

——《清史稿》卷四百二十一《朱嶟传》

（咸丰）六年（1856）十一月乙卯朔，……以……朱嶟为左都御史。

八年（1858）十一月己卯，徐泽醇卒，以朱嶟为礼部尚书，……

——《清史稿》卷二十《文宗本纪》

赵光

赵光（1797—1865），字蓉舫，号退庵，云南昆明人。嘉庆二十五年（1820）进士，选庶吉士，散馆授编修。官至刑部尚书，历兼署工部、兵部、户部、吏部尚书。同治四年（1865）二月卒，谥文恪。光绪十六年（1890），其子廷璜刻《赵文恪公遗集》二卷，内厘诗一卷，文一卷。赵藩称："观其篇什，多清丽和婉，而旨趣一归于雅正。"方树梅则云赵光"文笔简洁，诗亦秀润"。文首《详陈滇事疏》，作于同治三年（1864），建议重用岑毓英、马如龙，以平杜文秀。又有《自订年谱》，记嘉庆二年（1797）至咸丰十年（1860）间事，涉及个人生平，以及道光、咸丰时期的政治、经济等，有较高史料价值。

赵光，字蓉舫，云南昆明人。嘉庆二十五年（1820）进士，选庶吉士，授编修。迁御史、给事中，转光禄寺少卿，五迁内阁学士。擢兵部侍郎，调户部。

文宗即位，奏陈时务，略言："安民先察吏，州县为亲民之官，秩卑责重。捐例屡开，仕途益杂。幕友招摇，书役播弄，贿嘱情托，靡所不至。正供则挪移侵亏，讼案则株连搁压，偶或参劾，辄筹抵制。大吏虑其噬脐，曲予宽容，同僚相率效尤，成为习惯。应请饬令督、抚、司、道，严行举错，以肃官方。国家糜饷养兵，冀收实用，近日营伍将弁，虚文操演，厮役士卒，养尊处优。空名渔利，器械不修，枪炮无准，而水师尤为窳敝。往往居岸自适，风沙水线，都未研习，洋面不靖，盗劫频闻。前者海疆有事，船远距而弹施，敌近前而药罄，束手无策，㦬体先逃。凡诸军备，转为寇赍。甚至轨律尽隳，沿途坐索，长官乞哀，乃始进行。军威不肃，一至于此。夫练兵必先练将，材艺迈众，忠勇无前，如昔时杨遇春辈，渺不可得，缓急何恃？应请饬令将军、督、抚、提、镇，整齐营伍，鼓励人才，以修武备。诘奸除暴，莫如保甲，近来直隶、山东盗贼日众，至河南之捻匪，四川之啯匪，广东之土匪，贵州之苗匪，云南之回匪，肆意强横，目无法纪，邪教充斥，名目纷繁。煽诱既众，蹂躏弥多。地方文武，恐滋事端，惟务姑息。胥差既豢贼纵容，兵弁复得规徇隐。干吏严拘，则声息潜通，夺犯戕官，酿成巨患。其愚懦者，但期文过，讳盗为窃，避重就轻，以至匪徒益无忌惮，祸不胜言。应请饬令各直省督抚，认真整顿，奉行保甲，缉捕勤能，据实奖励；疲玩者撤参重处，以戢盗风。直省仓库钱粮，各有定额，州县官如果尽数征解，交代清晰，何至亏空盈千累万？其致此之由，厥有数端：或纨绔而登仕版，习尚奢华；或庸聩而昵亲随，开销浮滥；或负累已深，官项偿其私债；或交游太广，正款供其应酬。寅支卯粮，东挪西掩，有漕者藉口于帮丁之需索，解库者归咎于粮价之增昂。道府察知，往往碍于情面，曲意弥缝，后任虑招重怨而不敢发，上司恐兴大狱而不敢参，即使查抄，终归无着。是以州县交代，有历数任而未算结者，有合数十州县而未盘查者。前者钦差大臣会同各督抚清查整理，严定章程，亏短各案，业已分别摊赔。第恐旧亏未完，新亏已续，应请敕令各直省督抚督同司道各官详细查核，交代未清者，停其委署升补，亏那者严参，以清积弊。"疏入，优诏嘉纳。

三年（1853），擢工部尚书，调刑部。八年（1858），命偕尚书周祖培等督五城团防事宜，历兼署工部、兵部、户部、吏部尚书。四年（1865）[①]，卒，

---

① 按：四年，指同治四年。

谥文恪。

——《清史稿》卷四百二十一《赵光传》

（咸丰）三年十二月丙申（1854年1月24日），……翁心存罢，以赵光为工部尚书。

四年（1854）五月辛丑，……以……赵光为刑部尚书，……。

——《清史稿》卷二十《文宗本纪》

（咸丰）十一年（1861）九月乙卯，……贾桢、周祖培、沈兆霖、赵光疏请政权操之自上，并议皇太后召见臣工礼节及办事章程。

——《清史稿》卷二十一《穆宗本纪一》

贾桢，字筠堂，山东黄县人。……（咸丰十一年，1861）穆宗回銮，偕大学士周祖培、尚书沈兆霖、赵光上疏曰："我朝从无皇太后垂帘听政之典。前因御史董元醇条奏，特降谕旨甚明，臣等复有何异词。惟是权不可下移，移则日替；礼不可稍渝，渝则弊生。皇上冲龄践阼，钦奉先帝遗命，派怡亲王载垣等八人赞襄政务。两月以来，用人行政，皆经该王大臣拟定谕旨，每日明发，均用御赏同道堂图章，共见共闻，内外咸相钦奉。惟臣等详慎思之，似非久远万全之策，不能谓日后之决无流弊。寻绎赞襄之义，乃佐助而非主持。若事无巨细，皆由该王大臣先行定议，是名为佐助而实则主持。日久相沿，中外能无疑虑？为今日计，正宜皇太后亲操出治威权，庶臣工有所禀承，命令有所咨决，不居垂帘之虚名，而收听政之实效。准法前朝，宪章近代，不难折衷至当。伏查汉和熹邓皇后、顺烈梁皇后，晋康献褚皇后，辽睿智萧皇后皆以太后临朝，史册称美。至如宋之章献刘皇后，有今世任姒之称，宣仁高太后有女中尧舜之誉。明穆宗皇后，神宗嫡母，上尊号曰仁圣皇太后；穆宗贵妃，神宗生母，上尊号曰慈圣皇太后，惟时神宗十岁，政事皆由两宫抉择，命大臣施行，亦未尝居垂帘之名也。我皇上天亶聪明，不数年即可亲政，而此数年间，外而寇难未平，内而洋人逼处，何以拯时艰？何以饬法纪？端以固结人心最为紧要。倘大权无所专属，以致人心惶惑，是则大可忧者。请敕下廷臣会议皇太后召见臣工礼节，及一切办事章程，或仍循向来军机大臣承旨旧制；量为变通，条列请旨酌定，以示遵守。"疏入，命廷臣集议允行。

——《清史稿》卷三百九十《贾桢传》

岑毓英，字彦卿，广西西林人。……咸丰六年（1856），率勇赴云南迤西助剿回匪。……（同治）三年（1864），……克曲靖，擒马联升，并诛之。尚书赵光疏呈滇绅公启，言毓英所向有功，特诏嘉勉，下总督劳崇光据实保奏。

——《清史稿》卷四百十九《岑毓英传》

黄琮

黄琮（1798—1863），字象坤，号矩卿，云南昆明人。道光六年（1826）进士，改翰林院庶吉士，散馆授编修。历官至兵部左侍郎。二十八年（1848）九月，以亲老乞养回籍，掌教五华书院。咸丰六年（1856），汉回冲突，奉旨与在籍御史窦垿等会同各地方官总办团练，以佐兵力。七年（1857），因办理团练不当革职。同治二年（1863）正月，马荣发动"灯宵之变"，杀死总督潘铎、昆明知县黄培林，焚毁五华书院。黄琮闻讯，投缳而死。遗疏入，照侍郎例赐恤。光绪三年（1877），赐谥文洁，敕建专祠。著有《知蔬味斋诗钞》《蜀游草》，辑有《滇诗嗣音集》。

黄琮，云南昆明人。道光六年（1826）进士，选庶吉士，授编修。累擢兵部侍郎，以亲老乞养回籍。咸丰七年（1857），云南回乱方炽，命琮偕在籍御史窦垿治团练。时饷绌兵单，疆臣主且剿且抚，而汉、回仇隙素深，团练骄悍不听约束，往往抚局将成，练勇擅杀降回，益纷扰。总督吴振棫劾琮及窦垿办理失当，皆褫职。事稍定，振棫疏陈纵容练勇诸事，皆出窦垿主持。琮当省城被围时，登陴固守有劳，又劝捐出力，诏复原官。同治二年（1863），逆回马荣诈降，入城戕总督潘铎，肆杀掠，琮遇害，赠右都御史。光绪中，巡抚潘鼎新为请，予谥文洁。

——《清史稿》卷三百九十九《黄琮传》

论曰：……黄琮初因措置失宜获咎，继亦原之，而终不免于难。

——《清史稿》卷三百九十九末

《滇诗嗣音集》二十卷，《补遗》一卷。黄琮编。

——《清史稿》卷一百四十八《艺文志四·集部·总集类》

吴振棫，字仲云，浙江钱塘人。……（咸丰）七年（1857），调云贵总督。云南汉、回积仇，……团练跋扈，动相杀掠，省城戒严。……又奏："在籍侍郎黄琮、御史窦墉[①]、总兵周凤岐奉命团练，设总局于省城。周凤岐意见不合，引嫌不肯与闻。黄琮、窦墉联衔出示，专主痛剿，民间纷纷集练，回众疑忌

---

① 按：窦墉，卷三百九十九《黄琮传》作"窦垿"。据《清文宗实录》卷二百三十八，咸丰七年十月丁丑条，应以"窦垿"为是。下同。

日深。地方官苦心解散，汉民往往哄堂塞署，逼官杀回。故团练在他省为要务，在滇省竟为大患。黄琮等每言省团可得六十万人，无虞寇警。回匪初至城外，不及千人，团丁招之不来，来即奔溃。近日省练一万余人，月需饷数万，经费不敷。练头自行管带，不尽官派。回众有求抚之意，梗议者忽用练往剿，妄杀邀功，致可抚者终不能抚。黄琮、窦墉系特派人员，非臣力所能制，请旨定夺。臣已咨桑春荣严核守城之练，裁汰冗滥，以节糜费。练归官统，如不奉调派，自行出队，即按军法从事，庶一事权而免掣肘。"疏入，诏褫黄琮、窦墉职，许回民悔悟自新，其负固不服者，痛加剿办。

——《清史稿》卷四百二十四《吴振棫传》

刘崐

　　刘崐（1808—1888），字玉昆，号韫斋，云南景东人。道光二十一年（1841）进士。选庶吉士，散馆授编修。咸丰元年（1851），授湖南学政。四年（1854）七月，授内阁学士兼礼部侍郎，仍留湖南学政。六年（1856）十月，署兵部右侍郎，十一月为工部右侍郎，兼管钱法堂事务。八年（1858），承办永陵河道工程。八月，调户部右侍郎，兼管钱法堂事务。九年（1859），奉旨验收直隶、通州海运漕粮。十年（1860）四月，任殿试读卷官。五月，往奉天巡查海口。十二月九日（1861年1月19日），任国史馆副总裁官。同年，被选为载淳的老师。十一年（1861）十一月，因肃顺案牵连革职。同治元年（1862）三月，赏六品顶戴，在实录馆效力当差，历官至内阁学士兼礼部侍郎，署顺天府尹、文渊阁直阁事。六年（1867），授湖南巡抚，十年（1871）十月开缺。任内，军政上，革除弊政，整顿湘军，治理森严；文化上，大兴书院，培育人才，刊印《皇朝经世文编》，倡修《湖南通志》。解职后，寄籍长沙。虽未能回归云南，但刻印了云南先贤李发甲、钱南园的文集。工书能文。有《刘中丞奏稿》八卷行世。

　　（咸丰）十一年（1861）冬十月壬戌，褫陈孚恩、黄宗汉、刘崐、成琦、德克津太、富绩职。谕不究既往，诸臣毋再请察办党援。

——《清史稿》卷二十一《穆宗本纪一》

　　同治六年（1867）春正月丙寅，……以刘崐为湖南巡抚。

——《清史稿》卷二十二《穆宗本纪二》

《刘中丞奏稿》八卷。刘崐撰。

——《清史稿》卷一百四十六《艺文志二·史部·诏令奏议类》

陈孚恩，字子鹤，江西新城人。……初，孚恩以议礼忤载垣、端华、肃顺等，及再起，乃昵附诸人冀固位。肃顺等既败，少詹事许彭寿疏请治党援，论形迹最著莫如孚恩，最密莫如侍郎刘崐、黄宗汉，……于是诸臣尽黜。

——《清史稿》卷三百八十七《陈孚恩传》

黄宗汉，字寿臣，福建晋江人。……（咸丰）十一年（1861），穆宗即位，载垣等获罪。少詹事许彭寿疏劾宗汉与陈孚恩、刘崐并党肃顺等，踪迹最密。

——《清史稿》卷三百九十四《黄宗汉传》

席宝田，字研芗，湖南东安人。……（咸丰）四年（1854），……军事既定，请回籍终养，允之。贵州苗、教诸匪构乱十有余年，东路素倚湖南援军，自粤匪平后，议大举剿平。先是授兆琛为贵州布政使，偕总兵周洪印率师往，积岁无功。李元度围荆竹园，亦久不下。巡抚李瀚章、刘崐先后劾罢兆琛、洪印，元度亦镌级，荐起宝田招集旧部万人入贵州，总统东路诸军。……八年（1858），……张秀眉犯巴冶，宝田亲督军击走之，进克稿米，令龚继昌、苏元春破苗寨，击走张臭迷等，分军守镇远、施秉。时以宝田军苦战年余，尚未深入，议罢其军，刘崐仍主专任，复增兵万人，分三路进。

——《清史稿》卷四百二十《席宝田传》

许乃普，字滇生，浙江钱塘人。……子彭寿，字仁山。……时肃顺等获罪，彭寿请察治党援，旨令指实。奏言……侍郎刘崐、黄宗汉。得旨："纠弹诸事，朕早有闻，特惩一儆百，力挽颓靡。此后不咎既往，诸臣亦毋以党援陈奏，致启讦陷。"于是陈孚恩等遣黜有差。

——《清史稿》卷四百二十一《许乃普传附子彭寿传》

郭嵩焘，字筠仙，湖南湘阴人。……其弟崑焘，字意城。……由国子监助教历加四品卿。后刘崐讨黔苗，崑焘久引疾归，力起赞军事。苗将平，又辞去。

——《清史稿》卷四百四十六《郭嵩焘传附弟崑焘传》

王国才

王国才（1813—1857），字锦堂，原姓罗氏，云南昆明人。道光十二年（1832），以武举隶督标为把总，洊升寻霑营守备。二十八年（1848），因生擒弥渡海老陕等,得总督林则徐器重,奏赏胜勇巴图鲁名号,授大理城守营都司。三十年(1850),奉调率滇军往广西助剿,转战大黄江、金田村等,因功授普洱镇中营游击;撤兵回滇,奉总督吴文镕命平东川,乃以青州营参将权昭通镇总兵。咸丰三年(1853),吴文镕移督湖广,时太平天国势力遍及大江南北,王国才奉调赴楚。四年(1854),国才至天门,以亲兵七十四人击退太平军。旋退荆州,为驻防将军官文挽留,率兵勇守城北龙会桥(又作龙背桥、龙陂桥),又奉命整饬荆州团练,荆州赖以为安。八月,总督杨霈奏调王国才随剿德安,官文不得已放行,旋署湖广中军副将,率师与曾国藩等共围九江,屡战皆捷。五年(1855),回援武汉,至武昌,省城已陷,血战通宵突围,移扎军山,再进沌口。冬,以竹山协副将署郧阳镇总兵驻师沌口,联络南北岸,与水师相犄角,后与李孟群同扎三县,围攻汉阳。六年(1856)十一月二十二日,武昌、汉口克复,王国才率部守黄梅,听江宁将军都兴阿调遣。七年(1857),王国才连败太平军。时云南亦乱,调国才回援,官文、胡林翼疏留不遣。国才以黄梅偏隘,不足屏蔽,请守双城驿,必无失,都兴阿不许。不得已,乃屯城西。六月,授贵州安义镇总兵。二十四日,为陈玉成部围困,被火药轰伤阵亡。赠提督,于阵亡及原籍地方建专祠,谥刚介。王家璧《王刚介公别传》,方玉润、陈继聪《王刚介公传》记王氏事较详。

王国才,字锦堂,原姓罗氏,云南昆明人。以武举效力督标,洊升守备。道光末,剿弥渡回匪,擒贼首海老陕,赐号胜勇巴图鲁,擢都司。从剿广西贼,转战大黄江、永安州有功。寻撤滇军归伍。咸丰二年(1852),平寻甸回匪,擢山东青州参将。

三年(1853),吴文镕移督两湖,疏调率所部赴湖北,行至天门,遇贼,以亲兵七十人击走之。会文镕战殁黄梅,国才将返滇,过荆州,将军官文留之,予兵千二百、练勇五百,守城北龙会桥。贼万余猝至,军士气沮,国才曰:"贼如潮涌,不进何以求生!"亲以鸟枪毙执旗贼,大呼陷阵,贼披靡,坠河无算。追至马湟山,贼败窜,军中称其勇。官文令整饬诸县团练,荆州获安,赐花翎,以副将升用。四年(1854),署督标中军副将,从总督杨霈防德安。

会湘军规大冶,国才当右路,连破贼,克蕲州。杨霈以川练千人益其军,进攻九江。五年(1855),率部将毕金科战城下,数捷。会杨霈师溃,国才回援武昌,夜至,城已陷,未知也;先驱入城,始觉。贼由汉阳悉众来拒,国才突围出，驻金口，进大军山。寻屯沌口，偕水师合攻汉阳，设伏诱贼出，歼之。贼屡袭金口、沌口，皆击退。破大别山贼垒，授竹山协副将，署郧阳镇总兵。总督官文进逼汉阳，国才屡从破贼。六年（1856），诸军合攻，国才越壕逼城下，一拥而入，巷战，杀贼甚众，加总兵衔，记名简放。复黄梅，守之，改隶将军都兴阿。七年（1857），贼由太湖来犯，以空城诱贼入，斩获无算。追至九江对岸，连破贼段窑、枫树坳、狗山镇。云南回匪炽，调回援，官文、胡林翼疏留不遣。黄梅城僻隘，国才谓不足屏蔽，请守双林驿。都兴阿不许，乃屯城西，分副将石清吉守城，贼屡犯，却之，授贵州安义镇总兵。六月，皖贼陈玉成纠贼数十万上犯，国才被围，力战，殁于阵。赠提督，予骑都尉兼云骑尉世职，建专祠，谥刚介。

——《清史稿》卷四〇二《王国才传》

论曰：……双来、瞿腾龙、王国才、虎坤元、戴文英并以善战名，志决身歼，时论惜焉。

——《清史稿》卷四〇二末

（咸丰）七年（1857）三月辛未，恒春奏回匪滋扰，将领乏员，请调郧阳镇总兵王国材①来滇协剿，从之。

秋七月甲午，……湖北官军攻剿黄梅大胜，总兵王国材力战阵殁，赠提督，赐恤建祠。

——《清史稿》卷二十《文宗本纪》

昭忠祠。……咸丰三年（1853），……总兵……王国才……

——《清史稿》卷八十七《礼志六·吉礼六·昭忠祠》

官文，字秀峰，王佳氏，满洲正白旗人，先隶内务府正白旗汉军。……（咸丰）六年（1856）十一月，约同日水陆大举，分攻武、汉，官文督军分路进，水师击汉阳东门，……王国才、杨昌泗由西门攻入，遂复汉阳，……七年（1857），偕（胡）林翼疏言："湖北为长江上游要害，武汉尤九省通衢，自来东南有事必争之地。……业派李续宾由南岸，都兴阿、孔广顺、王国才由北岸，杨载福率水师由江路分道进剿。现北岸黄州至黄梅，南岸武昌至兴国，均已肃清，……饬王国才驻黄梅之大河铺、界岭岩，孔广顺驻蕲水之孔

---

① 按：王国材，据《清文宗实录》卷二百二十二，咸丰七年三月辛未条，王国材即王国才。

陇驿，巴扬阿率马队为各路应援，以固楚北门户。……"

——《清史稿》卷三百八十八《官文传》

李孟群，字鹤人，河南光州人。……（咸丰）六年（1856），从总督官文迭进攻，十一月，孟群据龟山俯击，总兵王国才攻西南各门，城中贼乱，遂克汉阳，加布政使衔，以布政使遇缺题奏。

——《清史稿》卷四百《李孟群传》

胡林翼，字润之，湖南益阳人。……（咸丰）五年（1855）春，擢湖北布政使。总督杨霈师溃黄梅，林翼率所部回援武昌，别以副将王国才一军隶之，未至，汉阳陷，会攻不克，屯沌口。

——《清史稿》卷四〇六《胡林翼传》

鲍超，字春霆，四川奉节人。……（咸丰）七年（1857），補陕西宜君营参将。攻小池口，破贼于孔垅，援黄梅。时总兵王国才战殁濯港，贼甚张。

——《清史稿》卷四〇九《鲍超传》

（咸丰）四年（1854），……初，长江为寇往来道，荆州当四路之冲，至省道梗，特召荆州将军官文统军讨寇。时沔阳、安陆、荆门、监利、京山、天门均陷，进窥荆州。云南普洱营游击王国才奉调至，一战败之，重镇始安。并克复监利、宜昌，寇遁洞庭湖，合股犯常德府。……七年（1857）正月，……寇分三路入犯，距黄梅县城数十里，知县单瀚元请空城诱人，都兴阿从其计，伏军四起歼之。寇弃城走，截斩其伪搗天侯陈某，伪天王婿钟某、曾某三名。小池口寇闻之丧胆，乃筑坚城为固守计；复于段窑、枫树坳、独山镇诸处依山砌石，为垒数十，引水浚壕，阻我军东下。都兴阿遣鲍超、多隆阿、王国才等分攻，悉平其垒。

——《清史稿》卷四百七十五《洪秀全传》

何桂清

何桂清（1816—1862），字丛山，号根云，自称五华山房主人，云南昆明人。道光十五年（1835）进士，选庶吉士，授编修，历官至浙江学政。咸丰四年（1854）九月，任浙江巡抚。时太平军攻占南京，何桂清筹饷调兵，驻防要隘，连败之。七年（1857），升任两江总督，驻常州专任筹集粮饷。冬，清军克镇江，以济饷功加太子少保衔。八年（1858），与桂良、花沙纳在上海分别与英、法签订《通商章程善后条约》各十款。九年（1859），以钦差大臣总理外国通商事宜，奏请任命英国人李泰国为总税务司。十年（1860）春，因克九洑洲，晋太子太保，但此后却屡失城池，节节退避，言官交章弹劾，褫职逮问。同治元年（1862）四月下狱，十月处决。曾国藩有挽联云："雷霆雨露总天恩，早知报国孤忠，惟拼一死；成败功名皆幻境，即此盖棺论定，亦足千秋。"

何桂清任两江总督时，兼管两淮盐政，推行设局征课、官为定价等政策，增加了两淮盐税收入，并大量用于军需，成为曾国藩、李鸿章等人改革的前奏（倪玉平《何桂清与清代两淮盐政改革》，《吉林大学社会科学学报》2015年第2期），此是其在经济领域的贡献，不可忽视。

何桂清，字根云，云南昆明人。道光十五年（1835）进士，选庶吉士，授编修。迁赞善，直南书房。五迁至内阁学士。二十八年（1848），擢兵部侍郎，以忧去，服阕，补原官，调户部。咸丰二年（1852），督江苏学政。粤匪扰江南，桂清疏陈兵事，劾疆吏巽耎偾事，侃侃无所避，文宗奇之。四年（1854），调仓场侍郎，旋授浙江巡抚。

自贼踞江宁，东南震动。安徽徽州、宁国二府为浙江屏蔽，桂清严防要隘，别遣一军屯守黄池，扼苏、浙之冲，贼来犯，会提督邓绍良击却之。五年（1855），檄道员徐荣剿贼黟县、石埭，战颇利，贼众大至，徽勇溃走，荣众寡不敌，遂战殁。桂清因言徽、浙唇齿，宜主客一心，事乃济。疏入，谕戒地方官吏不分畛域。时贼陷徽州各属，桂清檄知府石景芬、副将魁龄等，攻复徽州府城及休宁，分布所部于昌化、於潜、淳安，杜贼来路。安徽巡抚时移驻庐州，徽、宁二郡悬绝江南，不能遥制，命桂清兼辖之。江西贼侵入浙境，陷开化，犯遂安，桂清檄邓绍良等合击之，贼退徽境。周天受、石景芬等连复黟县、石埭。桂清疏请添改镇道员缺，俾专责成，以石景芬为徽宁池太道；豫祺为总兵，不得力，复以江长贵易之。又用桂清议，命前侍郎张芾驻皖南治团练，督办徽、宁防务，寻命兼顾浙江衢、严两郡，与桂清协力制贼。六年（1856），檄邓绍良、秦如虎、都兴阿等合攻宁国，别遣江长贵击败赣贼之袭太平者，连捷，克宁国府城。朝廷益嘉桂清，思大用之。

杭州知府王有龄最为桂清倚用，擢权运、臬两篆，为通判徐徵讦控。桂清覆奏，辞悖悖，被诘责。遂以病乞罢，诏慰留之。会两江总督怡良解职，文宗以筹饷事重，难其人，大学士彭蕴章荐桂清饷徽军无缺，可胜任。七年（1857）春，命以二品顶戴署两江总督，寻实授。力荐王有龄，擢任江苏布政使，专倚饷事。江宁久为贼窟，总督驻常州，军事由将军和春主之，而提督张国樑为帮办，前督怡良但任运馈而已。桂清屡疏陈方略称旨，谕饬和春和衷商酌。是年冬，克镇江，以济饷功，加太子少保。十年（1860）春，又因克九洑洲，晋太子太保。桂清意气发舒，倚畀益重，甚负时望。

大军屡捷，合围江宁，贼势窘蹙，四出求援。伪忠王李秀成乃谋窜浙，分大军之势，由安徽广德径趣杭州。仓猝城陷，惟将军瑞昌守驻防内城未下，诏促桂清、和春遣军速援。于是檄提督张玉良率兵驰赴，至则内外夹击，贼遽走。临安、孝丰、安吉诸城相继复。诏嘉桂清功，予优叙。时贼已围金坛，陷江阴，遣总兵马得昭、熊天喜、曾秉忠，副将刘成元水陆分路御贼，兵分益单。贼乃合众十余万出建平、东坝，一由东坝趋江宁，一由溧阳窥常州，桂清闻之，几失所措。会马得昭、周天孚分援苏、常，贼已趋金坛，陷句容。句容为大营后路，自此隔绝。张玉良回军抵常州，和春飞檄调援大营，桂清留勿遣，复调马得昭，亦莫之应。王有龄已擢浙江巡抚，贻书桂清戒勿离常州一步，且曰："事棘时危，身为大臣，万目睽睽，视以动止。一举足则人心瓦解矣。"盖规之也。

会大雨雪，大营兵冻馁，索饷不得，乃噪乱，相率尽溃。和春、张国樑退守丹阳。桂清疏陈："丹阳以上军务，和春、张国樑主之；常州军务，臣与张玉良主之。"部署稍定，即进规溧阳，而贼已迳犯丹阳，国樑死之，和春奔常州，桂清大惊。总理粮台查文经等希其意，请退保苏州。桂清即疏陈军事付和春，自驻苏州筹饷。将行，常州绅民塞道请留，从者枪击，死十余人，始得脱。张玉良留守，寻亦走。士民登陴，数日城陷，屠焉。桂清至苏州，巡抚徐有壬拒勿纳，疏劾其弃城丧师状。和春退至无锡，伤殒。桂清托言借外兵，遂之上海。苏州亦陷，有壬殉之，遗疏再劾桂清，诏褫职逮京治罪。

会各国联军犯京师，车驾幸热河，迁延两年。王有龄及江苏巡抚薛焕皆其故吏，叠疏为乞恩，不许。言官数劾奏，同治元年（1862），始就逮下狱，谳拟斩监候。大学士祁寯藻等十七人上疏论救，尚书李棠阶力争，谳乃定。桂清援司道禀牍为词，下曾国藩察奏。国藩疏言："疆吏以城守为大节，不宜以僚属一言为进止。大臣以心迹定罪，不必以公禀有无为权衡。"是冬，遂弃市。

桂清由侍从出任疆事，才识明敏。在两江值英吉利构衅，迭陈应付之策。偕大学士桂良等议税则，多中肯綮，亦不能尽用其言。晚节败裂，误国殃民，虽廷议多有沮之者，卒难挠公论云。

论曰：陆建瀛、何桂清皆以才敏负一时之望，膺江表重寄。……桂清无料敌之明，又失效死之节。二人者身名俱陨，罪实难辞。

——《清史稿》卷三百九十七《何桂清传》

（咸丰）四年（1854）九月甲申，……何桂清为浙江巡抚。

六年（1856）冬十月壬子，何桂清奏浙军进克黟县，徽州肃清。

十二月辛丑（1857年1月13日），皖、浙官军克复宁国，赐何桂清花翎。

（咸丰）七年（1857）丁巳春正月庚午，……何桂清奏浙省援剿，内防本境，外保邻封。得旨嘉奖。

夏四月癸巳，怡良以病免，命何桂清为两江总督。

闰五月辛丑，何桂清奏请知府温绍原复官，办理六合乡团。

十一月戊戌（1858年1月5日），赐……何桂清太子太保。

（咸丰）八年（1858）八月乙丑，……何桂清请以海关盈余用充军饷，允之。

十二月丁卯（1859年1月29日），以何桂清为钦差大臣，办理通商事宜。

（咸丰）九年（1859）六月辛酉，何桂清奏英、法陆续回沪。

十一月辛未，何桂清奏，探闻英、法明春必来寻衅。

十二月丙午（1860年1月3日），何桂清报英、法兵船到沪。

（咸丰）十年（1860）二月辛丑，何桂清奏上海英人经华商开导，索兵费一百万。津约不能更易，入京换约。如不见许，即开船北驶。

三月甲午，何桂清奏夷船北犯。

夏四月癸未，诏两江总督何桂清屡失城池，褫职逮问。

——《清史稿》卷二十《文宗本纪》

同治元年（1862）四月庚辰，何桂清逮至京，命大学士会刑部审拟。

六月戊午，命六部、九卿再议何桂清罪。……甲子，何桂清论斩。

冬十月乙巳，谕刑部："今年例停句决，何桂清统兵失律，仅予斩候，已属法外之仁。兹已届期，若因停句再缓，久稽显戮，何以谢死事者暨亿万生灵，著即处决。"

——《清史稿》卷二十一《穆宗本纪一》

（咸丰）九年（1859），……两江总督何桂清请减轻洋药税，下廷议。寻议："洋药税则，各省关均照办，江苏何得独异？所征税银，每三月报解，不准留支。至洋药厘捐，与关税有别，原定银二十两，毋庸再加十两，惟不得以洋税抵作厘捐。"允之。

——《清史稿》卷一百二十五《食货志六·征榷》

　　（咸丰）九年（1859）七月换约，……美使回沪，请照新章完纳船钞，及在潮州、台湾先行开市。钦差大臣两江总督何桂清以前大学士桂良等给与照会，言明各口通商，俟英、法条约议定，再照新章办理，不服。乃允先开潮州、台湾两口市，及照新章纳船钞，余仍从缓。

——《清史稿》卷一百五十六《邦交志四·美利坚》

　　先是咸丰九年（1859），比（利时）遣使臣怡性要求苏抚何桂清三条：一，比官商眷属、船只、货物，与中国相待最优国同视；二，定约后以十二年为度；三，和约议定，须请用宝。至是复以为请。

——《清史稿》卷一百五十九《邦交志七·比利时》

　　彭蕴章，字咏莪，江苏长洲人，尚书启丰曾孙。……蕴章久直枢廷，廉谨小心，每与会议，必持详慎。……两江总督何桂清素以才敏自负，蕴章误信之，数于上前称荐。十年（1860），江宁大营溃，蕴章犹言桂清可恃。未几，苏、常相继陷，桂清逮治。文宗以蕴章无知人鉴，眷注寖衰。

——《清史稿》卷三百八十五《彭蕴章传》

　　桂良，字燕山，瓜尔佳氏，满洲正红旗人，闽浙总督玉德子。……（咸丰）八年（1858）五月，签约退兵，遂命桂良偕花沙纳赴上海，武备院卿明善、刑部员外郎段承实副之，会同两江总督何桂清议税则。文宗愤和约之成出于不得已，或献策许全免入口税以市惠，冀改易驻京诸条，密授桂良等机宜。八月，至上海，晋文华殿大学士，授内大臣。桂清力言免税之不可，改约之难成，桂良亦赞其议，上甚怒，必责其补救一二端，而各国因广东民团仍与为难，且出示伪载谕旨，坚欲罢两广总督黄宗汉，停撤民团。桂良等疏闻，乃解宗汉通商大臣，改授桂清。桂良等噤不敢言罢驻京诸事，先议税则。

——《清史稿》卷三百八十八《桂良传》

　　李棠阶，字文园，河南河内人。……同治元年（1862），……授大理寺卿。先是两江总督何桂清偾事逮治，部谳从重拟斩决，廷臣有右之者，言部臣有意畸重，仍从本律监候。棠阶疏谓桂清贻误封疆罪大，不当轻比，非公论。后桂清卒伏法。

——《清史稿》卷三百九十一《李棠阶传》

（咸丰）八年（1858）春，各国遣人赴江苏投书致京师大学士诉粤事，请遣大臣至上海会议；且言逾期即赴天津。诏仍回广东候（黄）宗汉查办，而英、俄两国兵船已泊吴淞。宗汉过江苏，总督何桂清坚留在上海开议，宗汉不可，遽去，……桂良等疏闻，诏责宗汉捕伪造谕旨之人，罢其通商大臣，改授何桂清。

——《清史稿》卷三百九十四《黄宗汉传》

徐有壬，字钧卿，顺天宛平人，原籍浙江乌程。……咸丰五年（1855），以母忧回原籍。浙江巡抚何桂清奏起有壬治团防。……有壬之起，由何桂清所荐。及同官江苏，无所阿附。十年春（1860），粤匪复犯湖州。有壬咨商桂清，遣游击曾秉忠率舟师往援。……桂清奏捷，惟言藩司王有龄功，得优擢，有壬仅予议叙。未几，和春等师溃，……何桂清弃常州不守。四月，贼遂长驱犯苏州。有壬移檄责让，桂清抗疏劾之。

——《清史稿》卷三百九十五《徐有壬传》

王有龄，字雪轩，福建侯官人。……咸丰五年（1855），授杭州知府。巡抚何桂清器其干略，迭署盐运使、按察使，擢云南粮储道，仍留浙治防。桂清总督两江，奏调赴上海议通商税则。……有龄长于理财，桂清素信之深，一切倚畀，益得发舒，事皆专断，巡抚受成而已。十年（1860），粤匪陷杭州，将以掣动江南全局，故援兵至，贼即不战而走。桂清推功于有龄，遂擢浙江巡抚。

——《清史稿》卷三百九十五《王有龄传》

温绍原，字北屏，湖北江夏人。……（咸丰）七年（1857），天长、来安土匪起，遣兵破之。……寻有旨命兼管江宁、江浦团练。总督何桂清疏言："绍原以一县倡募水陆各勇，激励绅团，屡歼贼众，出奇制胜。且余力上扼江浦，下救仪征，北援来安，江北大营得免西顾之忧。自来安至庐州，尚有一线运道可通者，亦惟绍原是赖。才足匡时如绍原者，实不多见。请复原官，以维系众心。"诏允开复知府。

——《清史稿》卷四百《温绍原传》

和春，字雨亭，赫舍里氏，满洲正黄旗人。……（咸丰）十年（1860）春，……诏和春仍兼办浙江军务，……闰三月，……时贼酋陈玉成、李秀成、李侍贤、杨辅清，纠诸路众十余万，力破长围，城贼应之。……和春夺围走常州，督兵迎敌，被重创，退至无锡，卒于军。总督何桂清弃城走，常州、苏州相继陷。

——《清史稿》卷四〇一《和春传》

张玉良，字璧田，四川巴县人。……（咸丰）十年（1860）春，……专办浙江军务，……遂复杭州。……擢广西提督。贼之扰浙也，原以牵制江南军，故见玉良至，则不能遽去，由广德分路趋江宁。总督何桂清驻常州，檄玉良回援，而贼别队已侵江南大营后路。桂清留玉良于常州以自卫。

——《清史稿》卷四〇二《张玉良传》

德兴阿，乔佳氏，满洲正黄旗人，黑龙江驻防。……（咸丰）八年（1858）春，……贼连陷江浦、天长、仪征，德兴阿不能救，扬州亦陷，褫世职。寻张国樑率兵渡江复扬州，而德兴阿拥兵邵伯，观望不前，严旨斥责。……国樑以江宁军事急，移军渡江，诏责德兴阿规复六合，军已不振，迄无功。何桂清疏劾："德兴阿秉性粗率，初赖翁同书相助，得克瓜洲。自同书调任安徽巡抚去后，左右无人，毫无谋略，贻误军事。"……文宗犹念其前劳，未遽加谴。

——《清史稿》卷四〇三《德兴阿传》

郑国魁，安徽合肥人。咸丰十年（1860），两江总督何桂清令募勇屯无锡高桥，桂清弃军走，国魁从提督曾秉忠于上海。

——《清史稿》卷四百十六《程学启传附郑国魁传》

袁甲三，字午桥，河南项城人。……（咸丰）五年（1855），……召回京，部议褫职。……甲三在淮北得军民心，其去也，军民泣留者塞道。……疆臣怡良、吉尔杭阿、何桂清亦交章论荐。

——《清史稿》卷四百十八《袁甲三传》

曹毓瑛，字琢如，江苏江阴人。……咸丰十年（1860），擢鸿胪寺少卿。时江南大营溃，总督何桂清弃常州，苏、常相继陷。

——《清史稿》卷四百二十一《曹毓瑛传》

乔松年，字鹤侪，山西徐沟人。……（咸丰）六年（1856），从怡良驻常州，署两淮盐运使。八年（1858），丁本生父忧，总督何桂清复奏留。

——《清史稿》卷四百二十五《乔松年传》

潘祖荫，字伯寅，江苏吴县人，大学士世恩孙。……同治三年（1864），授左副都御史。坐会议何桂清罪未列衔,絓吏议。

——《清史稿》卷四百四十一《潘祖荫传》

（咸丰十年,1860）三月,……句容亦陷,句容当（江南）大营后路,饷道所必经,且与丹阳、镇江接壤,为常州门户。……何桂清遣将分防丹阳、镇江、瓜洲,冀通大营至苏、常水陆道路。……闰三月,……斯时大营四面受敌,……时群寇麋集,和春急调张玉良回援,何桂清留之不遣。……（李）秀成入丹阳,……何桂清闻变跳走。

——《清史稿》卷四百七十五《洪秀全传》

郭沛霖,字仲霁,湖北蕲水人。……（咸丰）七年（1857）,……有以淮南税课造报不实闻者,诏毋庸署理运司,令总督何桂清等查参,以新任未即至,暂缓交卸。先是淮南之旱也,言者请堵八坝资灌溉,命桂清等详查酌办。沛霖力言：“下河七州县众水所归,潦者其常,旱者其偶。上年东南数省大旱,下河尽涸,此数十年一见,不可以常理论也。然如高、宝两邑,近居运河堤下,并未成灾,而田产稻米,犹能以其余接济邻境。咸丰三年（1853）,前大臣琦善统兵至扬,尽启八坝,余悉缓堵,以为设险御防之计。是年十一月,扬州东路兵溃,六年（1856）三月,逆贼复陷扬州,终不敢越湾头、万福桥一步,是未堵各坝足以扼贼之明效大验。今日贼氛未熄,民力已殚,与其糜无益之费以病民,曷若留可守之险以防寇？现在大兵环攻瓜镇,奔窜可虞,正宜留八坝以扼逆贼北窜之路。”桂清据以覆奏,诏从之。桂清等旋以查明淮南税课无以多报少情事上闻,九月,偕江宁布政使杨能格办扬州东路团防,自募勇千二百人驻仙女镇,与毛三元、三岔河营策应。十一月,随大军克瓜洲、镇江,桂清饬沛霖移驻扬州筹善后。

——《清史稿》卷四百九十《忠义传四·郭沛霖传》

朱善宝,字子玉,浙江平湖人。……咸丰十年（1860）,随总督何桂清驻常州,江南大营陷,常州大震,桂清以守御事悉任善宝。既,贼陷丹阳,桂清遁,……

——《清史稿》卷四百九十《忠义传四·朱善宝传》

毕大钰,湖南长沙人。……（咸丰）四年（1854）,保用知县,授浙江仙居知县,……寻捐知府,浙江巡抚何桂清留筦粮台,檄赴於潜防堵。

——《清史稿》卷四百九十一《忠义传五·毕大钰传》

赵振祚,字伯厚,江苏武进人,顺天宛平籍。……（咸丰）六年

(1856),……时总督何桂清驻常州,郡人编修赵曾向出其门,振祚素轻之,以是常讦其短于桂清,遇事龃龉。……十年(1860),和春军溃丹阳,常州大警,桂清宵遁,……

——《清史稿》卷四百九十三《忠义传七·赵振祚传》

程葆,歙县人。……咸丰二年(1852)六月,外授广东肇庆府知府。时粤匪麇集皖境,谋犯浙江,葆赴任,道经杭州,巡抚何桂清奏令回籍治乡团助剿。

——《清史稿》卷四百九十三《忠义传七·程葆传》

何桂珍

何桂珍(1817—1855),字丹畦,一字丹谿,云南师宗人。道光十八年(1838)进士,改翰林院庶吉士,散馆授编修。二十六年(1846),提督贵州学政,晋侍讲。三十年(1850),在上书房行走。咸丰三年(1853)六月署日讲起居注官,寻授福建兴泉永道。四年(1854),任安徽宁池太广道。时太平军占据安庆等地,何桂珍奉命招募兵勇三千人,降捻军首领李兆受、马超江。五年(1855)正月,克蕲水、英山,留驻英山;五月,以饷银不足而兵败英山。其后,福济密令斩杀李兆受,密信却为李兆受截获。李兆受以为桂珍出卖自己,遂设宴伏杀之,从死者四十七人。同治四年(1865),赐谥文贞。何桂珍是理学名臣倭仁门生,与唐鉴、曾国藩为师友,学以宋儒为宗。著有《训蒙千字文》《补辑朱子大学讲义》《续理学正宗》《何文贞公遗集》等。

关于何桂珍受害日期,《清史稿》本传记为咸丰五年(1855)十月,本纪则记为十一月戊子(1856年1月6日),而倭仁《何丹畦墓表》、曾国藩《何君殉难碑记》、陈继聪《何文贞公传》、李元度《何文贞公别传》皆作"十一月初三日"(1855年12月11日),疑当以此为是。

何桂珍,字丹畦,云南师宗人。道光十八年(1838)进士,选庶吉士,年甫冠,乞假归娶。散馆授编修,督贵州学政。入直上书房,授孚郡王读。文宗在潜邸,即受知。桂珍乡试出倭仁门,与唐鉴、曾国藩为师友,学以宋儒为宗。及文宗即位,以所撰《大学衍义刍言》奏进,优诏嘉纳。数上疏论时政得失,言琦善、牛鉴偾军之将,不宜任兵事。咸丰三年(1853),出为福建兴泉永道。巡防大臣贾桢等奏请开缺,留京随办城守事宜。

四年(1854),畿辅解严,授安徽徽宁池太广道。安庆久陷,巡抚福济驻庐州之店埠。桂珍所治在江南，阻于贼，遂留江北。檄募勇从征，饷无所出，久之，得二百人，至霍山，号召乡团，增为三千人，激以忠义，破捻匪李兆受于霍城，追击至麻埠，进逼流波疃；檄商城、固始乡团截其北，金寨练勇拒其东，自率所部遏其西，兆受大惧，与其党马超江等同降，解散胁从万计，民欢呼载道，馈粮粮不绝。福济令桂珍援庐江，檄至，城已陷，驰救不及，劾罢职。是年，曾国藩破贼田家镇，进围九江，桂珍通牒言战状，国藩以闻。袁甲三军临淮，欲资桂珍兵西与楚师会，至蕲水而九江军失利，武昌再陷。国藩入江西，文报不相闻。桂珍乃提孤军转战潜、霍间。五年（1855）春，克蕲水、英山，歼贼首田金爵。和春上其功，予六品顶戴，留驻英山。自桂珍受事，至是八阅月，仅支饷银三百两。民团相从者踵至，益以李兆受降众，饿不得食，五月，师遂溃。

兆受之降也，桂珍请福济羁以官，不听，不能无觖望。未几，马超江被杀，兆受乞拘仇，弗获，则大恚，议为超江复仇，设位受吊，捻党大集。于是安徽、河南皆以兆受复叛入告，兆受诣桂珍自陈，抚慰之，稍定。会福济密书嘱先发绝其患，书由驿递，为兆受所得，谓桂珍卖己。十月，阳置酒，伏兵英山小南门外，桂珍遂遇害，左右四十余人皆从死。事闻，依道员阵亡例赐恤，赠光禄寺卿，予云骑尉世职。同治初，江南平，曾国藩疏言桂珍率乡团剿贼，饥饿艰难，历人间未有之苦，机事不密，为叛人所戕，天下冤之。诏晋世职为骑都尉，予谥文贞，建祠英山县。

——《清史稿》卷四百《何桂珍传》

论曰：何桂珍儒臣出为监司，以忠义激励饥军，竟抚悍寇；误于庸帅，仓猝殒身。

——《清史稿》卷四百末

（咸丰）五年十一月戊子（1856年1月6日），……和春等奏捻匪李兆受窜踞英山，道员何桂珍密谋会捕，不克，死之。

——《清史稿》卷二十《文宗本纪》

（同治）四年（1865）乙丑春正月壬寅，……追予死事道员何桂珍……谥。

——《清史稿》卷二十一《穆宗本纪一》

昭忠祠。……咸丰三年（1853），……是时军兴，死事扬烈者踵起，略举其所入者。……道员……何桂珍……。

——《清史稿》卷八十七《礼志六·吉礼六·昭忠祠》

倭仁，字艮峰，乌齐格里氏，蒙古正红旗人，河南驻防。……咸丰二年（1852），倭仁复上《敬陈治本》一疏，上谓其意在责难陈善，尚无不合，惟仅泛语治道，因戒以留心边务，勿托空言。候补道何桂珍上封事，言倭仁秉性忠贞，见理明决，生平言行不负所学，请任以艰巨，未许。……初，曾国藩官京师，与倭仁、李棠阶、吴廷栋、何桂珍、窦垿讲求宋儒之学。

——《清史稿》卷三百九十一《倭仁传》

曾国藩，初名子城，字涤生，湖南湘乡人。……（道光）二十三年（1843），以检讨典试四川，再转侍读，累迁内阁学士、礼部侍郎，署兵部。时太常寺卿唐鉴讲学京师，国藩与倭仁、吴廷栋、何桂珍严事之，治义理之学。

——《清史稿》卷四〇五《曾国藩传》

徐树铭，字寿蘅，湖南长沙人。……树铭幼颖异，问学于何桂珍、曾国藩、倭仁、唐鉴诸人。

——《清史稿》卷四百四十二《徐树铭传》

唐鉴，字镜海，善化人。……著《学案小识》，……时蒙古倭仁，湘乡曾国藩，六安吴廷栋，昆明窦垿、何桂珍皆从鉴考问学业，陋室危坐，精思力践。

——《清史稿》卷四百八十《唐鉴传》

吴廷香，字奉璋，庐江人。……（咸丰）四年（1854）……八月，……遂复庐江。……既，贼知庐江无援，合安庆、桐城诸路来攻，……廷香豫乞救庐、舒大营，久未报。及贼大至，何桂珍檄蔡萼、沈承贻以六百人自六安赴援，至邑，则纵兵大掠，遇贼反走，贼益焚四野，火光烛天。

——《清史稿》卷四百九十三《吴廷香传》

张鸣凤

张鸣凤，生卒年不详，号紫亭，云南云州（今云县）人。道光十一年（1831）举人。后在乡教读，深受乡人爱戴，人称"张尊师"。咸丰五年（1855）冬，任广西西林知县。时法国传教士马赖在县境传教，作恶多端，民愤极大。张鸣凤到任后，查知实情，令马赖限期离境。马赖不听，依然继续活动。六年（1856）正月，张鸣凤下令逮捕马赖及其教徒二十六人，并处决了马赖和两名中国教徒，史称"西林教案"或"马神甫事件"。法国要求查办张鸣凤，但清廷未允，遂联合英国，挑起第二次鸦片战争，并通过与清政府签订的《天津条约》《北京条约》，取得了在内地自由传教的特权，而张鸣凤最终被革职充军（一说革职回籍）。《清史稿·邦交志三》"法兰西"条中有"请查办广西西林县杀马神父案"语，"西林县"即指张鸣凤。

（咸丰）六年（1856）六月，英、美各国求换约，法公使顾思照会两广总督叶名琛，援约与英、美一体，力阻不从。七年十二月二十一日（1858年2月4日），英人结法公使噶历为援，袭入广东省城，掳名琛以去。先是法人谓有人杀其说书老人，向名琛索犯，限三日交出，并要求五事：一，入城；二，索河南地；三，求改章程；四，索补兵费；五，求通商。限日答复。名琛回牒许通商，余皆不许，而又不设备，遂至被掳。英、法连樯赴天津，美、俄亦相继至，各有所求。法人又欲推广商埠，任意传教，遣公使驻京，入内地买丝茶，并请查办广西西林县（知县张鸣凤）杀马神父案，皆不许。八年（1858）三月，法与英人攻踞海口炮台，进逼天津。于是命大学士桂良、吏部尚书花沙纳往议，徇所请。遂于五月定约，法得通商、传教及兵费，几与英等。

——《清史稿》卷一百五十五《邦交志三·法兰西》

杜文秀

杜文秀（1823—1872），字云焕，号百香，云南永昌府保山县（今属保山市）金鸡村人。道光二十五年（1845），永昌发生回、汉冲突，杜文秀家人被害，遂赴京上控。二十七年（1847）十月，林则徐奉命处理，汉回矛盾暂时得到缓和。咸丰六年（1856），汉回矛盾再一次激化，杜文秀在蒙化（今巍山）起兵，随后进军大理，自立为"总统兵马大元帅"，在大理建大元帅府，设文武官员。其后，杜文秀相继攻占永平、邓川、浪穹、宾川、弥渡、景东、顺宁等地。同治六年（1867），围攻昆明。八年（1869），清军解除昆明之围，形势随即逆转。十一年（1872）十一月，清军进攻大理府城，二十六日（1872年12月26日），杜文秀服毒自尽。大理政权至此结束。杜文秀墓在今大理市中和镇七里桥乡下兑村，是省级文物保护单位。杜文秀帅府在今大理古城复兴路南段的大理市博物馆内，亦是省级文物保护单位。

（道光）二十七年（1847）秋七月乙未，命林则徐谳云南回民杜文秀控诉被诬从逆之狱。

——《清史稿》卷十九《宣宗本纪三》

（同治）五年（1866）夏四月丙辰，……杜文秀复陷丽江、鹤庆、剑川。

——《清史稿》卷二十一《穆宗本纪一》

（同治）十二年（1873）春正月甲辰，滇军克大理，回酋杜文秀、杨荣、蔡廷栋等伏诛。

——《清史稿》卷二十二《穆宗本纪二》

刘岳昭，字荩臣，湖南湘乡人。……（同治）十一年（1872），……攻大理上下两关，复大理府城，诛大酋杜文秀，诏复原职。

——《清史稿》卷四百十九《刘岳昭传》

（同治）七年（1868）春，……（岑）毓英疏陈军事、饷事，略曰："杜文秀窃踞迤西十有三载，根深蒂固。今拟三路进兵，一出迤南牵贼势，一出三姚、永北断贼援，大军由楚雄、镇南直捣中坚，使贼面面受敌，不能兼顾。臣选精锐六万，更番战守，既无停兵之时，亦免师老之患。兵勇无须外募，以本省兵剿本省贼，既习地利，复熟贼情。现在滇省兵勇乡团已调集八万有奇，拟俟附省逆垒肃清，认真裁汰，选定精锐，以资得力。滇省绿营额设马步兵三万七千数百名，承平日久，训练多疏，将不知兵，兵不知战。仓卒有事，则募勇以代兵；饷需支绌，不能不后兵而先勇。于是兵丁愈困，营务益弛。通省营兵所存不及十一，臣拟即此六万人中，择补营额，目前仍令随征，事竣再饬归伍。既有常业，自有恒心，责以成功，收效必速。滇省近年用兵，多藉乡勇之力，拟按州县之大小，定征调之多寡，共编乡勇四十营，分两班随营征讨，饷银仍由各地筹捐。两年之内，迤西肃清，即可裁撤归农。滇省兵勇，向于饷银之外，每名月支米三斗。现拟用兵六万，每年共需米二十余万石，为数甚巨。历年皆按成熟田亩酌抽厘谷，约十分取其一二，资助军食，与川之津贴，黔之义谷，名异实同。今请照旧抽收，并将近年可征地丁抽粮，全数改征粮米，如不敷用，再行筹价采买接济，一俟军事肃清，分别裁止。滇省绿营官兵俸饷，有闰之年，需银七十万两有奇，无闰需银六十四万数千两。现既易勇为兵，则饷银较勇粮稍厚。倘因筹饷维艰，每月先给半饷，加以赏需军火各费，约共需银八万两。盐课、地丁、厘税之外，每月所短不过三四万两，应由外省协拨，较之向例协饷，有减无增。若发全饷，则每月应由外省拨银六万，较常例所增亦属无几。现在部臣指拨各省协滇军饷，如浙江、广东、江西，距滇较远，筹拨起解，往返经年，缓难济急。请饬改作京饷，另由川、楚等省应解京饷，改拨济滇，两无窒碍。至于选任镇将，宜不拘资格，不惜情面，凡有能将三千兵以上，才当一面者，虽其名位尚卑，亦宜委署要职。其谋勇平常，仅止熟习营务，纵系实缺，另予差遣，勿使幸位。"疏入，下部如所议行。……十一年（1872），……十一月，……杜文秀穷蹙服毒，其党昇之出城诈降，斩首传示，勒缴军械，贼党犹请缓期。

——《清史稿》卷四百十九《岑毓英传》

蔡标，字锦堂，贵州威宁人。……（同治）七年（1868），署镇雄营参将。会杜文秀逼省垣，标出宜良、汤池，略七旬。

——《清史稿》卷四百五十六《蔡标传》

毕金科

毕金科（1833—1857），字应侯，云南人。少入戎伍，以征开化功，署临元镇标外委。咸丰四年（1854），从王国才赴湖北，败太平军于荆州龙会桥、天门丁司桥，累叙至花翎都司。十一月，奉曾国藩命随提督塔齐布攻围九江。五年（1855）七月，塔齐布卒，而石达开连陷江西瑞州、临江等地，毕金科常陷阵克捷。十二月（1856年初），自九江奉檄南，破太平军于樟树镇。六年（1856）十一月，募死士，克复饶州，赏呼尔察巴图鲁名号，补临沅镇都司，以游击升用。七年（1857）正月初四日，率千人攻景德镇，在王家洲殉难，年二十五岁。七月，予祭葬世职，如游击例。同治四年（1865）正月，追谥刚毅。曾国藩作《毕君殉难碑记》，极称金科之勇；陈继聪、李元度皆为作传。

关于毕金科籍贯，《清史稿》本传、陈《传》、曾《记》作"临沅"，李元度《事略》作"临元"；《新纂云南通志》卷一百九十九《毕金科传》作"建水"；"中研院史语所"人名权威—人物传记资料库作"普洱"。"临沅"应作"临元"，此是清代云南绿营建置，非行政区域地名，或因毕金科曾署临元镇标外委而误。至建水、普洱，亦未知孰是。

毕金科，字应侯，云南临沅人。以征开化苗功，叙外委。从王国才赴湖北，破贼荆州龙会桥、天门丁司桥，累擢都司。曾国藩奇其才，令从攻九江，改隶塔齐布部下。及塔齐布殁，石达开扰江西。金科每战陷阵，骁勇为诸军冠。五年（1855）冬，破贼樟树镇，而周凤山军败，寻失之。六年（1856），破贼章田渡，未几，饶州陷，又失之。金科愤为他部所累，募死士攻取饶州。

誓曰："今日上岸不破贼，吾不复归舟！"一鼓克其城，赐号呼尔察巴图鲁，补临沅镇都司，以游击升用。名大振而忌者众，军食不继，金科郁郁，思立奇功。江西大吏责其破景德镇始给饷。七年（1857）正月，骤往攻之，入市不见一人，率十卒搜捕，贼蜂起，伤其七，亡其三，只身纵横击刺，践血而出。贼以喷筒环攻于王家洲，殒焉。曾国藩为勒碑纪事，称其勇与塔齐布相埒。洎江南平，疏请优恤，赠总兵衔，谥刚毅，立祠景德镇。

——《清史稿》卷四〇九《毕金科传》

（咸丰）七年（1857）三月壬申，江西官军攻景德镇，不利，都司毕金科战殁。

——《清史稿》卷二十《文宗本纪》

（同治）四年（1865）乙丑春正月壬寅，……追予死事……游击毕金科谥。

——《清史稿》卷二十一《穆宗本纪一》

朱洪章，字焕文，贵州黎平人。……（咸丰）四年（1854），从（胡）林翼援湖北，会克岳州。从塔齐布攻武昌，破贼洪山，遂隶塔齐布军。……塔齐布卒，从周凤山。凤山败，隶毕金科。……金科战殁，代领其军。

——《清史稿》卷四百十四《朱洪章传》

廉兆纶，初名师敏，字葆醇，顺天宁河人。……（咸丰）六年（1856）六月，（曾）国藩遣都司毕金科复饶州，兆纶饬（石）景芬、（郭）守谦等驰攻抚州。

——《清史稿》卷四百二十二《廉兆纶传》

觉罗耆龄，字九峰，正黄旗人。……（咸丰）六年（1856），擢（江西）布政使，命驻防饶州，偕毕金科等分屯扼守。贼三路来犯，金科乘胜追贼，而赣军营垒被袭，城遂陷。

——《清史稿》卷四百二十七《觉罗耆龄传》

（咸丰）六年（1856）五月，毕金科将千人防饶州，陷，旋收复。

——《清史稿》卷四百七十五《洪秀全传》

马如龙

马如龙（1832—1891），本名现（一作"献"），字云峰，云南建水人。武秀才出身。咸丰四年（1854），聚集民众八百余人参加南安州（今双柏县）石羊银厂矿争，杀伤三四百人，次年离厂返乡。六年（1856），率众起事，与滇西的杜文秀相呼应。五年间，三度围攻昆明，威势日益壮大，自称总统兵马三迤大元帅。十一年（1861）十一月降清，以总兵用。同治二年（1863），马荣占据昆明，杀总督潘铎等。二月初一日，马如龙带队进入昆明，攻破五华书院等处，城内一律肃清。此后随岑毓英征战，平迤东，攻灭杜文秀的大理政权，历官至云南提督。十三年（1874）九月，调湖南提督。十一月，因包庇下属，革职留任。光绪四年（1878）八月，因病乞休，赴四川。十七年（1891）卒于叙州，朝廷以和汉安回、功在滇省，于昆明建立专祠，战绩宣付史馆立传。十月，因马如龙毁誉参半，命撤销所建专祠。施有奎《提督马如龙传》云，马如龙任湖南提督时，湖南巡抚王文韶太夫人见而奇之，收为义子，此一掌故。

马如龙，云南建水人，本名现，回中世族。以勇闻。咸丰间，滇回偯扰，如龙以武生起澂江，自立为伪帅。时杜文秀僭号大理，如龙遣使与通，授以伪职，不受，始有隙。遂据有新兴、昆阳、晋宁、呈贡、嵩明、罗次、易门、富民，入寇省城，势骎盛。同治元年（1862），巡抚徐之铭复主抚议，提督林自清临阵宣播朝威，招之归款，如龙自称三世效忠，愿反正。岑毓英单骑往谕，如龙益心折，与盟南门外，悉反侵地。朝旨破格授如龙总兵，杨振鹏等分署六营武职。

是时，临安独挠抚局，如龙怒，率师鼓行而南，战失利，署临元参将梁士美夺其旗鼓，如龙被创，仆，左右负以奔。总督潘铎严檄其撤兵，如龙阻于士美军，弗能达。明年，授鹤丽镇。会回弁马荣据省城，铎被害。如龙闻警，即致书士美，约共释私仇，雪公愤，士美许诺，期相见临安城下。如龙贻士美洋枪，士美亦选劲勇助如龙。如龙乃星夜旋军，与毓英共击之，斩马士麐、马有才于阵，荣宵遁，遂代自清署提督。武定陷，如龙遣参将马青云等驰援，守备夏毓秀先登，克之，连复十余城。文秀闻而忌之，致书马德新，痛斥如龙自殊同教。如龙亦遍驰书迤西回民，历数文秀狂悖及德新不谙大义，劝勿为所惑。德新入省，申割地媾和议，如龙力止之，事遂寝。其秋，攻克寻甸，擒马荣，解省伏诛。毓英攻曲靖，回惧，愿执马联升以献，乞贷死，如龙驰至军前，力为请命，许之，剖荣尸祭铎。迤东平，诏加提督衔，赐号效勇巴图鲁。

五年（1866），命主迤西军事，图大理。以振鹏攻宾川，副将李惟述攻镇南，昭通镇总兵杨盛宗取道四川攻永北，署腾越镇田仲兴攻蒙化，护普洱镇李锦文攻威远，并受如龙节度。六年（1867），如龙军次禄丰，适大理回入前场关，遣总兵哈国安、副将杨先芝大破之。振鹏性阴鸷，不甘为如龙下，至是闻劳崇光卒，叛志遂决；而国安、先芝亦怀二心，日与寇使往还，军心乃解体。无何，楚雄、大姚相继告警。时如龙驻定远，军数夜惊。群目或拥兵观望，或临阵先奔，或竟为寇充向导。如龙知势已去，乃称疾还省，自是文秀遂轻视如龙矣。

七年（1868），大举犯省城，如龙以回练不足恃，乃专倚汉兵守城，斥私财三万金、米三千石济军。晨夜登陴守，击寇梁家河，破之，寇稍却。初，振鹏之叛也，约国安等为内应，至是国安谋刺如龙，事觉，诱诛之。先芝等颇自危，会如龙出大西门击寇，战方酣，先芝等遂倒戈回刃，如龙几不免，亟驰入益兵御守。于是马世德、马文照、马葵等相率叛归文秀，逼南城，据江右馆，人心大震。适惟述、马忠援师至，劝其与毓英协力，如龙然之，踵军门上谒。毓英推诚慰劳，勖以报国，如龙益用命。俄而文秀遣悍党数万出宾川，如龙分部兵二千御之。武定附省，回久闭门不战，突出夺大虹山二垒，如龙亲击之，拔其一。毓英攻澂江，马自新率众往援，未至，如龙诇知之，遣马兴勤驰入蒌㜑，计斩自新，外援顿绝。澂江既下，又分兵攻城外贺家村、小鱼村、下普坪，并克之。

八年（1869），与毓英攻江右馆，寇轰拒，洞穿如龙甲，卒大破之。先后连克武定、罗次，更勇号法什尚阿。已而澂江再陷，城外寇势复炽。毓英攻城南巨垒，如龙方卧病，闻枪炮声，力疾赴前敌，攻克五花寺、羊神庙，乘胜逼江右馆，如龙先登，弹中腹，踣地，舁之归。毓英上闻，赐内府丹药，予实授。复与毓英分军攻安宁各隘，扼寇归路。群回益蹙，其酋段成功、蔡廷栋先献款。如龙扶病出城，与毓英严兵以待，成功等率五千人伏地请罪，南关告宁，遣兵攻克西坝。时毓英克江右馆，俘虏多，如龙躬诣寇营，勒回自相斩献，省城围始解。余匪并入土堆。师攻昆阳亟，回酋赴省乞抚。振鹏畏诛，犹崛负。如龙渡滇池至，遣将执悍目马似良，阴散其枝党。声某日还，振鹏出送，捕治之，昆阳平。毓英攻土堆，如龙率师来会，纵火攻之，省城外遂无遗寇。

九年（1870），如龙出督新兴军，田仲兴战死，如龙亦被创，断东沟困之，拔其城，遂统全军赴河西击东沟。沟分大小二寨，哈国治、马成林分居之，并背山面田，势险奥。逾岁，先攻小东沟，尽选河西壮勇助击。回惧，缚国治乞降，受而诛之。进取大东沟，如龙陷阵，为枪所中，创甚，越三月小差。直抵龙门村，奋击破之。全滇底定，赏黄马褂。十三年（1874），调湖南。光绪四年（1878），创发，乞归。

如龙性豪纵，筦云南提篆日，惟娱声色。巡抚贾洪诏弹之，置勿问。既闲废，徙居四川重庆，益不自检。每宴客，招妓侑酒，琵琶声中辄慷慨道少年时事云。十七年（1891），卒，恤如制。

——《清史稿》卷四百五十六《马如龙传》

（同治）三年（1864）六月丁丑，……马如龙、岑毓英各军剿迤西回匪，复中甸、维西、思茅、威远及石膏井等贼巢。

四年（1865）二月己丑，……以马如龙、岑毓英肃清曲靖、寻甸，擒斩逆首马联升等，奖叙有差。

五年（1866）夏四月戊戌，命马如龙署云南提督。

——《清史稿》卷二十一《穆宗本纪一》

（同治）八年（1869）五月辛卯，……以马如龙为云南提督。

——《清史稿》卷二十二《穆宗本纪二》

劳崇光，字辛陔，湖南善化人。……（同治二年，1863）寻授云南总督。……崇光知候补道岑毓英、降回总兵马如龙可用，四年（1865）春，令参将冯世兴与二人合师攻克曲靖，擒（马）荣、（马）连升等斩以徇，遂收马龙、寻甸，迤东肃清。

——《清史稿》卷三百九十三《劳崇光传》

潘铎，字木君，江苏江宁人。……（咸丰）十一年（1861），……起署云贵总督。……同治元年（1862）九月，抵任，……见抚局初定，省城稍安，屡密疏陈：……又云："马如龙求抚出于诚心，岑毓英鲠直有战功，加以阅历，乃有用之材。"……回人掌教马德新，之铭所诡事。初见铎貌为恭顺，后渐跋扈。武职多越级僭用翎顶，之铭所擅赏，铎面斥之。元新营参将梁士美乃临安土豪，不与回教联和。马如龙誓欲剿灭，铎不可，强出师，与岑毓英同败归，欲添调兵练，铎复阻之。回绅田庆余议设公局，通省粮赋税厘悉归之，文武职官亦由公举，铎以非政体斥止，由是马如龙等皆不悦。马荣者，迤西回酋杜文秀之党，之铭檄署武定营参将。二年（1863）正月，荣忽率二千人至省城，踞五华书院，铎令出，迁延三日，乃亲往谕遣，荣抗恣不听，其所部回练遽攒刺，铎临殒骂不绝口。云南知府黄培林、昆明知县翟怡曾同被害。

荣遂纵兵大掠，官衙民居悉遍。惟岑毓英勒兵守藩署，之铭遁往潜匿。越两日，毓英始殓铎尸。回众拥马德新为总督。马如龙在临安，闻警驰至，马荣已率众携所掠散去。如龙杀余匪数十人及附乱者百余，谓马德新不当为总督，取关防授之铭兼署。之铭以巡抚让如龙，如龙不受，遂令署提督，一切拱手听之。……云南军事分隶于马如龙、岑毓英，（劳）崇光驻贵阳遥制之，至五年（1866），始入滇履任。马荣已先为如龙等剿除，之铭亦死，迄未就逮云。

——《清史稿》卷三百九十六《潘铎传》

同治元年（1862），破贼大树营。时总督张亮基引疾去，巡抚徐之铭主抚，回酋马如龙通款，毓英往谕顺逆，如龙献所踞新兴等八城，之铭奏以毓英摄布政使。……二年（1863），回弁马荣叛，戕总督潘铎，毓英率所部粤勇一千，与弟毓宝等守藩署。之铭微服诣毓英，司道皆集，分兵守东、南门，密召马如龙入援。如龙至，诛乱党，马荣跳走南宁，合马联升踞曲靖八属。……五年（1866），命署布政使，劳崇光至是始至滇受事，奏以提督马如龙专办西路，令毓英督剿猪拱箐苗。……六年（1867），……马如龙剿迤西屡失利，劳崇光病殁，杜文秀大举东犯，连陷二十余城，省垣告急。……七年（1868）春，扬言师出陆凉，而取道宜凉、七甸，连破大小石坝、小板桥、古庭庵、金马寺贼垒，进屯大树营。马如龙来会，人心始定。

——《清史稿》卷四百十九《岑毓英传》

张亮基，字石卿，江苏铜山人。……（咸丰）十年（1860）秋，回人掌教马德新、徐元吉，武生马现，率各属回民来省乞抚，住城外江右馆，亮基约之铭同诣抚谕。……十一年（1861），……与潘铎先后至四川，……。林自清者，亮基之旧部，方署云南提督，与（徐）之铭及马如龙等皆不协，回人仇之。闻亮基在四川，擅率所部号万人入川求效用，阻之不听。诏亮基抚谕解散，而之铭嗾马如龙等声言拒亮基不使入境，相持久之。

——《清史稿》卷四百二十四《张亮基传》

同治二年（1863），马荣据省城，毓英坚守藩署，誓与城存亡。……及马如龙至，标率众力战，荣败走。

——《清史稿》卷四百五十六《蔡标传》

和耀曾

和耀曾（1834—1897），字荣轩，云南丽江人。咸丰二年（1852），为报父仇，毁家募士，以义勇著。获总督吴振棫推荐，署中营守备。十年（1860），权维西协左营都司。同治元年（1862），再克丽江，迁参将。后奉岑毓英调赴曲靖府，率所部从征三迤，身经数百战，所向披靡，攻拔大理府城。十一年（1872），赐号达春巴图鲁，擢提督。又与李惟述克腾冲，全滇平，署永昌协。在永昌，和耀曾招抚流亡，革禁奸暴，除苛政，教治生，民得苏息。光绪二年（1876），腾越练军苏开先发动兵变，和耀曾奉命署腾越镇，征兵进讨，克复腾越厅城，办理善后。事竣，署陕西汉中镇总兵。光绪七年（1881），以岑毓英荐，授贵州镇远镇总兵。到任后，置营田，建兵房，制军械，设义塾，修衢路，劝民种桑植树，务本敦农。二十三年（1897）卒于任，军民同悼。二十八年十二月十九日（1903年1月17日），清廷从云贵总督魏光焘之请，予和耀曾战绩宣付史馆，在丽江建祠，并附祀岑毓英专祠。其墓在今贵州省镇远县青溪镇铺田村梅溪坝。

和耀曾，云南丽江人。父鉴，大理城守营都司。咸丰二年（1852），太和回谋乱，往觇之，被杀。诏赠云骑尉世职，耀曾袭，矢复仇，毁家募士。与宾川廪生董文兰会师洱河，两克大理及邓川、上关，以义勇著，远近争归附。杨玉科、张润并隶麾下，后皆为名将。总督吴振棫荐其才，署中营守备。

十年（1860），权维西协左营都司。明年，大理回来犯，败之于桥头。已而禄丰、昆阳陷，复率把总高联甲战石鼓，大破之。乘胜攻克丽江，留土弁王天爵驻守，而自引兵规鹤庆。寇乘隙再陷丽城，耀曾军失利，退守石鼓。同治元年（1862），再克之，迁参将。徙顿曲靖，夷卡郎寇巢，略昭通，战公鸡山、龙洞，师弗胜。与护昭通镇杨盛宗往援，斩其酋所朝升，迁副将，徙守富平。八年（1869），城陷，褫职逮问。寻以克楚雄、禄丰，贷勿治，留军自赎。十年（1871），克澂江，复官。明年，攻迤西，连破蒙化、赵州、上下关，于是大理藩篱尽失。是冬，穴地道轰其城，拔之。又明年，取大小围埂。积勋晋记名总兵，赐号达春巴图鲁。自是与玉科定锡腊，下顺宁，破云州，擢提督。进克小猛统，大吏以叛产予其残废部伍，固辞弗获，乃斥家财遣之归，而以其地佐书院餐钱及宾兴费，并选开敏子弟集廨宇，延师课读。又与李惟述克腾越。全滇平，赏黄马褂，檄署永昌协。

永昌自遭丧乱，比户凋残。耀曾至，抚流亡，除苛扰，革奸暴，教之治生，民渐复业。时乌索贼柳映苍复叛，奉檄与总兵徐联魁等会击。十三年（1874），克之，以次削平土司诸地。光绪二年（1876），参将苏开先诱练军哗变，据腾越。王道士与合，顺、云豪奸悍卒乘机窃发，永昌练目李朝应之，掠施甸，迤西大扰。岑毓英以耀曾谙究边情，奏署腾越总兵。耀曾为固本计，先赴永昌，调团守隘，率师追讨，击溃李朝，余党悉平。总督刘长佑谓其不即至，劾之，镌二级；论克顺、云功，免议，权汉中镇总兵。

六年（1880），诏各省督抚举将才，毓英以耀曾应，擢授镇远镇。居镇十六年，节虚糜，赡储积，为置营田，建兵房，制器械，军政大治。复以其余设义塾，平道路，劝农桑，士议谓有儒将风。二十三年（1897），卒。民感其德，请附祀毓英祠，丽江亦建祠致祭焉。

——《清史稿》卷四百五十六《和耀曾传》

夏毓秀

夏毓秀（1834—1910），字琅溪，云南昆明人。谋勇兼优。咸同间，历官至总兵。光绪二年（1876，鹿传霖《墓表》作"元年"），赴四川，为丁宝桢所器重，统领省标十营。七年（1881），署松潘镇总兵，九年（1883）实授。任内，兴利除弊，整顿营伍，保护互市，建社仓义塾，修复书院，凡有益民生之事，皆锐意而为。十八年（1892）丁忧。二十一年（1895），因四川总督鹿传霖之请，复任松潘镇总兵，率兵廓清边患。二十二年（1896），诏记名提督。二十六年（1900），八国联军侵入北京，两宫西逃，夏毓秀统四川满汉军入卫，授贵州提督。二十七年（1901），调湖北提督，又调广西。二十八年（1902），复调湖北。宣统二年（1910）正月创发，卒于官。谥勇恪。鹿传霖为撰墓表。三年（1911），在昆明建专祠。

夏毓秀，字琅溪，云南昆明人。少以义勇著。滇回乱，以堡长从军，充选锋。昆明被围久，粮馈阻绝，道殣相望。毓秀率团勇助击，运道始通，补千总。师克路南、禄丰，积勋至守备。

同治二年（1863），岑毓英引兵西，遣毓秀略富民，擒其酋马富，富，马荣弟也。乘胜克嵩明、陆凉、武定，署参将。毓英虑元谋回挠后路，使毓秀要之。攻克附城巨垒，逼攻县城，截其粮路，寇患饥乏，弃城走，进复马街。三年（1864），回酋李芳园陷白井，击却之。规曲靖，师屡失利。毓秀至，寇狃数胜，易视之，且登城作谩语。毓秀愤甚，率死士先登，疾击之，寇大溃，合兵下霑益、马龙。明年，补提标右营游击，统领四十八堡民兵。七年（1868），西寇陷禄丰，毓秀败绩，退安宁，分兵扼腰站、禄脿。逾岁，寇涌至，再败，毓秀退入省城，坐免官。已而寇大举分道入，马如龙出大西门御之，参将杨先芝等倒戈相向，毓秀被重创。又明年，攻杨林，击破十里铺，复官。毓英规安宁，毓秀自箆郎绕出碧鸡关下，潜师袭大小普坪，克之。进取独树铺，会岑毓宝复其城。九年（1870），论克广通、南安功，迁副将。

十年（1871），攻东沟，寇出拒，败之，师深入，毓秀陷重围，迳路危狭，弃马步战，身受十数刃。如龙驰救，舁归壁，晕眩死，有间苏，将校环泣，毓秀慨然曰："丈夫以身许国，马革裹尸，固大快事！奚悲为？"闻者莫不感奋。创小差，整军复进，卒夷寇垒，擢总兵，赐号利勇巴图鲁。移攻云州，寇筑碉环城誓死守，师久攻不下。毓秀先分兵夺碉，孤城危棘，寇无固志，遂拔之，以次复腾越及大小猛统。十三年（1874），入觐，上垂视伤痕，慰劳备至，益感激愿用命。会创发，乞归。

光绪二年（1876），赴四川，统领省标十营。七年（1881），松潘番蠢动，数扰边，命署总兵治之。既至，擒首恶，抚良懦，番民以安。其地固荒服，设学额百余年，多为他邑人所占，讴诵益寂寥。毓秀方夷大难，即选聪颖子弟入署读书，斥私财建书院，广延名宿，崇化励贤，至是始闻弦歌声。九年（1883），实授。莅镇十载，培堤岸，浚沟洫，储仓廪，士民德之，至建生祠以祀。

二十年（1894），朝鲜乱起，日军侵奉天。毓秀自请赴前敌，比入京而和议成。会鹿传霖出督四川，奏毓秀自随，于是再莅松潘镇任。初，甘肃循化番族拉布浪寺凤强悍，数越界侵掠。毓秀初莅镇，遣兵防守，安抚余众，而拉部擅命如故。既复任，遂率将士出关，克碉十余，擒渠率，斩以徇诸夷。诸夷皆伏服，莫敢惕息。蜀边宁静，擢提督。巴塘西三岩野番数入边，商旅苦之，号称"夹坝"。毓秀率众入其部落，招诱首领，宣播朝威，动以祸福利害，诸番皆束首归命，晋头品秩。

二十六年（1900），授贵州提督。会拳乱作，亟统兵入卫。抵蒲州，车驾西幸，命率师驻韩侯岭，许专折奏事。明年，调湖北，命分所部留守太原。毓秀以三子瑞符领六营诣防，而自率全军随扈北上。寻移广西。逾岁，行次广东，总督陶模奏署陆路提督。九月，还湖北。宣统二年（1910），创发，卒于官，谥勇恪。

毓秀性忠朴，不治家人生产。治军数十年，布衣蔬食，见者不知其为专阃云。

——《清史稿》卷四百五十六《夏毓秀传》

（宣统）二年（1910）二月己亥，予故湖北提督夏毓秀优恤。

——《清史稿》卷二十五《宣统本纪》

宣统享国未久，……夏毓秀祀昆明，此皆举其大者。

——《清史稿》卷八十七《礼志六·吉礼六·功臣专祠》

唐友耕

唐友耕（1837—1882），本名唐大明，字泽波，又字少西，云南大关人。道光二十八年（1848）以幼丁入伍，历擢守备。咸丰十年（1860），战峨眉索桥，进平天全，擢都司，赐号额呼莫克依巴图鲁。十一年（1861），援潼川，擢副将。骆秉章督师至蜀，檄友耕会诸军援绵州，以失期褫职留营。既而会援眉州，复青神，复原官，加总兵衔。同治元年（1862）正月，骆秉章以石达开围攻涪州甚急，遂调唐友耕驰援。四月，涪州解围，以总兵升用。七月，授四川重庆镇总兵官。二年（1863）四月，渡大渡河，进紫打地，生俘石达开，槛送成都，论首功，记名提督。三年（1864）授云南提督，四年（1865）统蜀军援黔，五年（1866）回籍丁忧。光绪六年（1880）八月，记名署四川提督。八年（1882）卒。十二年（1886），录大渡功，图像紫光阁。三十三年（1907）七月，以保障四川有裨大局，予于四川省城建立专祠，事迹宣付史馆立传。三十四年（1908），赵尔巽调任四川总督，为立碑表彰，王闿运撰碑铭。友耕子鸿学撰《唐公年谱》，述友耕生平战绩甚详。

尚可说者，唐友耕虽是武人，然好刻书；鸿学则是缪荃孙的门生，精版本目录之学，曾任四川官印刷局局长，刻有《怡兰丛书》。1934年，昭通张希鲁游蜀，曾去拜访鸿学，览其藏书，虽因兵燹迭遭损失，然仍多善本孤本。关于唐氏的刻书事迹，可参蒋蓝《唐友耕家族与出版业》（《蜀学》第八辑）。

唐友耕，云南大关厅人。咸丰中，滇匪起，陷贼，至四川叙州，自拔来归。从战有功，授千总，署通江营守备。贼扰盐井，屡从战击走之，擢守备。十年（1860），战峨眉索桥，受伤，破贼双福场，进平天全茅山贼垒，擢都司，赐号额勒莫克依巴图鲁。十一年（1861），援潼川，破贼解围，擢副将。骆秉章督师至蜀，檄友耕会诸军援绵州，令自石桥铺进攻，友耕观望不前，被劾，褫职留营。既而会援眉州，友耕军先至，战比有功，围解，复原官。战青神，阵斩贼目张兴，身被二伤，裹创力战，贼大败。

同治元年（1862），破石达开党赖裕新于邛州。三月，达开围涪州，友耕驰援，解其围，授四川重庆镇总兵。会诸军复长宁，贼引去。是年冬，达开屯叙州双龙场，分党屯横江，友耕攻破江岸贼垒。二年（1863）春，贼由横江窜新滩溪，与屏山隔一水，友耕虑贼乘间偷渡，乃济江设伏，诱贼深入，败之。六月，达开谋渡金沙江，官军扼之不得进，改趋天全土司地，友耕击沉贼筏；达开奔老鸦漩，复为土兵所遏，遂就擒。友耕擢云南提督，留屯川南。四年（1865），丁母忧，诏改署提督，友耕请终制，许之。七年（1868）服阕，署四川总督崇实奏缓陛见，令募勇防川北。八年（1869），调赴云南，招降回寇李本忠等，赐黄马褂。光绪六年（1880），署四川提督，八年（1882），卒。

——《清史稿》卷四百三十《唐友耕传》

论曰：……唐友耕以蜀军颉颃其间，并跻专阃。

——《清史稿》卷四百三十末

（同治）二年（1863）六月丁亥，……擢总兵唐友耕提督。

十二月戊子（1864年1月24日），以唐友耕为云南提督，令赴昭通。

——《清史稿》卷二十一《穆宗本纪一》

骆秉章，原名俊，以字行，改字籥门，广东花县人。……四川之乱，始于咸丰九年（1859）。……秉章由顺庆进驻潼川，令……唐友耕率川军，合万九千人，援绵州，别以他军缀青神，分扼东北。会穆宗即位，擢授秉章四川总督。……莅任，……令唐友耕扼眉州洪堰，断青神之援，……（同治）二年（1863）……三月，石达开渡金沙江，为唐友耕等军所扼，由小径趋土司紫打地。大渡河水涨，官军伺半济击之，退扑松林、小河，又为土司王应元所扼。岭承恩夜袭破马鞍山贼营，断其粮道。复连扑两河，皆不得渡，粮尽，杀马采树叶而食。唐友耕等汉、土官兵合击，焚其巢，堕岩落水无数。余七八千人奔老鸦漩，复为土兵所阻。达开率一子及其党三人乞降，解散四千人，余党尽诛之。

——《清史稿》卷四〇六《骆秉章传》

唐炯，字鄂生，贵州遵义人。……同治改元，统安定营。会石达开围涪州，与刘岳昭期会师，击走之。其夏，石党窥綦江。炯闻警驰援，燔其壁，寇溃，大破之长宁。以疾还成都。（骆）秉章询寇势，时寇退滇边，声入黔，炯曰："此诱我军东下耳。彼必走夷地，乘虚入川，宁越宜警备。"俄而寇入紫地，复请遣唐友耕军大渡河扼之。达开返西岸，退为倮夷所窘，食尽乞降，枭诛之。

——《清史稿》卷四百五十八《唐炯传》

杨玉科（附李惟述）

杨玉科（1838—1885），字云阶，寄籍云南丽江。早年隶和耀曾麾下。同治三年（1864），得岑毓英赏识，所向有功。此后，从岑毓英征讨杜文秀，以功累升至开化镇总兵。十年（1871）九月，以克复丽江等城出力，诏记名提督。十一年（1872），攻破大理城，杜文秀饮毒死。十二年（1873）闰六月，以战功卓著，予一等轻车都尉世职。光绪二年（1876），任广西右江镇总兵。三年（1877）正月，准改归湖南善化籍，九月调广东高州镇总兵。后以事降调，两江总督刘坤一以杨玉科"年力正富，勇略兼优，且于洋务留心讲求"，奏请留两江差遣。十年（1884），广西巡抚潘鼎新奏调率师出镇南关，在谅山南之观音桥数败法军。次年正月初九日，被法军炮弹弹片击中头部阵亡。赐祭葬，赠太子少保衔，谥武愍。云南及镇南关建专祠。杨玉科家素封豪放，曾开办长盛商号和云丰泰票号，捐建沧江书院和西云书院。著有《从军纪略》二卷。今兰坪县（清属丽江，今属怒江州）营盘镇沧东办事处西营村有杨玉科家祠建筑群，由祠堂、沧江书院、魁星阁等组成，是云南省级文物保护单位。

李惟述，字信古，云南楚雄人，是岑毓英部下又一骁将。与杨玉科攻克大理，署腾越镇。进攻乌索（在今腾冲）未下，丁忧归，不复出，久之，卒于家。李氏之名，《清史稿》之《本纪》《岑毓英传》作"维述"，《新纂云南通志》卷二〇一云作"惟"误。

杨玉科，字云阶，寄籍丽江。其先居湖南善化，既贵，还本籍。同治初，从和耀曾讨回。岑毓英征曲靖，识拔之，命领百人为前锋，积功至守备。四年（1865），署维西协。李祖裕叛，杀把总陈聪。毓英虑生变，檄玉科代之。玉科至，刺杀祖裕，宣谕部众，皆伏服，遂克丽江、鹤庆，繇是显名。

俄而杜文秀来援，拥众可二十万。玉科所部止数千人，屡战弗胜。二城复陷，玉科溃围出走永北。六年（1867），从克镇雄，长驱猪供箐、海马姑，与有功，叙游击。七年（1868），西寇环逼省城，玉科绕四川会理，间道袭元谋、马街，规武禄，抄其后，克之，进平罗次。八年（1869），平柯渡、可郎，迁副将，赐号励勇巴图鲁。乘胜规嵩明，下寻甸。毓英奏令主三姚军事，连复大姚、浪邓。省城围解，擢总兵。明年，破姚州土城，被巨创。益开地道三十余穴，雷发，北城陷，遂拔，擒伪将马金保、蓝平贵。三姚平，擢提督，易勇号瑚松额。无何，州西警，复令主大理、丽江军事，发全师速援宾、邓，遂败寇云南驿。其冬，克长邑村，进规炼铁，擒伪都督杨占鹏。于是大理北路定，权开化镇总兵。

十年（1871）春，克宾川。初，永昌之陷也，玉科为伪将马双元所得，见其人可用，劝归命，与订交，嘱异时得志相援手，纵之归。至是约为内应，克之，署提督。攻大理小关，邑寇诈降，设座礼拜寺，约玉科往。比入，心动，命移座；动如故，命再移，有间，地雷发，得不死。玉科怒，手刃四人，双元锐身护之出，竟复其地。

逾岁，连下漾濞、赵州，进规大理。其地东临洱海，西倚苍山，自文秀窃据，内筑土垣，包伪禁城其中。玉科掘隧以攻，轰溃东南城，诸军蹈隙入。寇死拒，复窨地雷破之。顿莲花池，益师五千环攻城。文秀开壁出荡，亲击之。败退，饮毒不即死，其党蔡廷栋舁以献，气息仅属，割其首解送省城。毓英至，廷栋伴乞款，阴埋地雷于行馆，迎玉科。玉科诺之，潜至伪府，据炮楼大呼，兵士争血战。毓英隐卒城外，度玉科已达，乘夜梯登。两军既合，巷战竟日，寇披却，越数日，夺门走。克伪都，获文秀家属及廷栋等百三十人。捷入，赏黄马褂，予骑都尉世职。十二年（1873），克锡腊、顺宁，移师协取云州，再予一骑都尉。全滇告宁，改一等轻车都尉。明年，入觐，垂询滇池战状，视伤痕恻然。光绪改元，还署任，赐头品服，晋锡二等男。

是时，滇边野夷杀英官马嘉理，英公使诉于朝，朝旨趣捕急。玉科搜获而通凹、腊都等十五人，锁送省城伏诛。谳定，会邓川罗洪昌谋乱，袭州城，遂移师马甲邑，克东山，擒渠率。二年（1876），移广西右江镇。创发，乞解职，疏甫上，适苏开先陷腾越，势岌岌。玉科力疾视师，不百日悉平之，被赏赍。三年（1877），徙广东高州镇。六年（1880），署陆路提督，坐其侄汝楫仇杀知府孔昭鈖，镌三级。寻复。

十年（1884），法越事起，率师出关，扼观音桥，法军至，设三伏败之。闻谷松警，亟往援，而敌已乘虚入，数战皆利。明年，法以重兵入关，教民应于内。玉科曰："吾百战余生，今得死所矣！"开关搦战，中炮亡，诸军皆溃，至无人收其尸。李秉衡莅关，乃归其丧，妻牛氏殉焉。追赠太子少保，谥武愍，予大理、镇南关建祠。毓英所部多骁将，玉科外，首推李惟述。

惟述起锦江绅团，尝与和耀曾施方略，谋所以缀寇，故省城获保无事。逮马荣败，回众走城外，犹留顿弗去，毓英患之，召惟述计诛其悍将。悍将故瞎惟述，一日，天向明，惟述率千人入其壁，悍将方沐，诘所来。惟述曰："奉上官檄讨野夷，不识路径，故来问。"悍将指画以示，惟述从其背击杀之，大呼曰："为兵者出前门，从逆者出后门！"回众惊散，省城遂无寇踪。累勋至都司，补鹤丽镇游击。克楚雄，迁参将，署维西协。与经历钟念祖分攻广通、南安，下之，补顺云协，署开化镇总兵，仍留驻其地。无何，寇涌至，城再陷。惟述虑残民，佯议和，卒以计脱归，坐免。

是时，省城复震，马如龙专倚汉兵守城。惟述分领其众，内诘奸宄，外御强敌，省城复安。论功，复故官。从毓英攻杨林，寇败溃，然犹坚守小偏桥、十里铺，冀断我粮馈。惟述乘胜克一撮缨、萧家山，又与岑毓宝攻克石虎冈，运道始达。进平罗次，复楚雄，军势大振。已而州西又告急。毓英谓西军弛律，咎在诸将不和，乃以大理、丽江军事属玉科，而属惟述以云、蒙、赵。惟述遂攻克镇南，镇南为大理屏蔽，寇以全力死守，至是拔之，寇益蹙。上念其苦战，赐珍物。

迤西用兵，频岁饥嗛。先是，惟述遣军攻云南，久弗克，弥渡亦旋得旋失。嗣与玉科谋，乃檄诸军毋浪战，期秋获整军。届期果大破云南驿，分兵略弥渡，并克之。又与玉科会军蒙、赵。杜文秀者，故永昌累，初匿大小围埂。其据大理也，围埂回实助之。玉科图取大理，惟述亦统兵克大围埂，而小围埂犹据壁自保。逾岁，轰克之，檄署腾越镇，收其地。进攻乌索，未下，遭忧归，不复出。久之，卒于家。

初，玉科尝杀仇，持其首谒毓英，意诘责即为变。毓英笑勿问，且善抚之。惟述性戆直，业骡马，初不知希荣贵。及奉上赏白玉搬指，适与指合，乃惊叹天子圣神，益效忠无贰志。所设市肆，悉以"巴图鲁"号名之，其荣幸朝命如此。平滇，杨、李功为多，而玉科用兵，则尤神于出没云。

——《清史稿》卷四百五十六《杨玉科传附李惟述传》

（同治）十一年（1872）九月癸未，滇军克赵州、蒙化并大理上下关，赏杨玉科、李维述黄马褂。

十二年（1873）癸酉春正月甲辰，滇军克大理，回酋杜文秀、杨荣、蔡廷栋等伏诛。……赏杨玉科骑都尉。

闰六月丙戌，……滇军克腾越，予岑毓英一等轻车都尉，赏……杨玉科一等轻车都尉。

——《清史稿》卷二十二《穆宗本纪二》

（光绪）十一年（1885）乙酉春正月甲寅，法人犯镇南关，总兵杨玉科死之。

二月癸未，……予杨玉科等世职。

——《清史稿》卷二十三《德宗本纪一》

昭忠祠。……光绪间，则……提督……杨玉科……。

——《清史稿》卷八十七《礼志六·吉礼六·昭忠祠》

功臣专祠。……光绪间，……大理、镇南祀杨玉科……

——《清史稿》卷八十七《礼志六·吉礼六·功臣专祠》

（光绪）九年（1883），……曾国荃综核广东省募兵之数，于光绪六年（1880），张之洞曾募沙民千人守虎门，杨玉科增募千人及惠清营五百人……

——《清史稿》卷一百三十二《兵志三·防军》

光绪六年（1880），两广总督张之洞募沙民千人助守虎门，杨玉科增募千人及惠清营五百人，……所募乡兵，以防勇规制编之。

——《清史稿》卷一百三十三《兵志四·乡兵》

（光绪）十一年（1885）春正月，（法）犯镇南关，杨玉科战没。

——《清史稿》卷一百五十五《邦交志三·法兰西》

潘鼎新，字琴轩，安徽庐江人。……（光绪）十一年（1885）正月，镇南关失守，总兵杨玉科战死……

——《清史稿》卷四百十六《潘鼎新传》

（同治）八年（1869）春，贼酋杨荣率众数万踞杨林长坡，分党踞小偏桥、十里铺、羊芳凹、牛街、兴福寺，省城大震。（岑）毓英督诸军分剿，……西北两方贼仍负隅拒守，毓英令副将杨玉科、总兵李维述等规迤西，与腾越义兵约期并进。于是副将张保和等克富民、昆阳，总兵马忠等克呈贡、晋宁、易门、澂江、禄丰，玉科等克武定、禄劝、元谋、罗次、定远、大姚，维述等克广通、楚雄、南安及黑琅、元水诸井。凡悍酋剧匪，擒斩殆尽，省城解严，被诏嘉奖。……十一年（1872），迤东、迤西两路悉平，……而大理贼犹坚守，恃腾越、顺宁互为应援。十一月，毓英亲往督战，……毓英令杨玉科率壮士二百入城受降，布重兵城外夹击之，斩酋目三百余名，生擒杨荣、蔡廷栋、马仲山，磔于市。

——《清史稿》卷四百十九《岑毓英传》

殷明恒，江西南昌人。……光绪四年（1878），赴闽，……时佛朗西既并越南，将窥滇省，其酋领军舰十四艘先犯福州，……十年（1884）七月，在马江发难，……是役也，战镇南关外，……隶福建巡抚刘铭传部下者，……

高州镇总兵杨玉科,则以宿将有功,战殁谅山,自有传。

——《清史稿》卷四百九十四《忠义传八·殷明恒传》

(光绪)十一年(1885)正月初九日,法兵攻镇南关,轰毁关门而去,提督杨玉科战殁。

——《清史稿》卷五百二十七《属国传二·越南》

段瑞梅

段瑞梅(?—1876),字春堂,云南剑川人。有勇略,十六岁从军,隶岑毓英麾下(一说隶杨玉科部下),历官至游击。同治九年(1870),以克复姚州,赏巴图鲁名号。十一年(1872),从杨玉科攻灭大理,功最多。十二年(1873),诏记名提督。闰六月,赏云骑尉世职。光绪元年(1875),署腾越镇总兵。二年(1876),都司苏开先作乱,据腾越,瑞梅走免,惭愤成疾,九月卒。附祀杨玉科大理府专祠。由云龙《滇故琐录》有《段瑞梅轶事》,谓其足微跛,人呼为"瘸脚阿根子"云云,可作掌故观。

(同治)十二年(1873),移攻云州,抵猛朗,望见寇壁坚致,标曰:"此宜先绝外援也!"乃遣陆纯纲等扼邦盖、丙弄,而自率师克猛朗,歼其酋丁雁甲。论功,赏黄马褂,檄署鹤丽镇总兵。全师抵城下,标攻北门,段瑞梅等自东南梯而下,轰击之,尽殪。

……

瑞梅,字春堂,籍剑川。有勇略,年十六从军,隶(岑)毓英麾下,战常陷坚。攻猪供箐、柯渡、大理,并冒险进。历龙陵营参将,维西、永昌协副将。同治十三年(1874),入觐,赏黄马褂,予云骑尉世职,擢记名提督。寻署腾越镇总兵。光绪间,以边兵乱,城陷,随复之。后卒于官。

——《清史稿》卷四百五十六《蔡标传附段瑞梅传》

何秀林

何秀林(?—1890),字云楼,云南宜良人。少从军,隶岑毓英麾下,以勇略著称,累功至守备,迁游击。同治七年(1868),收复晋宁,解省城之围,迁副将,赐号效勇巴图鲁。光绪六年(1880),任腾越镇总兵。九年(1883),调普洱镇总兵。十年(1884),从岑毓英出关,统兵三千六百驻兴化。法军退宣光,秀林与丁槐各率部攻城,次年大捷。秀林又集残军退保同安,以图再举。四月，中法双方订立停战和约，滇军分批撤回关内，秀林调临元镇总兵。十二年（1886）四月，以力战攻克越南各要地，赏头品顶戴。十六年（1890）卒。二十五年（1899），附祀岑毓英专祠。

何秀林，云南宜良人。少从岑毓英军，攻罗川，袭定远，略曲靖，每战必克，累功至守备。讨猪供箐，寇悉锐出，围攻姜飞龙前营，毓英往援，令秀林策应，于是夹击，大破房，复进捣中坚，擒其酋陶新春，合师剿克海马姑，迁游击。同治七年（1868），西寇围省城，从毓英自宜良七甸破大小石垅、麻苴、新村，进取大树营。运道达，移师呈贡，败晋宁、昆阳援贼，拔其城，迁副将，赐号效勇巴图鲁。

攻澂江，迭克要隘，直薄城下，城寇遁，毓英攻西北二门，秀林助之。张元林败入城，官军梯而登，马忠入西门，秀林入东门，元林惧，仰药死。澂江平，与李廷标协守杨林。八年（1869），寇犯邑市旧县，防军告亟，秀林赴之，连破马家冲、前街、邑市。会廷标亦往援马龙，两军以无主将失和，寇蹈瑕入杨林。秀林闻警驰还，励众坚守，而都司杨桐等先溃，秀林遂陷重围。李惟述援军弗能至，秀林力尽，溃围出，被巨创，退保宜良、北屯。杨林陷，坐免。秀林营员何裔韩伤重几死，犹携文卷以行，与秀林收集溃兵，赴省助战，大板桥之役，与有力焉。

其秋，攻易门，与署知县周廷献克西门、大小龙口及黄泥堆，断樵汲，分兵佯攻西北，诱寇出，而遣将潜袭西南。秀林督军冲入，寇惶恐，伪乞抚，秀林弗许，卒大破之，复故官。无何，粤寇陷禄丰，秀林约练目丁同义反正。同义倒戈以应，秀林分军夺门入，擒渠率，城遂复，晋总兵。九年（1870），师攻澂江，秀林破城外五山巨垒，寇掘地为营，师久无功。秀林诈退，隐卒诱之，回酋马敏功等堕其计，并殒于阵，馆驿遂无遗寇，进克篓分，擢提督。明年，补普洱镇总兵。

光绪十年（1884），法越事起，从毓英出关，统三千六百人驻兴化。法军退宣光，勒兵而进，丁槐军西南，秀林军东南，攻大寺、大寨，破之。城内法军开壁出荡，秀林所部中弹数十人，战益力。法军驰入壁，城外垒栅林立，炮台棋布。秀林数攻城，为所絓，乃开地道轰溃之，于是攻城无所阻，遂逼城而军。十一年（1885），法军数万来援，刘永福军溃。秀林遣马维骐往救，坚守地营，敌不得逞。已而维骐亦被困，秀林至，法军乃解去。周视各营，伤亡既众，不获已，退顿城下。策敌必猛攻，豫窖地雷以待。敌果至，雷发，法军死伤枕藉。秀林乃从容集残军，退保同安，图再举。和议成，罢戍，移临元镇。十六年（1890），卒。

——《清史稿》卷四百五十六《何秀林传》

法越兵事起，（岑毓英）自请出关赴前敌，屯兴化。（光绪）十年（1884），命节制关外粤、楚各军。……七月，命进军决战，……令丁槐、何秀林攻宣光，以地雷毁其城，擒斩甚众。

——《清史稿》卷四百十九《岑毓英传》

杨国发

杨国发（？—1900），字樾斋，云南建水人。道光末年入营，从征江南、湖北、贵州等省，以战功数迁至都司。同治二年（1863），从岑毓英西征，克楚雄，赐巴图鲁名号。三年（1864），权元新营参将，复霑益、马龙，迁副将。四年（1865），讨广西州土寇。七年（1868），署普洱镇总兵。八年（1869），解马龙围，迁总兵。十一年（1872），徙镇下关，进围大理，先后克大小围埂，擢提督。十二年（1873），以克复云南腾越厅城，全省肃清，赏总兵。十三年（1874），再权普洱镇。光绪十年（1884），从岑毓英援越南宣光、临洮，每战皆克。二十六年（1900）四月，奉委署鹤丽镇总兵，未久即卒。二十八年十二月十九日（1903年1月17日），从魏光焘请，予杨国发战绩宣付史馆，在原籍建祠，附祀岑毓英专祠。

杨国发，云南建水人。讨云南、贵州匪，以战功数迁至守备。咸丰十年（1860）冬，署提督申有谋攻富民，国发长左翼，诸生张执中导之出麦厂间道，克黄土坡、永安庄。入城，围攻之，寇弃城走，迁都司，赐号果勇巴图鲁。明年，进剿禄丰及广通各井，皆下之。

同治二年（1863），从岑毓英西征，连下十余城，直趋楚雄。国发先克古山寺、双桥巨垒，飞炬焚之，夺东门入，城克。会大姚告警，国发领兵赴救，破援贼桃花村。合城围，知县朱士逵举火应，约期启关，大姚平。移攻镇南，以寇援大至，檄还省。三年（1864），权元新营参将，与诸军拔曲靖，并复霑益、马龙，再迁至副将。四年（1865），广西州土寇啸乱，杀游击陈萃、知县李瑞枝，国发率师讨之，斩其酋张显，境赖以安。越三年，西寇围楚雄亟，国发从间道入，与守将李惟述日夜鏖战，经月余，攻不克，粮尽援绝，城陷。国发冒围出，仍绕道还省。

七年（1868），寇分路大举，一自富民据城西北，一自安宁据城西南。毓英入援，遣国发扼杨林。俄而李芳园等悉众来犯，势张甚。国发告亟，毓英使蔡标赴之，与国发破小街、白龙桥。旋为寇所乘，地复失，乘势逼城下，缚草束薪，累积如堵墙，列枪炮其上，俯击城中，谓之"柴码兵"，将士损折过半。国发不获已，再告亟，请援师，毓英自将兵破之，檄国发署普洱镇总兵，顿师桃园，接应诸路。

八年（1869），寻甸回围马龙，国发至，会诸军战却之。夜将半，进掩贼营，乘风纵火，熛烟张天，尽焚其垒，围解。转斗逐北，连破十里铺、小偏桥、长坡六十余里，迁总兵。规弥勒竹园村，马世德构开、广回来援，国发破之赵林寨。十年（1871），攻云南县，与惟述会军普溯，分道入，国发迭克要害。寇窜观音寺，国发麾兵击之，又毁七碉，直薄城下，与惟述军合。十一年（1872），轰裂城垣三十余丈，相继而登，巷战一昼夜，拔之，留所部守其地。秋，徙镇下关，进围榆城，先后克大小围埂，擢提督，赏黄马褂，更勇号绰勒欢。

十三年（1874），再权普洱镇。光绪七年（1881），毓英抚福建，国发率师驻台北。明年，还云南。十年（1884），从毓英援越南宣光、临洮，每战皆克，予优叙。二十六年（1900），卒，附祀毓英祠，予本籍建祠。

——《清史稿》卷四百五十六《杨国发传》

（同治）七年（1868），署镇雄营参将。会杜文秀逼省垣，（蔡）标出宜良、汤池，略七甸。未几，武定、禄劝连告警，复与杨国发攻富民，缀寇势。

——《清史稿》卷四百五十六《蔡标传》

吴永安

吴永安（1840—1893），字静堂，云南广西州（今泸西）人。体貌丰伟，性机警。同治三年（1864），曲寻协参将马连升反，吴永安随岑毓英往讨，以计俘杀马连升。六年（1867），随张保和进讨贵州猪拱箐。叙功，以蓝翎守备奏补都司。七年（1868），杜文秀东下，迭陷城邑，吴永和奉檄攻克澂江、晋宁、呈贡，疏通省城粮道；刘岳昭统湘军入滇，在马龙被阻，吴永安驰援解救，以都司擢曲寻协副将。后又下寻甸，解省围，克澂江，复馆驿，于光绪二年（1876）赏提督衔。五年（1879），岑毓英奏请，留黔差遣。六年（1880）九月，署贵州安义镇总兵。八年（1882），岑毓英以吴永安熟悉云南边情，令分带防军留办云南边务。十年（1884），从岑毓英入越作战。十四年（1888），任鹤丽镇总兵，捐金课士，深得士心。十九年（1893）卒。三十三年（1907），宣付史馆立传，附祀岑毓英祠。

吴永安，籍云南广西州。毓英部将中称骁果。以征回功，累迁至副将，赐号尚勇巴图鲁。从克澂江，擢总兵。平馆驿，晋提督，更勇号曰额特和，赏黄马褂。毓英抚福建，奏署台湾镇，未之官，忧归。起治云南边防。法人浮小舟渡沱江，永安乘其半济，击败之。趋宣光，留三营扼守，而自间道还兴化合岑军。既而诸军攻宣光，与修纲分扼要隘，取嘉喻关，攻临洮，战益利，予优叙。和议成，署昭通镇。讨平武定夷匪，补鹤丽镇。光绪十九年（1893），卒，附祀毓英祠。

——《清史稿》卷四百五十九《马维骐传附吴永安传》

蒋宗汉

蒋宗汉（1840—1903），字炳堂，云南鹤庆人。咸丰间，投鹤丽镇标，派攻大理，叙功给七品功牌。同治初，随杨玉科讨杜文秀，收复维西、鹤庆；得岑毓英赏识，随剿镇雄，所至披靡，奏升把总；又从岑毓英讨贵州，升守备。杜文秀围昆明，宗汉假道四川会理，连克数城，直抵昆明，围解，升都司。九年（1870），赏花翎。十年（1871）九月，以克复丽江等城出力，予巴图鲁名号。十一年（1872），克下关，授副将，加总兵衔。次年正月，以克复大理，赏黄马褂。闰六月，赏云骑尉世职。光绪二年（1876），调署腾越镇总兵，旋因马嘉理事件革职。四年（1878），因留办军务，始终出力，送部引见，以副将用。十年（1884）署四川阜和协副将。十一年（1885），以谅山大捷，授贵州安义镇总兵。二十年（1894）正月，赏戴双眼花翎。二十六年（1900），任云南提督。二十八年（1902），调贵州提督。二十九年（1903）卒，谥壮勤。张之洞称其"胆略俱优，能耐劳苦"，是杨玉科得力部将。

《清史稿》所载有与别书不同处，如中法和议成后，"除贵州遵义镇总兵"，《清实录》《岑毓英奏稿》《张之洞奏折》皆作"安义镇"，则《清史稿》当误。

蒋宗汉，籍云南鹤丽。同治初，回寇入境，方居忧，其酋马金宝逼令受先锋印，佯以终制辞。潜归里，至江干，无舟可济，追骑将及，仰天祝曰："苟得留身报国，当建此桥！"果得浮槎以免。既贵，成金龙桥，亘数百丈，行旅至今赖之。初隶杨玉科麾下，每战辄为先锋。从攻猪供箐，其下有吴家屯，为寇储粮地，备奥阻。宗汉间道得大溜口，率死士百，缒幽凿险，忍饥抵壁下，置药桶，设伏线，潜出约师，火发，大败之，由是知名。又从玉科迭下各郡邑，积勋至副将，赐号著勇巴图鲁。战小围埂，勒马挺矛，当者辄靡。岑毓英见而叹曰："真虎将也！"大理平，擢提督，赏黄马褂。攻锡腊、顺宁，皆先据要险，设伏败敌。人皆谓其善谋云。事宁，更勇号图桑阿。克云州，署腾越镇总兵。攻克乌索，授顺云协副将。

光绪改元，英翻译官马嘉理入滇边，抵户宋河遇害，坐疏防，镌秩付鞫。明年，复腾越，起副将。五年（1879），靖远平，复故官。法越之役，率广武军出关，功与嘉垶。和议成，赐头品秩，除贵州遵义镇总兵。二十年（1894），赏双眼花翎。二十六年（1900），署提督，调云南。越二年，还贵州，予实授。明年，卒，予建祠。

——《清史稿》卷四百五十九《蒋宗汉传》

冯子材，字翠亭，广东钦州人。……光绪七年（1881）……明年……越二年，法越事作，张树声蕲其治团练，遣使往趣驾。……法悉众分三路入，……越日复涌至，子材居中，……陈嘉、蒋宗汉将左。

——《清史稿》卷四百五十九《冯子材传》

张保和

张保和（1842—1877），云南广西州（今泸西）人，原为师宗籍。幼喜读兵书。同治元年（1862），以军功官广西营守备。六年（1867），从岑毓英征讨贵州，迁游击。七年（1868），杜文秀围昆明，岑毓英由曲靖入援，张保和率所部为前锋，所向皆捷。八年（1869），赏扬勇巴图鲁名号，署楚雄协副将。平昆阳，署开化镇总兵。十年（1871），平弥勒县属竹园，改勇号刚安。十一年（1872），平日者乡，下馆驿，全滇肃平，擢提督。十二年（1873），授鹤丽镇总兵。十三年（1874），因开化大窝子复叛，岑毓英命张保和回开化镇任。光绪元年（1875），以事被罢。二年（1876），调湖南永州镇。三年（1877），卒于官，年三十六。今泸西县向阳乡阿盈里村北有"军门祖茔坊"，即为张保和建。

张保和，云南师宗人。初从岑毓英讨回寇，积功至守备。同治六年（1867），越境讨猪供箐，屡获胜。寇窜海马姑，复与蔡标等合击之。攻大寨，悍酋张项七死拒，保和执矛以刺，堕马，枭其首，寇气慑，诸军乘之，大捷，迁游击。明年，西寇围省城，毓英入自曲靖，遣保和为前锋，攻克石虎冈，驰救邵甸，破之。移师杨林，迭克要害，皆挥矛冲阵，所向辄靡。寇见保和旗帜即反奔，无敢与抗者。数负重伤，裹创力战，气不少沮。先后攻克呈贡、晋宁、富民、嵩明，大小百余战，未尝一挫。省围解，迁副将，赐号扬勇巴图鲁，署楚雄协。

规昆阳，遣都司陈贵等自津径取河西乡，而自率师攻仁和街，越墙而入，手刃悍寇数人，一鼓克之，河西亦平，于是城围合。保和揆形势，谓宜先克海口，因勒兵以进，村民争迎附，二十余寨皆下，遂复州城，署开化镇总兵。九年（1870）春，攻弥勒竹园，马世德赴救，保和迎击之，身先陷阵，弹贯鼻及眼，血盈面，士卒愤懑，卒大破之。连克上下坝，竹园平。赴本官，更勇号曰刚安。进取茂克，战数捷，阿迷、大庄望风詟悼。夺后山，增筑炮台，俯瞰其寨，日夜轰击之，汲路绝。寇骇乞降，保和许之，收器械，捕恶党，徙降回大庄。十一年（1872），以次复田心、日者乡。时赵发攻嫚兮未下，保和自开化驰剿。直抵马街，破上下两寨，徙降回新兴，擢提督。十二年（1873），论克腾越功，赏黄马褂，授鹤丽镇总兵。

十三年（1874），开化大窝子土夷复叛，毓英收抚之，檄保和再莅开化镇任，发兵二千，责千总李瑶等戍其地。瑶等纵兵凌虐，于是土夷大愤。逾岁，光绪改元，回酋马河图嗾与汉民哄，保和欲树功，与署知府姚嘉骥侈张其事，请调兵数千，发饷巨万，克期大举。毓英廉得实，斥之。保和怒，乃罢戍，以失守闻。毓英遣何秀林进击，保和诇将至，宵入燔数寨，称克复。毓英乃罢保和。明年，调湖南永州镇。三年（1877），卒。

保和在滇将中以智勇著，功亦盛。其卒也，年未四十，时人惜之。

——《清史稿》卷四百五十六《张保和传》

论曰：滇回初起，势颇盛，自如龙反正，其气始衰。然非有以善驭之，剿抚兼施，滇事亦未易定也。耀曾善于结士，玉科神于用兵，标等皆善攻坚；而毓秀忠朴，兵后能崇儒兴学，尤称知本，民建生祠以祀之，宜哉！

——《清史稿》卷四百五十六末

（同治）六年（1867），（岑毓英）擢（云南）布政使。二月，师抵猪拱箐，令张保和、林守怀领二千人，由大溜口出二龙关后，掩袭吴家屯，自督三千人攻关。……八年春（1869），贼酋杨荣率众数万踞杨林长坡，分党踞小偏桥、十里铺、羊芳凹、牛街、兴福寺,省城大震。毓英督诸军分剿,……于是副将张保和等克富民、昆阳,……凡悍酋剧匪,擒斩殆尽,省城解严,被诏嘉奖。

——《清史稿》卷四百十九《岑毓英传》

同治二年(1863),……寇袭潘文元营,……张保和蹑寇至海坝,(蔡)标分兵要之,寇溃入城。

——《清史稿》卷四百五十六《蔡标传》

陈瑞妻缪

陈瑞妻缪,即缪嘉蕙(1842—1918),字素筠,云南昆明人。自幼喜书画,小楷健秀有逸趣,工翎毛花卉画。适同邑陈瑞。数年后,陈瑞病卒。家计清贫,以卖画为生,成为远近闻名的画家。光绪间,慈禧太后下诏寻访精通绘画之闺秀入京供奉,缪嘉蕙被选送入京,很快得到慈禧的宠信,昕夕不离。庚子(1900)时,随驾西行。据云,慈禧赐大臣花卉扇轴,半出缪嘉蕙手笔,人称"缪姑太"。慈禧死后,留宫中侍奉隆裕太后,后出宫闲居,作家凌叔华曾拜其为师。民国七年(1918),卒于北京。有《供奉画稿》,屠寄为之叙。缪嘉蕙事,坊间多有流传,近代笔记如况周颐《眉庐丛话》等多有记;方树梅采志书、笔记,作《缪嘉蕙传》。

陈瑞妻缪,名嘉蕙,字素筠,昆明人。工书、善画。光绪中,召入宫供奉,为皇太后嘉赏,特赐三品服。

——《清史稿》卷五〇八《列女传一·陈瑞妻缪传》

马维骐

马维骐(1846—1910),字介堂,云南阿迷(今开远)人。咸丰九年(1859)随父从军。从岑毓英征战,积功至都司,尤擅捕盗。中法战争起,从岑毓英出关,攻宣光时,锐身驰救刘永福,鏖战二昼夜,击退法军;从攻临洮,功居第一,迁副将,赐号博多欢巴图鲁。光绪十三年(1887)晋总兵。二十四年(1898),除广东潮州镇总兵。二十六年(1900),讨广东兴中会。二十八年(1902)为广东陆路提督,旋调四川提督。三十一年(1905),先后讨平打箭炉、巴塘之乱,以功赏头品顶戴、黄马褂。宣统元年(1909),四川总督赵尔巽以马维骐为巡防全军翼长,训练士卒,创设将弁学堂。二年(1910)

卒，谥果肃。其墓在今开远市羊街乡塘子头村，两广总督袁树勋为撰碑文。马维骐好书法，尤嗜钱南园书。又多行义事，"制织机数百架以课女工，种桑林数万株以兴实业，募捐款数万金以赈荒岁"，创办龙泉书院以兴教育等。

马维骐，字介堂，云南阿迷人。少从岑毓英军征回寇，积功至都司，捕盗尤有名。越南事亟，又从毓英出关，以偏裨当一路。法越之战，滇军多有功，而以维骐及覃修纲、吴永安为著。师攻宣光，垂克，法援大集，围刘永福军，维骐锐身驰救，鏖战二昼夜，击却之。从攻临洮，功最，迁副将，赐号博多欢巴图鲁。

光绪十三年（1887），袭攻倮黑，间道济澜沧江。贼惊溃，斩其酋张登发，辟地千里，晋总兵。频年越匪乱，骚扰各州邑，设方略治之，边境以安。二十四年（1898），除广东潮州镇。越四年，擢四川提督。仁寿、彭山土寇起，焚教堂，杀教民，势汹汹。岑春煊谂其娴武略，军事一以属之，用兵数月，以次戡定。三十一年（1905），打箭炉关外泰凝寺喇嘛谋叛，率师讨平之。会巴塘蠢动，杀驻藏大臣凤全，川边大震。维骐剿抚兼施，克要害，擒渠率，赐头品秩、黄马褂。赵尔巽督川，改编巡防军，奏充翼长，训练士卒，创设将弁学堂，军民绥戢。宣统二年（1910），卒，恤如制。

——《清史稿》卷四百五十九《马维骐传》

（光绪）三十一年（1905）三月丙子，巴塘番人焚毁法国教堂，驻藏帮办凤全剿捕，遇伏死。饬四川提督马维骐剿之。

——《清史稿》卷二十四《德宗本纪二》

锡良，字清弼，巴岳特氏，蒙古镶蓝旗人。……（光绪）三十年（1904），廷议整饬藏事，藏人疑惧，驻藏帮办凤全被戕。锡良飞檄提督马维骐督兵进剿，并令建昌道赵尔丰率师继进，遂克巴塘，仍饬尔丰进讨里塘。

——《清史稿》卷四百四十九《锡良传》

（光绪）三十一年春（1905），驻藏大臣凤全被戕于巴塘，四川总督锡良奏请以四川提督马维骐、建昌道赵尔丰进讨。维骐率师先发。先是泰凝寺产沙金，锡良准商人采办，并派兵弹压。寺中喇嘛反抗，杀都司卢鸣飏，瞻对潜助其乱，维骐出关讨平之。六月，攻克巴塘，擒正土司罗进宝、副土司郭宗隆保，诛之，移其妻子于成都安置。八月，尔丰至，杀堪布喇嘛及首恶数人祭凤全。维骐班师回，尔丰接办善后，派兵剿倡乱之七村沟，并搜捕余匪，因移师讨乡城。

——《清史稿》卷五百十三《土司传二·四川》

巴塘宣抚司，……（光绪）三十一年（1905）春，七村沟番民聚众劫杀垦夫，……夏，马维骐、赵尔丰往讨，六月十八日，克巴塘，诛两土司并堪布喇嘛及首恶数人。

——《清史稿》卷五百十三《土司传二·四川·建昌道提标辖》

（光绪）二十九年（1903），藏、英以争界故，英兵进藏。……时议以藏事危急，宜经营四川土司，及时将三瞻收回，谕四川督锡良等筹办。锡良拟改土归流，泰宁寺喇嘛以兵抗。朝命驻藏帮办大臣凤全驰往剿办，至巴塘，为番众所戕。锡良奏派四川建昌道赵尔丰会同四川提督马维骐往。三十一年（1905）六月，马维骐克复巴塘，赵尔丰继至，接办善后事宜，并搜捕余匪，全境肃清。

——《清史稿》卷五百二十五《藩部传八·西藏》

张舜琴

张舜琴（1846—1911），字竹轩，云南石屏人。袁嘉毅岳父。光绪二年（1876）举人。官澂江、昆明、太和县训导，顺宁府教授，经正、育材书院监院，与修《云南通志》。宣统三年（1911）九月十六日，以身殉清。卒之日，自挽云："惭对君亲师，幸留此白发数茎，为广文先生写照；伤心前今后，谁禁我青山一卧，任造化小儿安排。"袁嘉毅、陈荣昌为撰墓铭、墓表，罗正钧、吴庆坻、秦光玉为作传，皆称其忠义名节，而邓之诚《滇语》则称其"龙钟老耄，素无高论"。室名不冷堂。著有《不冷堂遗集》。

张舜琴，字竹轩，云南石屏州人。举人，选昆明县训导。讲正学，尚名节，士皆敬之，擢顺宁府教授。事继母孝，迎养学舍，颜其堂曰"不冷"。监师范学校，人疑舜琴改平时宗旨，及观其学规严肃，壹准礼法，皆翕服。外国教习亦金曰："张先生正人。"学使叶尔恺调充学务议绅。变作，有令剪发，即夕阖户仰药死。

——《清史稿》卷四百九十六《忠义传十·世增传附张舜琴传》

李鸣銮妻黄

李鸣銮妻黄，生卒年不详，云南腾冲人。咸丰年间，丈夫死于兵燹。黄氏把头发剪了卖钱,以抚养二子。同治时,生活更加艰难,仍勉励二子读书不辍。曾说:"人不读书,与禽兽何异?"

李鸣銮妻黄,腾越人。咸丰间,云南回乱,鸣銮以千总战,负伤卒。黄截发,抚二子。同治初,寇至,转徙为人缝纫浣濯,日率一粥,仍督子读不辍。尝曰:"人不读书,与禽兽何异?"

——《清史稿》卷五〇九《列女传二·李鸣銮妻黄传》

李素

李素,生卒年不详,字少白,云南保山人。同治六年(1867)举人。光绪初,授陕西商州直隶州知州。时州内歉收,李素招民转运赈灾粮食,开设粥厂十余所,又集资购回粮种,发给民众以恢复耕种。六年(1880),州境发生水灾,加意抚恤,百姓免遭流离失所之苦。同时筑堤、修路,以保障民众安全、便利交通。他还扩充商山书院,增设义学,资助孤寡等。一署同州知府。先后在官十八年,两举卓异。以病告归,卒。李素告病归乡时间,魏光焘光绪二十二年九月初六日《奏陈委署代理州县各缺情形片》云:"兹查陕省光绪二十二年四月起至六月底止,……商州直隶州知州李素告病遗缺,委候补直隶州知州多龄署理。"则李素大约在是年以病免归。

李素,字少白,云南保山人。同治六年(1867)举人。光绪初,授陕西商州直隶州知州。值州境歉收,饥民聚掠。时山西大侵,商州为转运要冲。素招民运赈粮,使饥者得食。集赀数万缗,购籽粮散给。设粥厂十余所,灾后仓储一空,捐谷万石。六年(1880),大水,加意抚恤,灾不为害。州城滨丹河,遇盛涨则负郭田庐漂没,城中亦半为泽国。素创筑石堤二百余丈,城门月堤十余丈,遂无水患。开州东隶花河山路三十余里、州西麻塥岭山路二十余里,行旅便之。扩充商山书院,延硕儒课士,设义塾三十余区,弦诵闻于比户。陋规病民者悉除之。每岁寒冬,出私钱给孤寡。缉捕筹经常之费。绿营饷薄,岁资助之。凡赈饥、积谷、筑堤、修城、兴学,莫不以钜赀倡。一署同州知府。先后在官十八年,两举卓异。以病免归,卒。士民感之,多私祠祀焉。

——《清史稿》卷四百七十九《循吏传四·涂官俊传附李素传》

参考文献

1. 司马迁撰，顾颉刚等点校，赵生群主持修订：《史记》（点校本二十四史修订本），北京：中华书局，2013年。
2. 班固：《汉书》，北京：中华书局，1962年。
3. 范晔：《后汉书》，北京：中华书局，1965年。
4. 陈寿撰，裴松之注：《三国志》，北京：中华书局，1959年。
5. 房玄龄等：《晋书》，北京：中华书局，1974年。
6. 沈约撰，王仲荦点校，丁福林主持修订：《宋书》（点校本二十四史修订本），北京：中华书局，2019年。
7. 萧子显撰，王仲荦点校，景蜀慧主持修订：《南齐书》（点校本二十四史修订本），北京：中华书局，2017年。
8. 姚思廉撰，卢振华、王仲荦点校，景蜀慧、赵灿鹏主持修订：《梁书》（点校本二十四史修订本），北京：中华书局，2022年。
9. 姚思廉撰，张维华、王仲荦点校，景蜀慧、郑小容主持修订：《陈书》（点校本二十四史修订本），北京：中华书局，2021年。
10. 魏收撰，唐长孺、陈仲安等点校，何德章负责修订：《魏书》（点校本二十四史修订本），北京：中华书局，2017年。
11. 李百药撰，唐长孺点校，魏斌主持修订：《北齐书》（点校本二十四史修订本），北京：中华书局，2024年。
12. 令狐德棻等撰，唐长孺、陈仲安、王文锦点校，刘安志主持修订：《周书》（点校本二十四史修订本），北京：中华书局，2022年。
13. 魏徵等撰，汪绍楹、阴法鲁等点校，吴玉贵、孟彦弘主持修订：《隋书》（点校本二十四史修订本），北京：中华书局，2019年。
14. 李延寿撰，卢振华、王仲荦点校，张金龙主持修订：《南史》（点校本二十四史修订本），北京：中华书局，2023年。
15. 李延寿：《北史》，北京：中华书局，1974年。
16. 刘昫等：《旧唐书》，北京：中华书局，1975年。

17. 欧阳修等：《新唐书》，北京：中华书局，1975年。

18. 薛居正等撰，陈垣、刘乃和等点校，陈尚君主持修订：《旧五代史》（点校本二十四史修订本），北京：中华书局，2015年。

19. 欧阳修等撰，陈垣、柴德赓等点校，陈尚君主持修订：《新五代史》（点校本二十四史修订本），北京：中华书局，2016年。

20. 脱脱等：《宋史》，北京：中华书局，1977年。

21. 脱脱等撰，冯家昇、陈述等点校，刘浦江主持修订：《辽史》（点校本二十四史修订本），北京：中华书局，2016年。

22. 脱脱等撰，傅乐焕、张政烺点校，程妮娜主持修订：《金史》（点校本二十四史修订本），北京：中华书局，2020年。

23. 宋濂等：《元史》，北京：中华书局，1976年。

24. 张廷玉等：《明史》，北京：中华书局，1974年。

25. 赵尔巽等：《清史稿》，北京：中华书局，1977年。

26. 常璩撰，任乃强校注：《华阳国志校补图注》，上海：上海古籍出版社，1987年。

27. 樊绰撰，向达校注：《蛮书校注》，北京：中华书局，1962年。

28. 樊绰撰，向达原校，木芹补注：《云南志补注》，昆明：云南人民出版社，1995年。

29. 吴廷燮：《北宋经抚年表》，北京：中华书局，1984年。

30. 李心传撰，徐规点校：《建炎以来朝野杂记》，北京：中华书局，2000年。

31. 马端临：《文献通考》，北京：中华书局影印万有文库十通本，1986年。

32. 倪辂辑，王崧校理，胡蔚增订，木芹会证：《南诏野史会证》，昆明：云南人民出版社，1990年。

33. 《明实录》，北京：中华书局，2016年。

34. 朱国祯著，缪宏点校：《涌幢小品》，北京：文化艺术出版社，1998年。

35. 徐弘祖撰，朱惠荣校注：《徐霞客游记校注》，北京：中华书局，2017年。

36. 王夫之：《永历实录》，上海：上海古籍出版社，1996年。

37. 何耀华：《武定凤氏本末笺证》，昆明：云南人民出版社，2014年。

38. 《清实录》，北京：中华书局，1985年。

39. 昭梿撰，何英芳点校：《啸亭杂录》，北京：中华书局，1980年。

40. 师范：《滇系》，清嘉庆十三年（1808）刻本。

41. 阮元修，王崧等纂，康春华等点校：道光《云南通志稿》，昆明：云南美术出版社，2020年。

42. 龙云、卢汉修，周钟岳等纂，李春龙等点校：《新纂云南通志》，昆明：云南人民出版社，2007年。

43. 方树梅纂辑，李春龙等点校：《滇南碑传集》，昆明：云南民族出版社，2003年。

44. 袁嘉穀著，王飞虎点校：《滇绎》，昆明：云南大学出版社，2023年。

45. 由云龙撰，冯秀英、彭洪俊点校：《滇故琐录校注》，北京：民族出版社，2017年。

46. 方国瑜：《滇史论丛》，上海：上海人民出版社，1982年。

47. 方国瑜：《云南史料目录概说》，北京：中华书局，1984年。

48. 方国瑜著，林超民编：《方国瑜文集》（第2辑），昆明：云南教育出版社，2001年。

49. 方国瑜著，秦树才、林超民整理：《云南民族史讲义》，昆明：云南人民出版社，2013年。

50. 顾诚：《南明史》，北京：光明日报出版社，2011年。

51. 马曜：《马曜文集》（第2卷），昆明：云南人民出版社，2008年。

52. 龚荫：《明清云南土司通纂》，昆明：云南民族出版社，1985年。

53. 龚荫：《中国土司制度史》，成都：四川人民出版社，2012年。

54. 林超民：《唐宋民族史》，昆明：云南大学出版社，2016年。

55. 方铁：《南诏大理国兴衰史》，长沙：岳麓书社，2023年。

56. 何耀华总主编：《云南通史》，北京：中国社会科学出版社，2011年。

57. 孙秋克等著：《明代云南文学家年谱》，北京：商务印书馆，2017年。

58. 段炳昌：《明清云南文学论稿》，昆明：云南大学出版社，2021年。

59. 保山市文化广电新闻出版局编，赵家华主编：《保山碑刻》，昆明：云南美术出版社，2008年。

60. 田汝康：《禁烟运动的思想先驱——评介新发现的朱嶟、许球奏折》，《复旦学报》1978年第1期。

61. 方国瑜：《诸葛亮南征的路线考说》，《思想战线》1980年第2期。

62. 孙太初：《云南古代官印集释》，中国考古学会编《中国考古学会第二次年会论文集》，北京：文物出版社，1980年。

63. 林超民：《白族形成问题新探》，《民族学评论》2005年第2辑。

64. 杨煜达：《清代中期滇边银矿的矿民集团与边疆秩序——以茂隆银厂吴尚贤为中心》，《中国边疆史地研究》2008年第4期。

65. 侯冲、张贤明：《杨黼家世及生平新证》，《云南民族大学学报》2013年第4期。

66. 蒋蓝：《唐友耕家族与出版业》，《蜀学》（第8辑），成都：巴蜀书社，2014年。

67. 刘明坤：《清代云南晋宁州李因培科举家族诗歌研究》，《文山学院学报》2015年第2期。

68. 倪玉平：《何桂清与清代两淮盐政改革》，《吉林大学社会科学学报》2015年第2期。

69. 葛剑雄：《郑和究竟为何下西洋》，《各界》2021年第6期。

70. 杨胜祥：《丽江土官木氏刻书考述》，《图书资讯学刊》2023年第2期。

71. 彭竹兵：《明代曲靖籍贵州布政使朱家民碑文考释》，《珠江源晚刊》2023年11月13日第WK4版。

后 记

云南地处祖国西南边疆，历史悠久，人杰地灵。在卷帙浩繁的"二十五史"中，不乏云南人的身影，如滇王尝羌、吕凯、异牟寻、段和誉、郑和、杨一清、李元阳、傅宗龙、木增、薛大观、陈时夏、李因培、尹壮图、钱沣、刘大绅、王崧、缪嘉蕙等，他们在诸多领域都做出了各自的贡献，体现了云南人鲜明的精神和风格。系统挖掘和整理"二十五史"中的云南人传记，对于研究弘扬云南历史文化、激发人们爱国爱乡的情感很有意义。云南美术出版社欲将"二十五史"中的云南人传记史料辑录出来，荟萃成编，名《国史中的云南人》，使读者持此一书，便可了解历代云南人的基本情况。这样的做法，颇有新意，而且在云南是属首次，我们自是欣然接受了这个任务。

从 2024 年 1 月开始，我们一面按照规划辑录史料、撰写人物小传，一面与出版社沟通体例等细节问题，这既保证了编著的进度，又保证了书稿的质量，以达到出版社做精品的要求。在编著过程中，我们力求使用最新的整理成果和研究成果，以增强书稿的准确性和时代性，同时不失学术性和可读性。9 月，我们终于完成初稿，交付出版社。此后，我们仍与出版社密切联系，不断修订，以期臻于至善。今将出版，希望读者能有所获益。

本书是我们同人共同努力的成果：高国强负责全书体例编排、条目选定、审订和统稿工作；余晓青负责汉、隋、五代、宋时期人物资料的辑录和小传的撰写，以及校对全书、制定凡例等工作；姚佳琳负责清代人物资料的辑录和小传的撰写；杨婷负责汉、两晋、南北朝、明时期人物资料的辑录和小传的撰写；何颖负责三国、元时期人物资料的辑录和小传的撰写；王燕负责唐时期人物资料的辑录和小传的撰写。

本书在编著过程中，得到了领导、学者、友朋的帮助，在此一并致谢！

编著者
2025 年 3 月